일본의 '韓國併合' 과정 연구

일본의 '韓國併合' 과정 연구

한성민 지음

경인문화사

한국과 일본은 지난 역사에서 좋은 의미로든 나쁜 의미로든 많은 관계를 맺어왔다. 따라서 어느 시기든 한일관계를 빼고 한국사를 서술할 수는 없다. 그런데 한국의 역사를 공부하는 동안 근대 한일관계를 접할 때마다 항상 '뭔가의 이상함'으로부터 자극받아 왔다. 한일관계에 관한 내용이 근대와 그 이전 시기가 너무 다르기 때문이다.

한국(조선)의 개항 전까지 한국사에서 일본은 항상 정치적으로나, 경제적으로나, 문화적으로나 한수 아래의 국가로 인식되고 서술되어 왔다. 하지만 한국의 개항에서부터 일본은 제국주의 초강대국의 이미지로 묘사된다. 한국은 병인양요(1866) 때의 프랑스도, 신미양요(1871) 때의 미국도 개항시키지 못한 나라였다. 그런데 일본은 1876년 침략의 목적으로 강제 개항시킨 이래 한국의 저항을 모두 무력화하고, 청일전쟁과 러일전쟁(1904)을 거쳐 최종적으로 그 국권을 완전히 박탈하는 '한국병합'(1910)까지 거침없이 달려간 초강대국의 이미지로 서술되어 있다.

그런데 세계사의 시각에서 보면, 러일전쟁 이전까지 일본은 제국주의 열강으로 인정받지 못한 나라였다. 일본이 한국을 강제 개항시켰다고 하는 1876년으로부터 한참 후인 1890년대까지도 일본의 국가정책 중 최우선 순위는 자국의 독립 유지와 서구 열강과의 불평등조약 개정이었다. 결코 한국에 대한 침략을 주도할 만한 능력은 없는 국가였다. 하지만 근대 일본이 대외전쟁을 통해 성장한 국가라는 것도 사실이다.

뭔가 균형이 맞지 않고, 이상하다는 생각이 계속 되었다. 한국사에서 근대 일본을 과대평가하고 있거나, 다른 쪽에서 근대 일본을 과소평가하고 있거나, 둘 중 하나일 것이다. 만약 한국사에서 근대 일본을 과대평가하고 있다면 그 이유는 무엇일까. 일본이 한국을 침략해서 식민지로 만든 것은 변할 수 없는 사실이다. 근대 한일관계에서 일본이 한국에 행한 조치 또는 정책들의 앞에는 당연하다는 듯이 "강제"라는 수식어가 붙는다. "강제"라는 수식어에서 일본의 '거대한 힘'이 이미지화되고, 반대로 한국에 대해서는 '필사의 저항'을 했으나, "불가항력," 즉 어떻게 할 수 없었다는 이미지가 형성된다. 그 시기 일본이 정말 그렇게 강했을까.

일본의 '한국병합'은 어느 한 순간에 갑자기 실행된 것이 아니라, 오랜 시간에 걸쳐 진행되었다. 그동안 한국의 지배세력들은 무엇을 했단 말인가. 일본의 힘을 필요이상으로 강조해서 나라가 식민지로 전락한 책임에서 벗어난 것은 아닌가. 그후 그 책임은 국가운영에 참여할 수 없었던 일반 민중의 희생으로 대신한 것이 아닌가. 일본의 '한국병합'은 한국에 대한 다른 열강의 이권에도 영향을 주는 것이었는데, 열강은 왜 개입하지 않았을까. 또 자국의 불평등조약 개정에 열심이던 일본이 한국에 불평등조약을 강요하고 식민지화하는 것은 이율배반적이지 않은가. 국익이라는 명분으로 모두 설명되는 것인가. 그리고 왜 일본의 우익은 '한국병합'이 강제 체결도 아니고, 침략도 아니라고 주장하는가. 이해가지 않고, 이상한 것이 많았다. 그런데 막상 일본이 어떠한 과정을 거쳐 한국을 '병합'했는가에 대한 구체적인 연구는 거의 없었다. 이러한 고민 속에서 '한국병합'이 박사논문의 주제가 되었다.

현대 일본어와는 많이 다른 근대 일본어로, 특히 형태도 알아보기 힘들게 흘려 쓴 육필본의 방대한 근대 일본의 사료를 이해하고, 분석하는 것은 매우 힘들고 고된 작업이었다. 여러 선생님들의 가르침과 선후배 동료들의 도움이 있었기 때문에 가능했다.

　필자의 연구성과를 책으로 출간하는 이 지면을 통해 조금이나마 감사의 말씀을 드린다. 이기동 선생님, 노대환 선생님, 한철호 선생님 3분의 지도교수님은 대학원 진학 이래 박사논문을 완성하기까지 일일이 열거할 수 없을 정도의 많은 가르침을 주셨다. 학부과정의 은사님들인 조영록 선생님, 이길용 선생님, 홍영백 선생님, 임돈희 선생님은 한국사를 세계사의 시각에서 조망할 수 있도록 가르침을 주셨다.

　도면회 선생님은 필자가 논문으로 고심할 때마다 항상 소크라테스적인 대화법으로 우둔한 필자를 깨우쳐 주셨고, 논문의 막바지 작업을 할 때는 본인의 연구실을 내주어 집필에 전념할 수 있도록 전폭적으로 성원해 주셨다. 방광석 선생님은 어려운 근대 일본의 문서를 이해하고 분석하는데 직접적인 가르침을 주시고, 이끌어 주셨다. 이후 두분은 필자의 논문 심사에도 참여하여 여전히 많은 가르침과 도움을 주셨다. 허수 선생님과 김종준 선생님은 정돈되지 않은 필자의 박사논문 초고에 대해 세심하게 문제점을 지적하고, 조언을 주어 논문의 완성도를 높여 주셨다. 고성훈 선생님, 구선희 선생님, 박남수 선생님은 국사편찬위원회에 소장된 근대 한국 관련 일본 사료의 해제 사업에 참여하는 기회를 주어 일과 공부를 함께 할 수 있도록 많은 배려를 해 주셨다. 도면회 선생님, 왕현종 선생님, 조재곤 선생님, 이윤상 선생님, 주진오 선생님은 근대 한국정치사 세미나를 통해, 구선희 선생님, 박은숙 선생님, 장영숙 선생님은 근대 신문 강독 세미나를 통해 필자가 한국의 근대정치사를 깊이 이해할 수 있도록 이끌어 주셨다. 하원호 선생님은 미시적으로 사건을 분석하는 연구경향을 지적하면서 넓은 시각으로 사건을 조망하는 자세를 강조하셔서 연구에 많은 자극이 되었다. 김종헌 선생님은 필자가 접근하기 어려운 러시아의 사료들을 흔쾌히 제공해 주면서 격려와 성원을 해 주셨다. 일본에 유학 중이었던 학부 시절의 동기 박정호 선생은 본인의 연구로 바쁜 와중에도 필자가 부탁하는 일본의 자료들을 귀찮은 내색 한번 없이 항상 국제우편으로 보내주었다. 남기현, 심철기, 한승훈, 김항기, 최보영 선생은 오랜 시간 학문적 고민과 토론을 함께 했고, 원재영 선생은 이 책의 교정에 많은 도움을 주었다. 그 외 함께 공부하고 토론했던 많은 선후배와 동료들에게 이 자리를 통해 감사의 말씀을 드린다.

이 책은 손승철 선생님의 권유가 없었다면 출간될 수 없었다. 필자의 박사논문에 대해 과분하게도 출간을 적극적으로 권유하시고, 재촉해 주셔서 부족한 필자의 논문이 세상의 빛을 보게 되었다. 늦게나마 감사의 인사를 드린다. 또한 시장성이 별로 없는 이 책의 출판을 흔쾌히 허락해 주신 한정희 대표님과 편집부의 김지선 실장님, 박지현님을 비롯한 경인문화사 임직원 모든 분께 큰 감사를 드린다.

마지막으로 게으른 남편의 오랜 공부에 혼자 속앓이가 많았을 텐데, 변함없이 응원해 주고 곁을 지켜준 아내 이영미와 너무도 일찍 다른 곳으로 가서서 직접 감사의 인사도 드릴 수 없는 부모님께 이 책으로 감사의 인사를 드린다.

2021년 10월
초안산 기슭의 자택에서 한성민

목 차

저자 서문

제1장 서론

제2장 '乙巳條約' 이후 保護關係의 적용

제3장 헤이그 特使사건과 보호관계의 국제적 공인 및 강화

제4장 '韓國倂合' 방침의 확정과
'安重根 狙擊 사건' 이후 보호관계 유지

제5장 '韓國併合' 계획의 수립과 실행

제6장 결론

제 1 장
서 론

제1절 문제제기 및 연구의 목적

　본 연구는 일본의 '한국병합'이 당시 일본사회의 동의와 지지를 바탕으로 국제관계에 대응하며, 조직적이고 치밀한 계획 아래 추진되었다는 사실을 밝히려 한다. 이를 위해 '을사조약' 이후 이론과 실무 영역에서 '한국병합' 추진에 직접 참여했던 日本人 실무 관료의 활동을 조명할 것이다.

　그동안 '한국병합'에 대한 연구의 대부분은 이토 히로부미(伊藤博文)나 데라우치 마사타케(寺內正毅) 등 일본의 최고 권력층을 중심으로 진행되어 왔다. 이 때문에 급속한 '한국병합'을 주장한 '武官派'와 이에 반대한 '文官派'의 대립이라는 도식에 매몰되어 왔다고 할 수 있다. 그 결과 국제 질서와 한국의 상황 및 일본 내부의 조응관계에서 형성된 실질적인 '한국병합' 정책의 진행과정은 도외시되고, 이들 최고 권력층의 정치적 결단 또는 경쟁관계가 흥미 위주로 부각되었다. 이러한 연구방식은 '한국병합'의 역사적 책임을 소수 정책 결정권자의 책임으로 축소시킨다. 또한 독립된 주권과 통치체계를 가지고 있는 하나의 국가를 다른 국가의 통치체계로 흡수하는 거대한 사건을 단순화시켜 파악하는 동시에 '병합'의 대상인 한국이라는 국가를 러일전쟁(1904)의 전리품 정도로 취급해 온 한계가 있다.

　주권국가로 존재하고 있던 독립국가 한국을 植民地로 만든다는 것은 결코 간단하거나, 단시일에 처리할 수 있는 사안이 아니었다. 일본은 대외적으로는 국가 간의 조약을 기반으로 한 한국의 국제관계를 일본의 입장에서 재정립해야 했고, 한국정부의 채권·채무도 승계해야 했다. 한국에 대해서는 기존의 한일관계를 재조정하고, 한국의 정부 기능을 일본이 담당하였다. 이 과정에서 일본은 막대한 인력과 재원 및 정부의 역량을 투입해야 할 필요가 있었다. 그리고 이에 필요한 費用은 일본 국민들이 부담하였다. 물론 이와 같은 일본의 정책은 한국에 시혜를 베푸는 것이 아니라, 하나의 거대한 투자였다. 근대의 식민지는 '값싼 원료의 공급지이자, 안정적인 상품 시장'으로 대표된다. 이는 식민지를 갖는 목적이 전적으로 식민지 모국의 이익을 창출하는 것임을 의미한다. 하지만 이것은 식민지가 안정된 이후의 사안일 것이다.

또한 '한국병합'은 일본이 서구 列强과 평등한 관계를 설정하려고 한 불평등조약 개정 문제와 밀접하게 연동되어 있었기 때문에 일본의 침략과 한국의 저항이라는, 즉 단지 한일관계의 측면만으로는 설명할 수 없다. 근대 일본의 한국정책은 계속적으로 열강의 견제를 받아왔고, 일본의 침략이 강화될수록 한국도 이를 국제사회에 적극적으로 호소하거나, 한국을 열강의 세력균형지대로 만들려는 방식으로 대항했기 때문이다.

위와 같은 식민화 과정의 성격으로 볼 때 '한국병합'은 결코 이토나 데라우치, 가츠라 타로(桂太郎)와 같은 당시 일본정부를 이끈 소수의 수뇌부, 또는 특정한 정치세력이 독자적으로 추진한 정책으로 파악할 수 없다. 일본국민과 일본사회의 전반적인 동의와 지지 아래 일본정부가 국가적 역량을 최대한 투입하여 추진한 것으로 파악해야 할 것이다. 그리고 당시 일본정부가 추진한 '한국병합'의 과정과 성격은 정책 결정권자의 활동과 아울러 실무관료의 활동에 주목할 때 명확하게 드러날 것이라고 생각한다.

근대 官僚制의 기본 이론을 제시한 막스 베버(Max Weber)는 근대 資本主義가 성장할 수 있는 합리적인 국가는 전문적인 관료계급과 합리적인 법률의 기초 위에 성립된다고 정의하고,[1] 그러한 관료제의 특징을 10가지로 규정했다. 그 주요 내용은, 관료는 객관적 자격을 기준으로 선발되어 조직과의 계약관계를 기초로 임무와 권한이 정의된 직책을 받으며, 階層制 내에서 직책과 관련한 명령을 받는다. 그러한 관료는 경력을 지향하며, 공식적

---

1) 베버, 조기준 역, 『사회경제사』, 삼성출판사, 1990, 339쪽.

인 직무는 비정의적으로 수행해야 한다. 그리고 이들의 승진은 선임순위와 업적에 의해 행해진다는 것이다.[2]

이러한 특징을 갖는 근대 관료와 정치가의 차이점을 베버는 책임성의 차이에서 찾았다. 선거·투표·타협·협상으로 대표되는 정치가의 책임은 행위의 결과에 대한 개인의 배타적 책임이고, 전문성을 대표하는 관료의 책임은 업무의 집행에 있다고 하였다.[3] 즉 정책의 최종 결정권자라고 할 수 있는 정치인은 정치적 상황변화에 따라 부침이 따르고, 일시적인 입장의 변경, 정치적 목적의 의도적인 은폐가 계속적으로 나타나기 때문에, 이를 통해 장기적으로 일관되게 추진된 정책을 검토하기에는 상당한 곤란함이 있다. 하지만 관료는 자신이 집행한 업무의 실적으로 평가받기 때문에 특정 업무를 지시받으면 최대한 일관되고 장기적 안목에서 정책을 입안하여 추진하고자 하기 마련이다.

따라서 일본이 '한국병합' 정책을 추진하던 시기에 특정 관료가 이 정책에 지속적으로 참여하면서 그 실적을 인정받아 일본정부에서 고위직으로 승진해 나갔다면, 그가 입안하고 추진한 '한국병합' 정책이 당시 일본정부의 국가정책으로 승인받았음을 증명하는 것이라고 생각한다. 이것이 본 연구가 일본의 '한국병합' 과정을 규명함에 일본정부의 수뇌부보다는 실무관료의 활동에 주목하려는 이유이다.

---

2) 베버가 규정한 관료제의 10가지 특징은 다음과 같다. (1) 각 직책은 잘 정의된 임무와 권한의 영역을 갖는다. (2) 각 직책은 계층제 내에서 명령받는다. (3) 권위는 공식적 직무에 제한된다. (4) 관료는 선출이 아닌 임명에 의해, 그리고 조직과의 계약관계를 기초로 직책을 받는다. (5) 관료는 객관적 자격을 기준으로 선발된다. (6) 관료는 경력을 지향한다. 영속적인 직책을 유지하고 승진은 선임순위와 업적에 의해 행해진다. (7) 관료는 자신의 직위를 사적 용도에 사용할 수 없다. (8) 활동은 일반적이고 객관적인 기준에 의해 규제되어야 한다. (9) 공적인 직무는 비정의적으로 수행되어야 한다. (10) 관료제에서는 흔히 비관료 출신의 수장을 갖는다(김창수, 『관료제와 시민사회』, 한국학술정보(주), 2015, 92쪽).
3) 김창수, 위의 책, 93~94쪽.

일본의 '한국병합' 추진 과정에서 그 기획과 실무에 적극적으로 참여한 관료로는 陸軍省 參事官 겸 法制局 참사관 아키야마 마사노스케(秋山雅之介, 1866~1937)와 統監府 外務部長 고마츠 미도리(小松綠, 1865~1942), 그리고 外務省 政務局長 구라치 데츠키치(倉知鐵吉, 1870~1944)를 꼽을 수 있다. 이들은 '한국병합'과 관련하여 각각 군부, 통감부, 외무성의 실무관료를 대표한다.

그동안의 연구에서는 일본군부가 일찍부터 '한국병합'을 비롯한 대륙침략에 대해 가장 적극적인 주창자였고, '한국병합'의 최종 실행자도 데라우치로 대표되는 군부였기 때문에 일본군부의 역할을 과도하게 주목해 왔다. 하지만 '한국병합'은 열강과의 이해관계 조정이 가장 중요한 문제였다. 또한 한국에 대해서도 한국사회의 반발을 최소화하면서 일본의 의도에 맞게 통치체제를 준비하기에는 상당한 시간이 필요했다. 따라서 일본정부는 일본군부의 과격한 입장보다 외무성을 중심으로 점진적인 방식을 취할 수 밖에 없었다. 이 과정에서 일본 정계나 일본사회 내부에서 심각한 대립은 없었다고 보인다.

일본정부는 청일전쟁을 마무리하는 '시모노세키(下關) 조약(1895)'에서 군부의 요구를 반영하여 淸國으로부터 랴오뚱(遼東)반도를 할양받았다. 그러나 청일전쟁과는 아무 관련도 없었던 러시아·프랑스·독일의 3국간섭에 의해 일본은 랴오뚱반도를 청국에 반환해야 했다. 이 사건은 당시 일본에게 국가적 치욕이었지만, 그와 동시에 대외문제에서는 사전에 열강과의 이해관계 조정이 필수적이라는 것을 명확하게 인식하게 된 계기이기도 했다. 이에 따라 일본은 러일전쟁의 강화조약을 체결하는 과정에서 전쟁 당사자 간의 조정이 아니라, 제3국의 조정을 받았다. '한국병합'에 대해서도 일본은 다른 열강이 인정한 선을 넘지 않으면서 추진하였다. 이와 같은 구조에서는 열강의 이해관계를 조정하는 중심기관이 외무성이 될 수 밖에 없었다.

'한국병합'과 관련하여 위 3명의 실무관료의 활동을 구체적으로 비교하

면, 아키야마는 데라우치의 지시로 1910년 5월 「韓國ノ施政ニ關スル件·韓國合併ニ關スル件(한국의 시정에 관한 건·한국합병에 관한 건)」을 작성하기 전까지 일본의 한국정책에 관계된, 또는 한국정책에 참여했던 직접적인 활동이 보이지 않는다.4) 아키야마가 작성한 위 문서에 포함된 그의 점진적 병합론에 대해 오가와라 히로유키(小川原宏幸)는 "가장 체계적이고 구체적인 점진적 병합론"이라고 대단히 높게 평가하고 있다.5) 하지만 이 문서는 '한국병합'의 실행을 담당하게 된 데라우치가 개인적으로 참고하기 위해 작성을 지시한 것으로 일본정부의 공식적인 문서가 아니었을 뿐만 아니라, '한국병합' 실행이 결정된 1910년 5월의 시점에서는 그다지 현실적이지도 못한 계획이었다. 이 때문에 아키야마의 점진적 병합론은 고마츠로부터 "지상공론(紙上空論)에 불과하다"는 신랄한 비판을 받아야 했다.6) 그 직후 곧바로 아키야마가 '즉시 병합론'에 입각한 문서를 작성한 것을 보면 '한국병합'에 대한 아키야마의 구상은 그다지 체계적인 것은 아니었다고 생각된다.

고마츠는 통감부 설치 때부터 통감부 관료로 부임하여 '한국병합' 이후까지도 계속하여 일본의 한국통치에 직접 참여하여 한국의 현실을 잘 아는 관료였다. 그는 '併合準備委員會'에서도 구라치와 함께 주임으로 발탁되어 '한국병합' 계획을 수립하였다. 하지만 그는 통감부가 설치된 한국에만 체재하고 있었기에 '한국병합'에 관한 일본 최고 결정권자들의 동향이나 정보를 제대로 파악할 수 없었다.

---

4) 1904년 일본정부는 한국에 대한 보호관계의 국제법적 검토를 위해 외무성에 臨時取調委員會를 설치하고 국제법학자들에게 保護國에 대한 조사를 의뢰하였다. 이때 아키야마도 의뢰를 받아 「被保護國의 地位에 관한 보고서」를 작성하여 제출하였다 (『保護國ニ關スル調査一件』 제1권, 日本外務省 外交史料館 소장문서, 1.4.3.12). 이 것은 국제법 전문가로서 아키야마가 당시 피보호국의 사례를 조사하여 보고한 것으로 직접적인 한국정책 참여라고 볼 수는 없다.

5) 오가와라 히로유키 지음, 최덕수·박한민 옮김, 『이토 히로부미의 한국병합 구상과 조선사회』, 열린책들, 2012, 328쪽.

6) 小松綠, 『朝鮮併合之裏面』, 中外新論社, 1920, 83쪽.

이에 반해 구라치는 정무국장으로 발탁되기 전까지 이토의 신임 아래 일본 외무성의 참사관과 통감부의 서기관을 겸임하면서 일본정부와 통감부, 그리고 한국정부의 고급정보에 모두 접근할 수 있는 인물이었다. 그리고 그는 '을사조약' 이전에 일본정부가 한국에 대한 보호관계의 국제법적 검토를 위해 외무성에 설치했던 臨時取調委員會에서부터[7] '병합준비위원회'의 활동까지 일본이 한국에 대한 지배권을 강화해 나간 중요 사건들에 모두 개입했던 인물이기도 하다. 이 때문에 고마쓰도 구라치를 "병합 사건의 主任者"로 평가하고 있다.[8]

이러한 내용을 고려하면, 일본의 '한국병합' 기획부터 정책의 추진 단계까지 지속적으로 관여한 실무관료는 구라치밖에 없었다. 그런데 구라치는 외교관의 기본적인 경력이라고 할 수 있는 재외공관에서 근무한 경력이 거의 없는 인물이었다. 그의 재외공관 주재는 외무성에 임관한 초기 독일주재 일본공사관의 서기관으로 2년간 근무한 것이 유일하다. 그리고 통감부의 개청 당시부터 통감부의 서기관을 담당했지만, 이때도 그의 우선적인 직책이 외무성 참사관이었기 때문에 거의 일본의 외무성 본청 근무였다.

근대 일본의 외교, 특히 메이지시대 일본 외교의 특징을 살펴보면 영국 및 미국의 후원과 지도 아래 발전하였고, 외무성의 주요 인물들도 거의 예외없이 영국이나 미국 주재 공관에서의 근무 경력을 가지고 있었다.[9] 이러

---

7) 임시취조위원회는 '韓日議定書'의 체결 이후인 1904년 3월 외무성에 설치되었다. 당시 위원장은 외무차관 珍田捨已, 위원으로는 외무성 정무국장 山座元次郎, 외무성 참사관 倉知鐵吉, 외무성 참사관 겸 東京帝國大學 교수 寺尾享, 도쿄제국대학 교수 高橋作衛, 도쿄제국대학 조교수 立作太郎, 學習院 교수 中村進午가 참여했다(田中愼一, 「朝鮮における土地調査事業の世界史的位置」 (1), 『社會科學研究』 29-3, 東京大學社會科學研究所, 1977, 61~63쪽).

8) 小松綠, 『朝鮮倂合之裏面』, 97쪽.

9) 근대 일본외교의 특징에 대해서는 內山正熊, 「霞ケ關正統外交の成立」, 日本國際政治學會 編, 『日本外交史の諸問題』 II, 有斐閣, 1965 및 千葉功, 『舊外交の形成』, 勁草書房, 2008 참고.

한 근대 일본외교의 특징에 비추어 볼 때, 주요 국가에서 근무한 경력이 거의 없는 구라치가 일본정부 최고의 엘리트들이 모인 외무성에서 1912년 불과 40대 초반에 관료로서 최고위직인 外務次官으로 발탁된 것은 매우 이례적인 사례라고 하지 않을 수 없다. 따라서 구라치의 이례적인 고속 승진은 일본의 한국 정책과 연관시키지 않고는 설명할 수 없다.

러일전쟁 이후 일본이 '한국병합'을 추진하는 과정에서 한국문제와 관련하여 열강과의 이해관계를 조정해 나간 주요 외교사건으로는 1905년 가츠라-태프트(William. H. Taft) 밀약, 제2차 영일동맹과 포츠머스(Portsmouth) 강화조약, 1907년 제2회 헤이그 萬國平和會議와 불일협약 및 제1차 러일협약, 1910년 제2차 러일협약 등을 꼽을 수 있다. 이러한 일본과 열강과의 이해 조정 결과는 곧바로 일본의 한국정책에 반영되었다.

일본은 러일전쟁의 막바지인 1905년 7월 가츠라-태프트 밀약을 통해 미국의 필리핀 지배를 인정하는 반대급부로 한국에 대한 일본의 보호권을 미국으로부터 인정받았다. 8월에는 제2차 영일동맹과 9월 포츠머스 강화조약에서 영국과 러시아로부터 한국에 대해 "필요하다고 인정하는 保護, 指導 및 監督의 권리"를 승인받았다. 이렇게 일본은 당시 동아시아에 상당한 이해관계를 가지고 있던 미국·영국·러시아의 3대 열강으로부터 한국에 대한 일본의 보호권을 인정받은 뒤 11월 한국을 강압하여 '을사조약'을 체결함으로써 외교권을 박탈하고 통감부를 설치하였다.

이후 일본은 1907년 6월 제2회 만국평화회의에 한국 특사단의 참가를 저지하여 국제사회에서 한국은 일본의 保護國임을 공인받는 한편, 대독일 포위망의 후방인 아시아에서 일본의 위협을 제거하려는 프랑스 및 러시아와는 각각 불일협약과 제1차 러일협약을 체결하여 한국은 일본의 특수이익지역임을 확인받았다. 그리고 이를 토대로 일본은 7월 헤이그 특사사건의 책임을 물어 高宗皇帝을 강제 퇴위시키고, '제3차 한일협약(丁未條約)'을 체결하여 한국의 내정권을 장악하였다.

한편 1909년 이래 철도문제를 매개로 한 미국의 滿洲 진출 시도는 이 지역을 분할하고 있던 러시아와 일본에게 공동대응의 필요성을 인식하게 하였다. 이에 러시아와 일본은 1910년 7월 제2차 러일협약을 체결하여 만주에서 양국의 특수 이익이 침해받을 때는 공동대응할 것을 약속하였다. 그리고 이와 동시에 일본은 러시아로부터 "한국병합에 대해 러시아는 이의를 주장할 이유도 권리도 없다"는 확인을 받았다. 이전까지 일본의 첫 번째 가상적국이었던 러시아로부터 '한국병합'에 대한 긍정적인 반응을 얻은 일본은 영국과 미국의 동의 하에 최종적으로 1910년 8월 '한국병합'을 실행하였다.

이처럼 러일전쟁 이후 일본은 열강과의 이해관계를 조정하면서 '을사조약'을 시작으로 하여 실질적인 '한국병합' 정책을 추진하였다. 그것을 현장에서 실현해 나간 대표적인 실무관료 중 하나가 구라치였다. 이 시기 일본의 한국에 대한 보호관계 또는 지배권을 강화해 갔던 주요 사건들에서는 단편적이나마 구라치의 활동 궤적이 어김없이 확인된다. 그 대표적인 사건들이 '皇室特派留學生들의 同盟退校運動(1905)', '헤이그 特使 사건(1907)', '安重根의 이토 히로부미(伊藤博文) 저격 사건(1909)', '병합준비위원회(1910)의 조직과 활동'이다.

위 사건들에서 구라치의 활동은 해당 시기 일본의 '한국병합' 정책의 성격과 의미를 특징적으로 보여준다. '황실특파유학생들의 동맹퇴교운동'에 대한 대응은 신설 통감부가 한국에 대한 보호관계를 적용하면서, 이를 빌미로 한국의 내정 개입으로까지 그 권력과 위상을 높여가는 과정이었다. '헤이그 특사 사건(1907)'은 일본이 열강과의 이해관계를 조정하여 이 사건을 한국에 대한 보호관계의 공인 및 강화에 활용한 사건이었다. '안중근의 이토 저격 사건'에 대한 대응과정은 일본의 한국정책의 중심인물인 이토가 사망한 상황에서 한국에 대한 보호관계의 현상 유지와 향후 해외 거류 한국인들의 독립운동에 대한 사법처리의 原型을 수립하는 과정이었다. 그리고 '병합준비위원회'의 활동은 일본의 '한국병합'을 위한 마스터플랜(Masterplan)의 수립이자, 한국에 대한 식민통치의 원안을 만든 과정이었다.

메이지(明治)시대 중반 이래 일본 대외정책의 최대 과제는 불평등조약 개정과 한국지배 문제였고, 이 둘은 서로 대립하는 관계가 아니라 상보적인 관계였다. 일본은 서양 제국주의 국가를 발전모델로 수용하면서 이들과 실질적으로나 외형적으로나 동등해지려 했다. 불평등조약 개정은 제국주의 국가들과의 실질적인 평등이었고, 한국침략으로 대표되는 식민지의 확보는 외형적으로 다른 제국주의 국가와 대등해지려는 노력이었다. 따라서 일본은 자국의 불평등조약을 개정해 나가는 동시에 다른 한편에서는 한국과 같은 이웃 국가들에게 이율배반적인 불평등조약을 강요하면서 침략정책을 전개하였다.

일본은 外侵의 걱정 없는 독립의 기초를 세우고, 나아가 제국주의 열강과 어깨를 나란히 하는 국가가 되겠다는 메이지시대 일본의 국가적 목표를 실현해 가는 과정에서 그 주요한 방법의 하나로 '한국병합'을 추진하였다. 이미 1890년 12월 일본의 제1회 帝國議會에서 內閣總理大臣 야마가타 아리토모(山縣有朋)는 '조선을 일본의 주권 수호를 위해 반드시 지켜야할 利益線'으로 선언했다.10) 이것이 직접적으로 '한국병합'을 의미한다고 할 수는 없다. 하지만 적어도 일본은 이 시기에 이미 국가적 차원에서 자국의 안전을 위해 한반도를 포기할 수 없는 이익선으로 인식했다는 것은 확인할 수 있다. 이와 같은 인식 하에 일본은 국가 자원을 총동원하여 청일전쟁과

---

10) "國家獨立自衛의 길은 두 가지가 있다. 첫째는 主權線을 守禦하여 타인의 침해를 용납하지 않는 것이고, 둘째는 利益線을 防護하여 자기의 형세를 잃지 않는 것이다. 무엇을 주권선이라 하는가. 疆土가 이것이다. 무엇을 이익선이라 하는가. 隣國接觸의 형세가 우리 주권선의 안전과 긴밀한 상관관계를 갖는 구역이 이것이다. 무릇 국가로서 주권선을 지키지 않으면 안되고, 또 마찬가지로 이익선을 지키지 않으면 안된다. 이로써 외교 및 兵備의 要訣은 전적으로 이 두가지 선에 기초하여 존재하는 것이다. (중략) 우리나라 이익선의 초점은 실로 朝鮮에 있다"(大山梓, 『山縣有朋意見書』, 原書房, 1966, 196~197쪽).

러일전쟁을 수행했다. 일본은 이 두 전쟁을 통해 한반도에 대한 직접적인 경쟁자를 배제하고, 다른 열강으로부터 한국을 일본의 세력권으로 인정받은 후에야 ‘한국병합’을 추진할 수 있었다. 그 상징적인 사건이 러일전쟁 직후 한국을 강압하여 실행한 ‘乙巳條約(1905)’ 체결이었다.

일본은 ‘을사조약’으로 외교권을 박탈하여 한국의 대외적 주권을 장악하였다. 이후 군대해산, 경찰사무 위임, 사법권 박탈 등 한국의 대내적 주권에 관련된 권한들을 차례로 빼앗으며 1910년 8월 29일 공식적으로 한국의 주권을 강탈하였다. 한국의 개항 이래 계속적으로 강화되어 온 일본의 한국 침략정책이 ‘한국병합’으로 결실을 거둔 것이다. 따라서 ‘을사조약’ 이후 한일관계에서 일본인 실무관료의 활동을 추적하는 것은 일본의 ‘한국병합’이 구체적으로 어떻게 실행되었는지를 파악하는 데 중요한 요소가 될 것이다.

본 연구는 일본인 실무관료, 그 중에서도 구라치의 주요 활동을 중심으로 일본의 ‘한국병합’ 과정을 규명하고자 한다. 이는 일본의 한국강점 과정의 전모와 그 성격을 밝히는 데 중요한 실마리를 제공해 줄 것이며, ‘한국병합’의 침략성을 선명하게 드러내 줄 것이다. 또한 이를 통해 통감부의 한국통치가 朝鮮總督府의 한국통치로 이어지는 연속성을 파악하는 데에도 도움이 될 것이라 생각한다.

제2절 선행연구의 검토, 연구 범위와 방법 및 용어의 사용

일본이 한국의 國權을 완전히 장악한 ‘한국병합’은 한국근대사에서 가장 중요한 역사적 사건이었다. 그럼에도 불구하고 일본이 주도면밀하게 준비하고 실행했던 ‘한국병합’에 대한 구체적인 연구는 여전히 미흡한 실정이다.

그동안 근대사 연구는 ‘한국병합’을 개항기와 일제 강점기로 시기를 구

분하는 劃期로 인식하면서도 그 연구의 상당수는 국권강탈 이전의 국권수
호운동, 국권강탈 이후의 독립운동, 또는 일제의 식민지배정책에 편중되어
있다. 반면 일본을 비롯한 제국주의 열강의 침략과정에 대한 연구는 소수에
불과하고, 그나마 국권수호운동 또는 독립운동을 설명하는 과정에서 그 배
경으로 서술하는 정도가 많다. 하지만 이러한 역사인식에는 상당한 문제가
있다. 자칫하면 기억하고 싶은 것만을 선택적으로 미화하는 역사인식이 될
우려가 있기 때문이다. 역사연구의 중요한 목적 중 하나가 과거의 반성을
통해 바람직한 미래를 지향하는 것이라면, 오히려 감추고 싶은 역사를 더욱
드러내서 그렇게 된 원인과 과정을 더욱 정밀하게 분석하여 현재의 교훈으
로 삼아야 할 필요가 있다.

지금까지 일본의 한국정책에 대해서는 많은 연구가 진행되었고, 그 대부
분은 침략의 관점에서 서술되었다. 하지만 실제로 일본이 어떠한 준비와 과
정을 통해 한국의 국권을 강탈했는가에 대한 연구는 상대적으로 많지 않다.
이 부분에 대한 연구는 전반적인 일본의 침략론 또는 침략정책에 관한 연
구이거나,11) 한국관련 주요 인물들의 한국인식 또는 한국정책,12) 일본의 한

---

11) 최영희, 「國恥의 그날=庚戌合邦」, 『한국현대사』 3, 신구문화사, 1969 ; 한상일, 『일
본제국주의의 한 연구』, 까치, 1980 ; 유재곤, 『日帝의 大韓侵略論理와 萬國公法』,
한국정신문화연구원 박사논문, 1995 ; 구대열, 『한국국제관계사 연구』 1, 역사비평
사, 1995 ; 姜東鎭, 『日本の朝鮮支配政策史硏究』, 東京大學出版會, 1979 ; 강창일, 『근
대 일본의 조선침략과 대아시아주의-우익낭인의 행동과 사상을 중심으로』, 역사
비평사, 2003 ; 한일관계사연구논집편찬위원회, 『일본의 한국침략과 주권침탈』, 경인
문화사, 2005 ; 片野次雄, 『李朝滅亡』, 신조사, 1994 ; 康成銀, 『1905年韓國保護條約
と植民支配責任』, 倉史社, 2005(강성은 지음, 한철호 옮김, 『1905년 한국보호조약과
식민지 지배책임』, 선인, 2008) ; 李升熙, 『韓國併合と日本軍憲兵隊-韓國植民地化過
程における役割』, 新泉社, 2008 ; 松田利彦, 『日本の朝鮮植民地支配と警察-1905~
1945』, 校倉書房, 2009.
12) 조항래 편, 『日帝의 大韓侵略政策史연구-일제 侵略要人을 중심으로-』, 현음사,
1996 ; 김호섭·이면우·한상일·이원덕, 『일본 우익 연구』, 중심, 2000 ; 한철호, 「일
본 자유민권론자 大石正巳(1855~1935)의 한국인식」, 『史學硏究』 88, 한국사학회,

국침략과 관련한 국제관계의 변화와 열강의 대립[13] 등의 측면에서 진행되어 왔다.[14] 그 결과 일본에 의해 주도면밀하게 준비되고 실행된 '한국병합'에 대한 전문적인 연구를 찾아보는 것은 쉽지 않다.

'한국병합'에 대한 초기 연구는 '병합' 직후부터 시작되었는데, 현재까지 그 연구의 쟁점은 크게 2가지로 정리할 수 있다. 첫 번째 쟁점은 '한국병합'을 주도한 주체가 누구 또는 어느 세력인가를 밝히는 것이었다. 이에 대한

2007 ; 정애영, 「'병합사안'을 통해본 한국병합 인식-나카이 기타로(中井喜太郎)를 중심으로-」, 『한일관계사연구』 27, 한일관계사학회, 2007 ; 松田利彦, 「韓國倂合前夜のエジプト警察制度調査-韓國內部警察局長松井茂の思想に關聯して-」, 『史林』 83-1, 東京大, 2000 ; 小川原宏幸, 「伊藤博文の韓國倂合構想と第3次日韓協約體制の形成」, 『靑丘學術論集』 25, 2005 ; 伊藤之雄, 「韓國と伊藤博文」, 『日本文化研究』 17, 동아시아일본학회, 2006 ; 이성환·이토 유키오 편, 『한국과 이토 히로부미』, 선인, 2009 ; 伊藤之雄, 「伊藤博文の韓國統治と韓國倂合-ハーグ密使事件以降-」, 『法學論叢』 164, 京都大學法學會, 2009 ; 방광석, 「일본의 한국침략정책과 伊藤博文-統監府 시기를 중심으로-」, 『일본역사연구』 32, 일본사학회, 2010 ; 윤대원, 『데라우치 마사다케 통감의 강제병합 공작과 '한국병합'의 불법성』, 소명출판, 2011.
13) 구대열, 앞의 책 ; 한상일, 『아시아연대와 일본제국주의』, 오름, 2002 ; 최문형, 『국제관계로 본 러일전쟁과 일본의 한국병합』, 지식산업사, 2004 ; 최덕수, 『대한제국과 국제환경』, 선인, 2005 ; 최덕규, 「러일전쟁과 러일협상(1905~1910)-러일전쟁 이후 러시아의 동아시아정책을 중심으로-」, 『아시아문화』 21, 한림대 아시아문제연구소, 2004 ; 석화정, 「러일협약과 일본의 한국병합」, 『歷史學報』 184, 역사학회, 2004 ; 정성화 외, 『러일전쟁과 동북아의 변화』, 선인, 2005 ; 이노우에 유이치 지음, 석화정·박양신 옮김, 『동아시아 철도 국제관계사』, 지식산업사, 2005 ; 최덕규, 「이즈볼스키의 '외교혁명'과 러시아의 동아시아정책(1905~1910)-러일협약을 중심으로」, 『동북아역사논총』 9, 동북아역사재단, 2006 ; 현광호, 『대한제국과 러시아 그리고 일본』, 선인, 2007 ; 한승훈, 「을사늑약을 전후한 영국의 대한정책」, 『韓國史學報』 30, 고려사학회, 2008 ; 김종헌, 「한국 주재 러시아 총영사 플란손의 착임 과정에서 제기된 인가장 부여 문제에 관한 연구」, 『史叢』 72, 고려대 역사연구소, 2011 ; 波多野勝, 『近代東アジアの政治變動と日本の外交』, 慶應通信, 1995 ; 長田彰文, 『日本の朝鮮統治と國際關係』, 平凡社, 2005.
14) 1990년대 중반까지 일본의 한국침략정책에 대한 연구성과는 도면회, 「일제의 침략정책(1909~1910)에 대한 연구성과와 과제」, 『한국사론』 25, 국사편찬위원회, 1995에 정리되어 있다.

연구흐름은 제2차 세계대전에서 일본의 패전을 기준으로 나뉘어 진다. 일본
의 패전 전에는 '한국병합'의 공로가 누구에게 있는가라는 것이 초점이었다
면, 패전 후에는 침략의 책임이 누구에게 있는가로 전환되었기 때문이다.

일본이 패전하기 전의 주요 쟁점은 '한국병합'의 추진 주체에 관한 것으로
일본정부 주도론과 민간 우익단체 주도론으로 대별된다. '한국병합' 실행의
실무자 중 한사람이었던 고마츠 미도리(小松綠)는 일찍이 '한국병합' 10년을
기념하여 자신의 경험과 당시의 상황을 정리한 논문을 발표하였다.[15] 이후
그는 한국에서 3·1독립만세운동이 일어나자, 그에 대한 대응으로 일본의
'한국병합'은 결코 강압이 아니라, 한일 정부 간의 합의에 의해 평화적으로
이루어졌다고 강변하였다. 특히 그는 자신의 경험에 대해 "당시 극비리에
추진된 조선합병 실행의 시기에는 거의 다른 사람이 관여할 수 없는 機務에
참여하였다"라고 하여 '한국병합'이 일본 정부의 주도로 성립되었음을 강조
하였다.[16] 이에 대해 언론인 샤쿠오 슌조우(釈尾春芿)는 고마츠의 연구가
정부측의 입장만을 강조한다고 지적한 다음, 고마츠의 주장과 우익단체에서
활동한 우치다 료헤이(內田良平)의 주장을 비교하여 '한국병합' 과정을 정리
하였다.[17] 그뒤 일본의 우익단체 흑룡회(고쿠류카이, 黑龍會)는 '한국병합'
을 주도한 것은 우치다 등을 중심으로 한 흑룡회이며, 일본정부의 '한국병
합' 실행은 흑룡회의 활동에 자극받아 추동된 것이라고 주장하였다.[18]

이와 같은 초기의 연구들은 자신들의 직접적인 경험이나 '병합' 실행을
담당했던 인물들의 증언에 기반하고 있기 때문에 사료적 가치가 높다고 할
수 있다. 하지만 위 연구들은 '한국병합'에서 자신들의 활동을 지나치게 강

---

15) 小松綠, 「朝鮮併合事情」(上)·(中)·(下), 『史林』 4-1 ~ 4-3호, 京都大學校 史學硏究
    會, 1919.
16) 小松綠, 『朝鮮併合之裏面』, 中外新論社, 1920.
17) 釋尾春芿(釋尾東方), 『朝鮮併合史』, 朝鮮及滿洲社, 1926.
18) 黑龍會, 『日韓合邦秘史』(上)·(下), 黑龍會出版部, 1930.

조하고 있는 점을 고려할 때 대체로 그 저술 동기가 '병합' 성공의 공로를 차지하기 위한 것이거나, 한국인들의 독립운동에 대한 이데올로기적 대응의 목적에서 저술된 것으로 보인다. 내용면에서도 '한국병합'을 단지 한국과 일본의 관계만으로 축소시켜 '한국병합'의 과정에서 중요한 문제였던 열강과의 관련성을 간과하고 있다. 특히 '한국병합'의 성격에 대해서는 양측의 합의에 의해 평화적으로 이루어졌다는 전제 아래 강압성이나 불법성은 없었다고 파악하고 있기 때문에 전반적으로 객관성이 결여되어 있다고 할 수 있다.

일본의 패전 후에는 '한국병합' 관련자들의 回顧錄이 출간되고, 당시 일본정부의 관련 자료들이 공개되면서 '한국병합'이 일본정부 주도로 추진되었다는 점이 명확해졌다. 그리고 한일국교정상화를 위한 韓日會談의[19] 분위기 속에서 戰後 일본의 침략에 대한 반성과 책임을 묻는 관점에서 연구가 진행되었다. 이 중 야마베 겐타로(山邊健太郎)의 연구는 '한국병합'에 대한 최초의 실증적 연구라고 할 수 있다. 그는 일본의 근대 外交史料를 중심으로 한국의 개항 이래 '한국병합'까지 일본의 한국침략정책을 정리하면서 '한국병합'은 그 최종목표였다고 규정하였다. '한국병합'은 일본이 열강으로부터 한국에 대한 '보호, 지도 및 감독'의 권리를 인정받은 '을사조약' 이래 예정된 수순대로 침략을 강화한 결과라는 것이다. 그리고 그는 이 과정에서 '병합'이라는 단어를 고안한 사람이 당시의 외무성 정무국장이었던 구라치였음을 밝혔다.[20]

---

19) 한일회담은 1952년 2월에 제1차 회담이 개최된 후 1965년 6월 22일에 한일협정이 체결되기까지 14년 동안 6차례에 걸쳐 개최되었는데, 식민지배 책임에 대한 양국의 견해 차이, "일본의 36년 간의 한국통치는 한국인에게 유익했다"는 제3차 회담의 일본측 수석대표 久保田貴一郎의 망언 등으로 인해 그 타결이 쉽지 않았다(이원덕, 「한일회담과 일본의 전후처리 외교」, 『한국과 국제정치』 23, 경남대학교 극동문제연구소, 1996 참고).

20) 山辺健太郎, 『日韓併合小史』, 岩波書店, 1966.

이러한 야마베의 연구는 한국에 가중되는 일본의 침략을 시계열적으로 정리하는 데 유효하며 이후 연구에 많은 시사점을 주었다. 하지만 일본의 침략정책을 결과론적으로 분석하여 '한국병합'의 과정을 너무나 단순화시킨 한계가 있다. 그에 따르면 일본은 '한국병합'과 관련한 모든 문제를 예측하여 하나하나 단계적으로 안배한 超强大國으로 상정될 수밖에 없다.

이에 대해 모리야마 시게노리(森山茂德)는 일본의 한국정책은 계속적으로 열강으로부터 규제받았고, 일본 정치세력들 간의 경쟁과 대립으로 '한국병합'은 결코 쉽지 않은 문제였다고 지적한다. 특히 직접적인 '병합' 실행은 한국에 온건정책을 폈던 이토 중심의 문관파와 강경책을 편 야마가타 아리토모(山縣有朋) 중심의 무관파 사이의 경쟁과 대립 속에 이토의 사망으로 인해 무관파의 주장이 실행된 결과라고 파악하였다.[21] 하지만 이같은 모리야마의 인식에는 상당한 의문점이 있다. 우선 당시 일본의 정계를 이해하는 데 이러한 문관파와 무관파라는 이분법적인 대립구도에 의한 구분이 타당한가의 문제가 있다. 또 당시 일본 정계에서 문관파와 무관파의 대립을 인정한다고 하더라도 국내정치에서의 경쟁과 대립이 한국정책 및 열강과의 관계에서도 동일한 양상으로 나타났는가도 의심스럽다.

메이지시대 일본의 정계를 이와 같은 대립구도로 파악하는 것은 상당히 오래된 도식이다. 치바 이사오(千葉功)는 이를 도쿠토미 소호(德富蘇峰)의 인식으로부터 시작되었다고 파악하면서,[22] "실제 한국 및 滿洲에 대한 방침에서 元老와 內閣 사이에 큰 차이점은 보이지 않는다"라고 지적하였다.[23] 도쿠토미는 "대개 메이지유신 이래 한국문제에 대한 우리나라 사상

---

21) 森山茂德, 『近代日韓關係史研究』, 東京大學出版會, 1987. 최근에 발표된 伊藤之雄의 연구도 비슷한 시각에서 '한국병합'을 파악하고 있다(伊藤之雄, 앞의 글, 2009).
22) 千葉功, 「滿韓不可分論=滿韓交換論の形成と多角的同盟·協商網の模索」, 『史學雜誌』 105-7, 史學會, 1996 참고.
23) 千葉功, 『舊外交の形成』, 勁草書房, 2008, 101쪽.

계의 (흐름)에는 2개의 조류가 있다. 하나는 對外派의 주장이고, 다른 하나는 內治派의 주장이다. 전자는 國防線의 관계로부터 한국과 일본이 분리될 수 없는 이해를 가지고 있다는 점을 인식하여 결국 그것을 우리에 병합하려는 것이다. 후자는 한국을 방기할 수 없다고 인식하는 점은 전자와 동일하지만, 열강과의 관계에서 한국병합이 용이하지 않다는 점을 주목하여 우리의 세력권 하에서 그것을 보호하려는 것이다. 야마가타 및 公(가츠라)은 전자의 대표자였다. 이토와 이노우에는 실로 후자의 대표자였다'라고 하였다.[24] 이에 대해 고마츠는 이미 당시에 "한국병합에 대해 야마가타파와 이토파가 각각 다른 의견을 가지고 있었다고 하는 사람이 있는데, 그것은 잘못"이라고 직접적으로 비판하였다.[25]

도쿠토미나 모리야마와 같이 일본 정계에 대해 문관파와 무관파의 대립 구도를 설정하고, '한국병합'에 대해서도 이 대립의 연장선 상에서 찬성과 반대, 또는 점진적 병합과 즉시 병합의 경쟁으로 파악하는 연구경향은 상당한 한계가 있다. 이와 같은 연구는 필연적으로 '한국병합'의 책임에 대해 특정한 정치세력-대체로 일본 군부-을 지목하게 될 것이다. 이는 제2차 세계대전의 전쟁책임 문제와 마찬가지로 군부를 희생양 삼아 天皇을 비롯한 일본 사회의 침략성을 은폐 내지는 축소시킬 우려가 있다. 또 일본의 '한국병합'에 대해 열강의 규제를 필요 이상으로 강조하는 것에는 '한국병합'의 책임을 열강 전체로 확대하여 당시 '제국주의'라는 시대 흐름 속에서 일본의 침략책임을 상대화시켜 희석시키려는 모습도 보인다.

'한국병합'에 대한 두 번째 연구경향은 '한국병합에 관한 조약'의 형식적·절차적 측면에서 不法性 또는 合法性을 규명하려는 것이다. 이것은 1990년대 후반부터 2000년에 걸쳐 일본의 월간지 『세카이(世界)』에서 '한국병합'

---

24) 德富蘇峰, 『公爵桂太郎傳』 坤卷, 故桂公爵記念事業會, 1917(原書房, 1967 재간), 457쪽.
25) 小松綠, 앞의 글(上), 49쪽.

을 둘러싸고 한일 간에 벌어진 논쟁을 통해 쟁점화되었다. 이는 현재까지도 중심적인 연구주제가 되고 있는데, 한국 쪽에서는 이태진, 일본 쪽에서는 운노 후쿠쥬(海野福壽)가 대표적이다.[26]

이태진은 국가의 대표를 강박하여 체결한 '을사조약'이 불법이기 때문에 이를 전제로 성립한 '한국병합'도 불법이라는 논리를 기초로 하여, '한국병합에 관한 조약'에 서명한 일본측 대표가 한국의 외교를 대리했던 통감 데라우치라는 점에서 서명 자격의 문제, 純宗皇帝의 「勅諭」 날조의 여부, 그리고 비준서로서의 성격 문제 등에 대해 국제법을 이용하여 '한국병합에 관한 조약'의 불법성을 증명하고자 하였다.

이에 대해 운노는 일본의 '한국병합'을 지배의 有效性이란 측면에서 현재의 관점에서는 부당하지만, 당시에는 합법이었다고 주장하였다.[27] 운노와 그 뒤를 이은 오가와라 히로유키(小川原宏幸)는 일단 '한국병합'이 일본의 침략행위였음을 인정한다. 하지만 이들은 國際法 상의 時際法에 따라 당시에는 합법적이고 유효한 조약이었다고 주장한다.[28] 그리고 '한국병합'의 원인과 과정에 대해서는 '善意에 기초하여 한국을 근대화하려 했던 이토의 한국정책이 실패'했기 때문에 어쩔 수 없이 '한국병합' 정책으로 전환되었다고 파악한다.

이후 위와 같은 '침략이었지만 합법이었다'는 논리 위에서 오가와라와 이토 유키오(伊藤之雄)는 이토가 '한국병합'에 반대한 것이 아니라 점진적

---

26) 당시 『世界』(岩派書店)의 지면을 통해 전개된 한일 간의 논쟁은 이태진 편, 『한국병합, 성립하지 않았다』, 태학사, 2001 ; 이태진, 『한국병합의 불법성 연구』, 서울대출판부, 2003 ; 이태진·사사카와 노리가츠 공편, 『한국병합과 현대』, 태학사, 2009에 정리되어 있다.

27) 海野福壽, 『韓國併合史の硏究』, 岩波書店, 2001(운노 후쿠쥬 지음·정재정 옮김, 『한국병합사 연구』, 논형, 2008) ; 海野福水, 『伊藤博文と韓國併合』, 靑木書店, 2004.

28) 국제법의 시제법에 대해서는 박배근, 「국제법상 시제법의 이론과 실제」, 『國際法學會論叢』 53-1, 국제법학회, 2008 ; 이근관, 「국제조약법 상 강박이론의 재검토 - 일본의 한국병합과 관련하여」, 『한국병합과 현대』, 태학사, 2009 참고.

인 방식으로 추진하였다고 주장한다. 그리고 그 식민통치의 구조도 이토가
스에마츠 겐쵸(末松謙澄)에게 보낸 것으로 생각되는 한국통치에 관한 메모
를29) 근거로 직접적인 식민통치가 아닌 식민지 자치제였다고 주장하였
다.30) 이들은 이러한 주장의 주요 근거를 당시 이토나 일본정부의 공개 발
표와 연설 또는 특정 메모에 의존하고 있다. 하지만 그 발표나 연설이 행해
진 맥락의 이해나 함의의 분석 없이 글자 그대로 이해하는 것은 상당한 문
제일 뿐만 아니라, 공허한 주장이 될 수밖에 없다.

이에 방광석은 식민지 자치제에 대한 오가와라의 주장은 모리야마의 설
을 계승 발전시킨 것으로 보이나, 『末松子爵家所藏文書』에 수록된 해당 자
료는 집필자나 집필시기도 불분명한 메모로 이것만을 가지고 이토가 자치
식민지를 구상했다고 주장하는 것은 무리가 있기 때문에 실증적인 면에서
보완이 필요할 것이다라고 문제점을 지적하였다.31)

2010년은 '한국병합' 100년이 되는 해였다. 한국과 일본의 역사학계에서
는 다양한 학술대회를 통해 다수의 연구가 진행되었다.32) 학술대회의 주요

---

29) 스에마츠 겐쵸(末松謙澄)는 明治·大正 시대의 정치가로 伊藤博文의 사위였던 인물
   이다. 스에마츠에 관련된 문서를 모아놓은 『末松子爵家所藏文書』에는 이토가 보낸
   것으로 추정되는 메모가 있는데, 그 주요 내용은 "1) 한국 8도에서 각 10명씩 의원
   을 선출해 衆議院을 조직할 것, 2) 한국 文武 양반 가운데에서 50명의 원로를 互選
   으로 선출해 上院을 조직할 것, 3) 한국정부의 大臣은 한인으로 조직하고 책임내각
   을 만들 것, 4) 정부는 副王의 配下에 속한다"라는 것이다(堀田修·西川誠 編, 『末
   松子爵家所藏文書』, ゆまに書房, 2003, 389쪽). 방광석, 「일본의 대한지배정책 전환
   과 안중근 사건」, 『한국 근대국가 수립과 한일관계』, 경인문화사, 2010, 185~186쪽
   에서 재인용.
30) 小川原宏幸, 앞의 글(2005a) ; 「一進會の日韓合邦請願運動と韓國倂合-「政合邦」
   構想と天皇制國家原理との相克」, 『朝鮮史硏究會論文集』 43, 朝鮮史硏究會, 2005b ;
   「韓國倂合と朝鮮への憲法施行問題-朝鮮における植民地法制度の形成過程-」, 『日
   本植民地硏究』 17, 日本植民地硏究會, 2005c ; 『伊藤博文の韓國倂合構想と朝鮮
   社會』, 岩波書店, 2010(오가와라 히로유키 지음, 최덕수·박한민 옮김, 『이토 히로부
   미의 한국병합 구상과 조선사회』, 열린책들, 2012) ; 伊藤之雄, 앞의 글, 2009.
31) 방광석, 앞의 글(2010), 186쪽.

쟁점은 대체로 1990년대 후반 이후 집중적으로 제기되었던 '한국병합'의 불법·합법성 문제였다.[33] 당시의 국제법으로 '한국병합'이 불법이었음을 입증하는 것은 일본의 침략성을 명백히 밝힌다는 점에서 매우 중요한 문제이다. 하지만 이와 같은 연구경향에는 상당히 우려스러운 점이 있다. 만약 '한국병합'이 당시의 국제법에서는 합법이었다는 결론이 나오면, 일본의 명백한 침략행위에 대해 더 이상의 책임추궁은 무의미해지고, 단지 도덕성의 문제로 귀결되기 때문이다. 그럴 경우 한국은 이를 인정할 수 있는가라는 문제가 있다.

또한 이 과정에서 불법 또는 합법에 대한 기준이 국제법에 절대적으로 의지하고 있다는 것도 우려스러운 점이다. 당시의 국제법은 제국주의 열강이 그들의 이해관계를 조정하고, 그들 자신의 이익을 대변하기 위해 만든 법규라고 할 수 있다. 즉 제국주의 열강의 침략성을 전제로 형성된 것이다. 이것에 절대적으로 의지하는 것은 궁극적으로 제국주의의 침략을 정당화하고, 이를 묵인하는 결과가 된다.[34] 이와 같은 연구경향은 논점을 아주 단순

---

32) 이 시기 대표적인 학술대회는 다음과 같다. 한국에서는 '1910년 한국강제병합, 그 역사와 과제'(동북아역사재단), '국치 100년 "국권상실"의 정치외교사적 재조명'(한국정치사학회·아셈연구원), '강제병합 100년에 되돌아보는 일본의 한국침략과 식민통치체제의 수립'(한국역사연구회), '국치100년 학술대회 : 20세기 한국, 한국인의 역사와 기억의 변용'(한국근현대사학회), '"한국병합"의 세계사적 재조명 : 국제적 환경과 인식'(고려대 아세아문제연구소) 등이 개최되었다. 일본에서는 '國際シンポジウム「韓國倂合」100年を問う'(國立歷史民俗博物館主催·「韓國倂合」100年を問う會), '「韓國倂合」·植民地支配, そして現在－「斷絕」と「連續」の視点から'(朝鮮史研究會) 등이 개최되었다.

33) 당시의 연구동향에 대해서는 최덕수, 「'한국강제병합' 100년 일본역사학의 동향과 전망」, 『한국사학보』 42, 고려사학회, 2011 ; 松田利彦, 신주백 옮김, 「일본에서의 한국'병합'과정을 둘러싼 연구－논점과 경향－」, 『한국근현대사연구』, 56, 한국근현대사학회, 2011 ; 김종준, 「식민사학의 '한국근대사' 서술과 '한국병합' 인식」, 『역사학보』 217, 역사학회, 2013 참고.

34) 이와 같은 문제에 대해 운노 후쿠쥬(海野福壽)는 "만약 조약 무효=식민지 지배 불법이라면 사죄·배상 해야 하겠지만, 만약 조약 유효=식민지 지배 합법이라면 사

화시키면 결국 얼마나 '신사적인 침략'이었는가로 수렴될 것이기 때문이다.

최근 한성민은 구라치 데츠키치(倉知鐵吉)의 활동을 중심으로 일본정부의 '한국병합' 계획의 입안 과정을 분석하였다. 이 연구는 일본정부가 내각의 비밀조직으로 병합준비위원회를 조직하여 '한국병합' 실행을 준비했다는 점을 밝혔다. 그리고 이와 더불어 '한국병합'에 대한 연구에서 그동안 간과되었던 실무관료의 활동을 조명하고, 그 중요성을 제기하여 '한국병합'에 대한 새로운 접근방법을 제시하였다.[35] 하지만 구라치 외에 다른 실무관료의 활동에 대해서는 관심을 기울이지 못한 한계가 있다. 이후 윤대원은 데라우치 마사타케(寺內正毅)를 중심으로 일본의 '한국병합' 준비과정을 검토하였다.[36] 이 연구는 그동안 간과되었던 병합 실행 당시의 실상을 구체적으로 파악하는 데 도움을 준다. 하지만 여전히 일본 정계에서 문관파와 무관파의 대립과 경쟁, 점진적 병합론과 즉시 병합론의 대립이라는 관점에서 '한국병합'을 파악하고 있는 점과 아키야마의 '합병안'을 과도하게 평가하고 있는 점은 한계로 지적할 수 있다.

이외에 한명근과 김종준은 일본뿐만 아니라, 한국 내에서도 정치세력에 따라 내용을 달리하는 '합방론'이 존재했음을 밝혔고,[37] 강창일은 일본의

죄·배상을 하지 않아도 된다고 하는, 중립을 배척하는 논리가 '과거 청산'에 결국 유효할지 그렇지 않을지 의문"이라는 문제제기를 일찍부터 하였다(海野福壽, 「李教授 '韓國倂合不成立論'を再檢討する」, 『世界』 1999년 10월호, 岩波書店, 1999, 261~ 262쪽). 松田利彦는 "제국주의 열강 간의 '근대적' 규칙을 암묵 중에 시인하는 막다른 골목에 부딪힐 수 있다"고 했고(松田利彦, 신주백 옮김, 위의 글, 185쪽), 윤해동은 "모든 식민지의 영유는 곧 폭력적 과정이었으며, 근대적 국제법은 강자의 질서를 반영하고 있지 않았던가"라고 하여(윤해동, 「동아시아 식민주의의 근대적 성격－'예'로부터 '피'로의 이행」, 『아시아문화연구』 22, 가천대학교 아시아문화연구소, 2011, 83쪽) 필자와 비슷한 우려를 표명하였다.

35) 한성민, 「구라치 데츠키치(倉知鐵吉)의 '韓國倂合' 계획 입안과 활동」, 『한국근현대사연구』 54, 한국근현대사학회, 2010.

36) 윤대원, 앞의 책(2011) ; 「일제의 한국병합 방법과 식민 통치 방침」, 『한국문화』 70, 서울대학교 규장각 한국학연구원, 2015.

'한국병합' 과정에서 우익단체의 활동을 고찰하였다.[38] 위 연구들은 막연하게 일본의 침략결과로 이해되던 '한국병합'의 과정에 대해 각각 당시의 불법성, '합방론', 우익단체의 활동 등 다양한 측면에서 심도있게 고찰하였지만, 구체적인 '한국병합'의 과정을 파악하기에는 어려움이 있다.

'한국병합'에 대한 기존의 연구경향은 일본의 '한국병합'이 너무도 명백한 일본의 침략행위이고, 이후 식민지배의 일반적인 문제이기 때문에 '한국병합'의 침략성과 부당성을 기정 사실화 하고 서술하는 수준에 머물러 있다. 특히 이 과정에서 구라치 등의 주요 실무관료에 대해서는 '한국병합'의 실무작업에 참여한 여러 인물 가운데 한 사람 정도로 이해하여 간략하게 언급하고 있을 뿐이다. 이처럼 실무관료에 대한 연구가 소략한 이유로는 당시의 한일관계에서 그들의 직접적인 침략행위가 크게 부각되지 않는다는 점, 그리고 '한국병합'과 관련된 단편적인 사실 외에는 그들의 生涯에 대한 기록이 많지 않다는 점 등을 지적할 수 있다. 따라서 현재까지 실무관료를 중심으로 일본의 '한국병합' 준비과정을 치밀하게 분석한 연구는 거의 없는 실정이다.

이에 본 연구는 다음과 같은 연구방법을 채택하였다. 첫째 일본의 한국국권 강탈 및 식민지 지배정책을 실질적으로 구상·입안·건의했던 일본정부의 정책 실무자의 활동에 주목할 것이다. 그동안 이 분야에 대한 연구의 대부분은 이토·데라우치 등 일본의 최고 권력층을 중심으로 진행되어 왔다. 이 때문에 급속한 '한국병합'을 주장한 '무관파'와 이에 반대한 '문관파'의 대립이라는 오래된 도식에 여전히 매몰되어 있는 측면이 크다. 그 결과 국제질서와 한국의 상황 및 일본 내부의 조응관계에서 형성된 일본의 실질적인 한국정책의 진행과정은 도외시되고, 이들 최고 권력층의 정치적 경쟁관

---

37) 한명근, 『한말 한일합방론 연구』, 국학자료원, 2002 ; 김종준, 『일진회의 문명개화론과 친일활동』, 신구문화사, 2010.
38) 강창일, 앞의 책, 2003.

계가 흥미 위주로 부각되었다.

본 연구에서는 구라치를 중심으로 한 정책 실무자들이 국제관계와 한국의 상황을 고려하면서 어떻게 '한국병합'을 추진하였는지 구체적으로 검토할 것이다. 그리고 이와 더불어 구라치와 이토 및 데라우치 등의 정책결정권자 사이의 관계를 정책적 측면과 인간관계의 측면에서 검토하여 '한국병합'에서 '문관파'와 '무관파'의 대립 구도가 실질적으로 의미있는 것인지도 검토하려 한다.

둘째 20세기 초 한국을 둘러싼 국제관계의 시야에서 '한국병합'을 조망할 것이다. '한국병합'은 일본의 침략과 한국의 저항이라는 한일관계의 측면만으로는 설명할 수 없다. '한국병합'을 한일관계만으로 축소시키면 '을사조약' 이후 '한국병합'까지 왜 5년이라는 시간이 필요했는지 설명할 수 없기 때문이다. 당시 일본에게는 한국에 이해관계를 가지고 있는 열강과의 이해관계 조정이 필수적이었다. 이 과정을 분석함으로써 당시의 열강이 어떠한 이해관계에서 일본의 '한국병합'을 승인했는지 검토할 것이다.

셋째 연구의 시간적 범위는 한국이 외교권의 박탈로 사실상의 식민지가 된 '을사조약' 이후부터 완전히 국권을 강탈당하는 '한국병합'까지로 할 것이다. 이 과정에서 '한국병합'에 관련된 중요한 정치적 사건들을 '한국병합' 기획의 중심 실무관료인 구라치의 활동을 중심으로 분석하려 한다. 구체적으로는 '황실특파유학생들의 동맹퇴교운동(1905)', '헤이그 특사 사건(1907)', '안중근의 이토 저격 사건(1909)', '병합준비위원회(1910)의 활동'을 연구대상으로 하였다. 각각의 사건들이 '한국병합'에서 어떠한 의미를 갖는지 파악함으로써 일본의 '한국병합' 과정을 시계열적으로 검토할 것이다.

넷째 1905년 통감부 설립 이래 1910년 '한국병합'에 이르기까지 구라치 등 '한국병합' 준비에 참여한 주요 실무관료들의 한국정책에 관련된 자료들을 최대한 수집·정리하여 당시 일본정부의 공식 외교문서들과 비교·검토할 것이다.

이와 같이 '을사조약' 이래 한국의 국권 강탈까지 일본의 한국정책을 규명하는 과정에서 본 연구는 '保護關係(Protectorate)'와 '한국병합'을 핵심적 용어로 사용하려고 한다.

우선 '을사조약'의 체결에서부터 공식적인 국권 강탈 직전까지의 시기에 대해 보호관계를 중심으로 설명할 것이다. 국제법에서 보호관계는 두 국가가 保護國과 被保護國이라는 불평등한 관계로 결합하여 피보호국은 대외관계 관할권을 보호국에 넘겨주고 보호국이 그 외교권을 행사하는 것을 의미한다. 이와 같은 보호관계는 본래 식민지 지배의 한 형태였다.[39]

이것은 19세기 제국주의 열강이 식민지를 확대해 가는 과정에서 만들어 낸 국제법적 용어이다. 영국이 '파리조약'(1815)을 통해 에게해의 이오니아(Ionia) 섬들에 보호관계를 설치한 것으로부터 시작하여, 1881년 프랑스가 튀니지(Tunisia)를 피보호국으로 만든 것을 계기로 국가에 대한 보호관계의 설정으로 확대되었다. 열강이 군사력을 배경으로 타국에 보호관계를 설정하여 외교권을 박탈하거나 내정권을 잠식하여 해당 국가의 통치구조가 이중성을 띠는 것을 의미했다. 따라서 보호관계는 일국의 일원적 지배가 관철되고 있던 식민지와는 차이가 있었다.[40] 또 보호국과 피보호국이 맺은 조약과 보호관계에 따라 그 형태와 성격이 매우 다양하고, 동시에 끊임없이 변화하기 때문에 하나로 규정할 수 없는 모호한 지배형태였다.[41]

그렇기 때문에 근대 일본의 대표적인 국제법 학자인 다케코시 산사(竹越三叉)는 보호조약을 통해 보호국이 피보호국의 외교권을 장악하고 제3국과의 국제관계를 제한하는 점을 보호관계의 공통점으로 지적하였다.[42] 아리

---

39) 柳炳華, 『國際法』 I, 眞成社, 1996, 395쪽.

40) 田中愼一, 「保護國の歷史的位置－古典的硏究の檢討」, 『東洋文化硏究所紀要』 71, 東京大學 東洋文化硏究所, 1977, 297~298쪽.

41) 有賀長雄, 『保護國論』, 早稻田大學出版部, 1906, 1~5쪽.

42) 히라이시 나오아키, 「한국 보호국론의 제 양상에 대하여－독립과 병합 사이 주요 학자의 논리를 중심으로－」, 김용덕·미야지마 히로시 공편, 『근대교류사와 상호인

가 나가오(有賀長雄)는 보호관계가 정세에 따라 얼마든지 완전한 독립국이 되거나, 아니면 식민지로 몰락할 가능성을 갖는다는 보호국체제의 유동성을 부각시켰다.[43] 반면 도미즈 히론도(戶水寬人)와 다치 사쿠타로(立作太郎)는 보호관계를 피보호국이 보호국의 식민지가 되기 전의 과도기적 단계로 파악하였다.[44]

한국은 다케코시가 보호관계의 공통점으로 지적한 것처럼 '을사조약'으로 외교권을 박탈당하면서 일본의 피보호국이 되었다. 이후 일본은 통감부를 설치하여 한국의 외교를 대리하였다. 국가의 통치행위는 크게 내치와 외교로 구분되지만, 실제 구체적인 사안에서는 그 구분이 명확하지 않은 경우가 많다. 초대 통감 이토는 한국에 부임한 직후부터 '施政改善協議會'를 이용하여 한국의 외교뿐만 아니라, 내정까지 간섭하면서 일본의 지배를 강화시켜 나갔다. 즉 도미즈나 다치가 지적한 바와 같이 보호관계를 한국의 강점을 위한 과도기적 지배형태로 이용한 것이다.

이에 본 연구는 '을사조약' 이후 국권 강탈 직전까지 일본의 한국정책을 해당 시기 주요 사건을 중심으로 보호관계의 적용, 국제적 공인 및 유지의 개념으로 파악하려 한다.

다음으로 1910년 8월 22일 한국의 국권이 일본에 강탈된 사건을 '한국병합'으로 지칭할 것이다.[45] 그동안 이 사건에 대해 일반적으로 한국에서는 '韓日合邦', '韓日合倂', 일본에서는 '日韓倂合' 등의 용어가 사용되어 왔다. 이 용어들은 사용자의 국적에 따라 '한국'과 '일본'이 앞에 오거나 뒤에 붙

식』 Ⅱ, 아연출판부, 2007, 328~329쪽.

43) 아리가는 영국으로부터 트란스발의 독립(1881), 이탈리아로부터 아비시니아의 독립(1896)을 피보호국이 독립국으로 발전한 예로 들었다(有賀長雄, 「保護國の硏究」, 『外交時報』 99, 外交時報社, 1906, 29~33쪽).

44) 戶水寬人, 「朝鮮の處分」, 『國際法雜誌』 3-1, 國際法學會, 1904, 1~5쪽 ; 立作太郎, 『平時國際法論』, 日本評論社, 1930, 137~138쪽.

45) 공식적으로 '한국병합'이 발표된 날짜는 1910년 8월 29일이다.

거나 하지만 기본적으로는 두 국가를 병렬적으로 나열하는 것이고, '합방', '합병', '병합'은 모두 기존에 독립적으로 존재하던 것을 '합친다'는 의미이다. 따라서 위 용어들은 한국과 일본의 두 나라가 '대등하게' 또는 '합의하여' 하나의 나라로 합친다는 뉘앙스(nuance)를 주는 동시에 일본의 한국 국권 강탈이라는 침략의 성격을 은폐시키는 기능까지 한다. 그렇기 때문에 위 용어들은 일본의 한국 국권 강탈을 지칭하는 용어로 사용하기에 부적절하다.

이에 이태진은 일본의 식민지배는 군사력에 의한 강제 점령임을 강조하는 '强占'이라는 용어를 제안하였다.[46] 이와 같은 시각에는 필자도 전적으로 동감한다. 하지만 1910년 8월 국권이 강탈당한 사건을 '강점'으로 지칭하기에는 적절하지 않다고 생각한다. '강점'은 어느 한 시점의 문제가 아니라, 국권 강탈 이전부터 일본의 식민지배 전 기간을 아우르는 용어이기 때문이다. 또한 이 사건에 대해 '강점'만을 강조할 경우, 일본에 협력한 친일 관료들의 역사적 책임이 감추어지는 문제가 있다. 이는 침략성이 명확한 '倂呑'의 용어도 마찬가지다. 大韓帝國은 '조약'을 통해 국권을 강탈당했다. 이것은 물론 일본이 무력을 동원하여 강압한 결과이지만, 그와 함께 李完用 등 친일관료들의 협조가 있었기에 가능한 것이었다.

반면 일본의 운노는 한국의 국권을 강탈한 조약의 명칭이 '한국병합에 관한 조약'이었고, 이에 따라 당시 일본사회에서도 '한국병합'을 일반적으로 사용했다는 점 등을 이유로 '한국병합'을 용어로 사용할 것을 제안하였다.[47] 즉 운노의 제안은 당시에 사용했던 용어를 그대로 사용하자는 의미인데, 이는 당시 일본이 '한국병합'의 용어를 사용한 의도를 그대로 묵인하자는 의미가 내포되어 있어서 동의할 수 없다.

본 연구는 운노의 제안과는 다른 의미에서 '한국병합'의 용어를 사용하려 한다. 1909년 일본 외무성 정무국장 구라치는 「對韓政策의 基本方針」을

---

46) 이태진, 『일본의 대한제국 강점』, 까치, 1995.
47) 海野福壽, 『韓國倂合』, 岩波書店, 1995.

작성하면서 '한국병합'이라는 용어를 만들어 사용하였다. 그는 '합방'이나 '합병'은 양국이 대등하게 합친다는 의미가 있고, '병탄'은 침략적 성격이 확실하게 드러나기 때문에 한국이 완전히 폐멸되어 일본의 일부가 된다는 뜻을 명확히 하면서도 어감이 과격하지 않은 단어로 '병합'을 선택하여 일본을 주체로 한 '한국병합'이라는 용어를 만들었다고 하였다.[48] 즉 '한국병합'이란 용어는 일본에 의한 한국침략의 성격을 대외적으로 은폐시키기 위해 고안된 용어인 것이다. 그리고 이러한 이유에서 일본은 '조약' 체결의 형식으로 한국의 국권을 강탈하였다.

그런데 현재까지 이와 같은 일본의 의도를 포함하여 군사력을 동원한 침략이면서도 굳이 '조약' 체결을 통해 국권을 강탈한 사건을 적절하게 설명할 수 있는 용어가 없다. 이에 본 연구는 침략의 성격을 은폐시키려는 일본의 의도를 그 자체로 표현할 수 있는 '한국병합'의 용어를 사용하려 한다. 단 그 용어를 사용한다고 해서 이 용어를 만든 구라치 또는 일본의 개념규정에 동의하는 것은 아니다. '한국병합'에 담긴 일본의 의도를 표현하기 위함이다. 이 때문에 본 연구에서는 한국병합이 아니라, '한국병합'이라고 표기했다.[49]

제3절 자료 활용 및 구성

본 연구의 목적은 '한국병합'의 기획과 실행에 참여한 주요 일본인 실무관료들의 활동을 통해 일본이 어떤 과정을 거쳐 한국의 국권을 강탈했는가를 검토하는 것이다. 따라서 그들 본인의 기록이 상당히 중요하다. 하지만

---

48) 倉知鐵吉, 「覺書」(1913년 3월 倉知鐵吉이 小松綠에게 보낸 각서), 小松綠, 『朝鮮倂合之裏面』, 16쪽 : 倉知鐵吉, 「韓國倂合ノ經緯」, 12쪽.
49) '한국병합'의 표기에서 ' '는 강조의 의미가 아닌 인용의 의미이며, 동의할 수 없다는 의미이다.

고마츠를 제외한 다른 실무관료들의 기록은 많지 않다. 특히 그 중에서도 '한국병합' 기획의 전 과정에 참여한 가장 대표적인 실무관료였던 구라치는 외교관의 '비밀 유지 의무' 때문에 자신에 관한 기록을 거의 남기지 않았다.

구라치 본인의 활동에 대한 회고는 구술기록인 「韓國倂合ノ經緯(한국병합의 경위)」가 거의 유일하다.[50] 이 기록은 외무성 調査部에서 日本 外交 記錄 편찬의 일환으로 1938년부터 1939년까지 역대 일본의 주요 외무관료들의 구술을 채록한 것 중 하나이다. 그 채록의 목적은 1933년부터 편찬하기 시작한 공식적인 『日本外交文書』의 내용을 보완하고, 또 '비밀 유지 의무'로 인해 역대 외무관료들이 개인적인 기록을 거의 남기지 않은 점을 고려하여 그들의 실제 경험과 활동을 기록으로 남기기 위함이었다.[51]

이 자료는 구라치의 구술을 채록한 것을 정리한 것으로 분량이 많지 않은 소책자의 형태이다. 전체 내용은 1) 緖言, 2) 韓國倂合方針의 확립, 3) 倂合의 字義, 4) 對韓細目要綱基礎案, 5) 우치다 요스케(內田良平)씨의 「回想錄」, 6) 伊藤公 암살사건 전후, 7) 倂合의 단행으로 구성되어 있다. 구라치는 서언에서 "한국을 병합하기에 이르는 과정에 대해서는 그 의논과정과 진상을 아는 사람은 모두 사망하였고, 현재 남아있는 사람은 나 한사람이 되고 말았다. 세상에 전해진 소위 한국병합의 이면사 또는 그 진상이라고 하는 것에는 (실제) 사실과 거리가 먼 점이 있기 때문에 그것을 정정하여 널리 그 진상을 후세 역사가들을 위해 말하여 두려고 생각한다"라고 하여 '한국병합의 진상'이라는 구술의 목적을 명확히 하고 있다.[52] 이에 따라 그

---

50) 倉知鐵吉, 「韓國倂合ノ經緯」, 日本外務省 調査部 第四課, 1939(日本 外務省 外交史料館 소장 外交文書, #N.2.1.0.4-1). 이 구라치의 회고는 伊藤隆·瀧澤誠 監修, 『明治人による近代朝鮮論影印叢書』16, 李王朝, ぺりかん社, 1997에는 1950년 外務大臣官房文書課에서 발행한 복각판이, 廣瀨順皓 監修·編集, 『近代外交回顧錄』5, ゆまに書房, 2000에는 1939년의 원본이 영인, 수록되어 있다.
51) 外務省 調査部 第一課, 「外交史料編纂事業ニ就テ」(1939), 廣瀨順皓 監修·編集·解題, 『近代外交回顧錄』1, ゆまに書房, 2000, 14~60쪽.

는 이토와 자신의 관계를 설명하고, 일본정부가 1909년 7월 '한국병합' 방침을 공식화 한 「對韓政策의 基本方針」의 수립과정과 '병합'이라는 단어를 사용하게 된 이유, 이후 '한국병합'의 추진과정 및 이토의 사망과 '한국병합'의 관계, 그리고 당시 '한국병합'의 민간 주도설을 대표했던 우치다의 주장에 대한 반박 등을 자신의 경험을 통해 설명한다. 이는 '한국병합'에 대한 가장 구체적인 증언이라고 할 수 있다.

그 외에 구라치의 활동에 대한 자료는 대부분 일본 외무성 外交史料館에 소장되어 있는 당시 현안에 대한 외교문서이다. 외교사료관에는 일본 외무성에서 공간한 『일본외교문서』 외에 방대한 史料가 개별 외교문서철로 소장되어 있다. 이 중 『倉知政務局長統監府參事官兼任中二於ケル主管書類雜纂(구라치 정무국장 통감부 참사관 겸임 중의 주관서류잡찬)』 1·2와[53] 『各國크リ本邦ヘ노留學生關係雜件 韓國노部(각 국가에서 아국으로 온 유학생 관계 잡건 한국의 부)』는[54] 통감부 설립 초기 구라치가 외무성의 참사관 및 통감부의 서기관을 겸임하며 통감 이토의 대한정책을 보좌하던 시기의 활동을 파악할 수 있는 자료이다.

전자는 구라치가 일본 외무성과 통감부의 관료를 겸임하면서 이토를 비롯한 통감부의 주요 인사들과 주고 받은 공문, 편지, 訓令 등이 수록되어 있다. 여기에 포함된 자료의 발·수신자를 보면 통감부쪽은 이토에서부터 통감부 각 부서의 인물이 망라되어 있는 반면, 일본 외무성쪽은 대부분 구라치로 단일화되어 있다. 그리고 그 내용도 통감부의 설립 과정에서부터 일본에 체류 중인 한국인 亡命者의 동향 파악까지 다채롭다. 이를 통해 당시 통감부와 일본 외무성의 연결고리로서 구라치의 역할을 파악할 수 있다.

후자는 개항 이래 한국에서 일본으로 유학보낸 유학생 문제에 대한 한일

---

52) 倉知鐵吉, 「韓國併合ノ經緯」, 1쪽.
53) 日本 外務省 外交史料館 소장 문서, 7.1.8.21.
54) 日本 外務省 外交史料館 소장 문서, 3.10.5.4.

간의 관련자료가 수록되어 있다. 이 중 본 연구와 관련해서는 1904년 한국 정부에서 파견한 '황실특파유학생'에 관한 자료가 주목된다. 유학생들은 학교의 강압적인 유학생 처우와 '을사조약'의 체결에 반발하여 '동맹퇴교운동'을 전개하였는데, 이 사건의 해결자로 선정된 인물이 구라치였다. 그는 일본정부, 통감부, 한국정부로부터 권한을 위임받아 이 문제를 수습하였다. 이 자료는 『倉知政務局長統監府參事官兼任中ニ於ケル主管書類雜纂』과 함께 당시 구라치의 활동 및 한국에 대한 통감부의 권력 형성 과정의 일단을 파악할 수 있는 자료이다.

'황실특파유학생'의 '동맹퇴교운동'을 해결한 뒤 구라치는 제2회 만국평화회의의 일본측 전권위원단의 일원이 되어 네덜란드의 헤이그(Hague)에 파견되었다. 이때 고종황제가 파견한 헤이그 특사들의 평화회의 참가저지를 위해 구라치가 활동한 내용을 살펴볼 수 있는 자료가 일본 외무성에서 공간한 『海牙萬國平和會議日本外交文書』이다.[55]

이 자료는 두 권으로 공간되어 있고, 제1권은 제1회 만국평화회의에 관련된 자료가 수록되어 있다. 본 연구와 관련해서는 1907년 제2회 헤이그 만국평화회의에 관한 자료를 수록하고 있는 제2권이 주요 자료이다. 당시 구라치가 일본정부의 제2회 평화회의 준비단계부터 주요 인물로 활동하고 있어서 이 시기 그의 활동을 파악할 수 있는 자료이기 때문이다. 이외에도 위 외교문서를 통해 일본정부에서 파악한 각국의 회의 준비 상황과 일본의 준비상황, 고종황제의 헤이그 특사 파견의 사전 탐지에 관한 내용 및 헤이그에서 일본 전권위원단의 대응, 그리고 이후 특사사건을 빌미로 한 일본의 한국 지배권 강화에 대해 파악할 수 있다.

구라치가 정무국장으로 발탁된 이후 '한국병합'을 입안해 가는 과정을

55) 日本 外務省 編纂, 『海牙萬國平和會議日本外交文書』 1·2, 財團法人 日本國際聯合協會, 1955.

파악할 수 있는 자료는 위에서 언급한 「韓國倂合ノ經緯」와 함께 『伊藤公
爵滿洲視察一件』56)이다. 이 자료는 安重根의 이토 저격 사건과 관련해 일
본정부에서 사건 관계자를 포함해 다방면에 걸쳐 수집, 보존한 방대한 사료
군으로 매우 상세한 1차 정보를 제공하고 있다. '안중근의 이토 저격 사건'
은 물론, 滿洲와 沿海州에서의 독립운동 상황, 관련 각국의 반응 등을 해명
하는 데 필수적인 자료라 할 수 있다.57)

　이 중 본 연구와 관련해서는 「倉知政務局長旅順へ出張中發受書類(구라
치 정무국장 뤼순(旅順)에 출장 중 발수신 서류)」 2冊과58) 「伊藤公爵遭難
ニ關シ倉知政務局長旅順へ出張中犯人訊問之件(이토 공작 조난에 관하여
구라치 정무국장 뤼순(旅順)에 출장 중 범인 심문의 건)」 3冊이59) 주목된
다. 이 자료에는 '안중근의 이토 저격 사건'의 뒷수습을 위해 구라치가 만주
에 파견되어 활동한 내용이 수록되어 있다. 즉 이 사건이 '한국병합'에 끼칠
악영향을 고려하여 구라치가 일본정부와의 교감 속에 가능한 한 사건을 축
소시키려 노력한 과정, 이 때문에 발생한 통감부 요원들과의 갈등 상황, 안
중근 재판 과정 등 당시 구라치의 활동을 구체적으로 파악할 수 있는 자료
이다.

　日本國立公文書館 소장의 『韓國倂合ニ關スル書類(한국병합에 관한 서
류)』는 '한국병합' 방침 공식화 이후 구라치의 활동 및 일본정부의 '한국병
합' 실행 과정을 살펴볼 수 있는 자료이다. 이 자료에는 1909년 7월부터
'한국병합' 단행 직후인 1910년 9월까지 생산된 36종의 '한국병합' 관련 문

---

56) 日本 外務省 外交史料館 소장 문서, 4.2.5 245-1~5. 이 자료는 국가보훈처 편, 『亞洲
　　第一義俠 安重根』 1~3, 국가보훈처 편, 1995에 전체가 영인·수록되어 있다.
57) 방광석, 「'이토 히로부미 저격사건'에 대한 각국 언론의 반응과 일본정부의 인식－
　　일본 외무성 외교사료관 소장자료를 중심으로－」, 『동북아역사논총』 30, 동북아역
　　사재단, 2010, 40쪽.
58) 日本 外務省 外交史料館 소장 문서, 4.2.5 245-1.
59) 日本 外務省 外交史料館 소장 문서, 4.2.5 245-3.

서가 수록되어 있다.60) 여기에는 통감 퇴임 후에도 '己酉覺書(司法權 및 監獄 사무에 관한 이관 協約)'의 체결을 주도하여 '한국병합'에 노력한 이토의 활동 내용과 데라우치의 제3대 통감 내정, 宋秉畯의 합방청원 활동, 아키야마의 '한국병합' 구상 등을 비롯하여 병합준비위원회에서 검토한 '한국

---

60) 이 자료에 수록된 구체적인 문서는 1.「韓國司法事務ノ委托·監獄事務ノ委托·司法及監獄事務費ノ負担ニ付公爵伊藤博文具狀ノ件(伊藤博文 → 桂太郎, 1909. 7. 3)」, 2.「同上(韓國司法事務ノ委托·監獄事務ノ委托·司法及監獄事務費ノ負担ニ付公爵伊藤博文具狀ノ件)協約案(1909. 7. 3)」, 3.「同上(韓國司法事務ノ委托·監獄事務ノ委托·司法及監獄事務費ノ負担ニ付公爵伊藤博文具狀ノ件)ニ付伊藤公へ返電ノ件(1909. 7. 6)」, 4.「同上(韓國司法事務ノ委托·監獄事務ノ委托·司法及監獄事務費ノ負担ニ付公爵伊藤博文具狀ノ件)ニ付曾禰統監へ電報ノ件(1909. 7. 6)」, 5.「軍部廢止ニ付電訓ヲ乞フノ件(1919. 7. 6)」, 6.「韓國併合ニ關スル閣議決定書 其三(1909. 7. 6)」, 7.「司法及監獄事務委托ニ關スル件ニ付曾禰統監ヨリ小村外務大臣へ電報ノ件(1909. 7. 13)」, 8.「司法監獄事務實施ニ付桂内閣總理大臣ヨリ曾禰統監へ電報ノ件(1909. 7. 24)」, 9.「統監子爵寺内正毅ヲ京城ニ派遣ニ付御親書案大要ノ件(1910. 7)」, 10.「韓國併合ニ關シ各種ノ意見(1910)」, 11.「合併後韓半島統治ト帝國憲法トノ關係(1910. 5)」, 12.「韓國ノ施政ニ關スル件·韓國合併ニ關スル件(1910. 5)」, 13.「涉外事務ニ關スル意見(1910)」, 14.「統監府外事部總督府外事部事務對照(1910)」, 15.「國家結合及國家併合類例」, 16.「日本ト韓國以外ノ各國トノ條約目錄(1910. 7. 29)」, 17.「淸國居留地及各國居留地ニ關スル件」, 18.「外國旅券ニ關スル件」, 19.「韓國ニ於ケル發明、意匠、商標及著作権ノ保護ニ關スル日米條約ノ件」, 20.「韓國併合後韓國ニ於ケル英國ノ商標登録ニ關スル件」, 21.「併合ニ關シ寺内統監ヨリ小村外務大臣宛電報応答ノ件(1910. 8. 24~28)」, 22.「朝鮮王族及公族支配ニ關スル皇室令發布ノ件ニ對シ寺内統監ヨリ意見追申ノ件(1910. 8. 28)」, 23.「併合処分ノ法令ニ關スル件名」, 24.「日韓合邦ノ先決問題(宋秉畯提出)」, 25.「日韓合邦後ノ韓國制度·同上(宋秉畯提出)」, 26.「韓帝渡日讓國ノ儀·同上(宋秉畯提出)」, 27. 韓國特別就產所設置案·同上(宋秉畯提出)」, 28.「韓國併合ノ際ニ於ケル処理法案大要閣議決定(1910. 7. 8)」, 29.「韓國併合實行ニ關スル方針(1910. 7. 8)」, 30.「韓國併合ノ上帝國憲法ノ解釈(1910. 7. 12)」, 31.「韓國併合後ノ経費補充ニ付統監ヨリ照會(1910. 7. 12)」, 32.「詔勅、條約、宣言案」, 33.「條件(寺内統監, 1910. 5)」, 34.「朝鮮総督府官制抜萃並御委任事項」, 35.「王公族ノ國法上ノ地位及皇室典範トノ關係(1910. 9. 4)」, 36.「刑事訴訟ニ關スル規定ヲ皇室裁判令中ニ存置スルヲ至当トスル理由(1910. 9. 10)」(日本國立公文書館 소장문서, 『公文別録』, 2A.1.<別>139). 이에 대한 보다 상세한 해제에 대해서는 윤대원, 앞의 책, 34~42쪽 참고.

병합'에 관한 다양한 내용이 수록되어 있다.

이 중 본 연구와 관련해서는 23. 「倂合處分ノ法令ニ關スル件名(병합처분 법령에 관한 건명)」, 28. 「韓國倂合ノ際ニ於ケル處理法案大要閣議決定(한국병합 시 처리법안의 주요내용 각의 결정, 1910. 7. 8)」, 29. 「韓國倂合實行ニ關スル方針(한국병합 실행에 관한 방침, 1910. 7. 8)」, 30. 「韓國倂合ノ上帝國憲法ノ解釈(한국병합 후 제국헌법의 해석, 1910. 7. 12)」, 32. 「詔勅、條約、宣言案」, 33. 「條件(寺內統監, 1910. 5)」, 34. 「朝鮮総督府官制抜萃並御委任事項」, 35. 「王公族ノ國法上ノ地位及皇室典範トノ關係(국왕, 공족의 국법상의 지위 및 황실전범과의 관계, 1910. 9. 4)」가 중요하다. 이 자료들을 통해 병합준비위원회에서 주임으로 '한국병합'을 기획한 구라치의 활동을 파악할 수 있다.

이외에 통감부 외무부장 고마츠와 육군성 참사관 아키야마의 기록은 대체로 '한국병합' 실행 시기의 활동과 관련된 것이 대부분이다. 고마츠는 가장 적극적으로 기록을 남긴 인물인데, 이는 그가 관료 퇴임 후 직업적인 평론가로 활동했기 때문이다.[61]

'한국병합'과 관련한 고마츠의 기록으로 주목되는 것은 그가 1919년 '한국병합'에 대해 학술지에 발표한 「朝鮮倂合事情」(上)·(中)·(下)와[62] 1920년 출간한 『朝鮮倂合之裏面』이다.[63] 이 저작들은 '한국병합'의 성격에 대

---

61) 고마츠는 1916년 10월 조선총독부 충추원 서기관장을 의원퇴관하고 일본으로 돌아왔다. 이후 그는 주로 외무성에 근무한 이래 그동안 수집한 자료와 견문을 바탕으로 집필활동을 전개하였다. 그는 『中外商業新報』에 明治시대 일본 외교에 대한 에세이를 연재하였는데, 이것을 정리하여 출간한 것이 『明治外交秘話』(中外商業新報社, 1927)이다. 그리고 그는 伊藤博文을 顯彰하는 활동에 적극적으로 참여하여 『伊藤公全集』(伊藤公全集刊行會, 1927, 전3권), 『伊藤公直話』(千倉書房, 1936) 등의 편찬에 편자로 활동하였다.

62) 小松綠, 「朝鮮倂合事情」(上)·(中)·(下), 『史林』 4-1 ~ 4-3호, 京都大學校 史學硏究會, 1919.

63) 小松綠, 『朝鮮倂合之裏面』, 中外新論社, 1920.

한 고마츠의 생각과 그의 활동 및 '한국병합' 전후 한국 내부의 상황을 파악할 수 있는 자료이다. 구라치에 관한 자료가 주로 일본 정부와 국제관계에 관한 자료인 반면, 고마츠의 기록은 한국의 상황을 구체적으로 다루고 있어서 이 두 자료는 서로 대조적이면서도 보완적인 자료이기도 하다.

'한국병합'과 관련한 아키야마의 기록은 「韓國ノ施政二關スル件·韓國倂合二關スル件(한국의 시정에 관한 건·한국병합에 관한 건)」이 거의 유일하다. 이 문건을 작성하기 전까지 그는 일본의 한국정책에 직접 참여하지 않았기 때문이다. 이 자료에는 '한국병합' 실행에 대한 그의 구상이 담겨있다.

이와 같은 자료와 함께 일본 외무성에서 공간한 『일본외교문서』, 국사편찬위원회에서 공간한 『駐韓日本公使館記錄』·『統監府文書』, 그리고 金正明이 편찬한 『日韓外交資料集成』[64] 등을 주요 자료로 활용할 것이다.

이외에 민간에서 활동한 우치다 료헤이(內田良平)의 『日韓合邦秘史』[65] 및 '한국병합' 당시 일본의 외무대신이었던 고무라 쥬타로(小村壽太郎)의 활동을 기록한 『小村外交史』 등의[66] 관련 기록, 또 『伊藤博文傳』[67]·『公爵桂太郎傳』[68]·『都築馨六傳』[69]·『明石元二郎』[70] 등 관련 인물들의 전기류, 그리고 『大韓每日申報』·『皇城新聞』·『東京每日新聞』·『大阪每日新聞』 등 당시 한국과 일본의 신문을 보조 자료로 활용할 것이다.

본 연구는 선행 연구를 바탕으로 위의 자료들을 적극 활용하여 일본정부의 '한국병합' 과정을 보호관계의 적용, 국제적 공인, 유지, '한국병합' 실행까지 4단계로 나누고, 이를 일본인 실무관료의 활동과 역할에 주목하여 규

---

64) 金正明 편, 『日韓外交資料集成』 제1~8권, 嚴南堂書店, 1963~1967.
65) 黑龍會, 『日韓合邦秘史』(上)·(下), 黑龍會出版部, 1930.
66) 日本外務省 편, 『小村外交史』, 紅谷書店, 1953.
67) 春畝公追頌會, 『伊藤博文傳』, 統正社, 1940.
68) 德富蘇峰, 『公爵桂太郎傳』, 故桂公爵記念事業會, 1917(原書房, 1967 복간).
69) 沢田章, 『都築馨六傳』, 馨光會, 1926.
70) 小森德治, 『明石元二郎』 上·下, 原書房, 1968.

명하려고 한다.

먼저 제2장에서는 '을사조약' 이후 일본의 한국에 대한 보호관계의 적용 과정을 황실특파유학생의 동맹퇴교운동에 대한 일본의 대응을 통해 파악할 것이다. 그리고 이를 통해 '을사조약' 이후 변화된 한일관계를 검토할 것이다.

황실특파유학생의 동맹퇴교운동은 '을사조약' 이후 한일 간에 처음으로 부각된 외교적 사안이었다. 따라서 이 운동에 대한 한국과 일본의 대응은 이후 한국의 국제적 지위 및 해외에 재류하는 한국인에 대한 처우, 그리고 통감부의 역할과 관련하여 구체적인 첫 사례이자 중요한 선례가 될 것이었다. 여기에는 '을사조약'으로 한국의 외교권은 일본에 박탈되었고, 해외의 한국인은 일본정부의 통제를 받는다는 것을 기정사실로 하려는 통감 이토의 정치적 의도가 크게 작용하였다.

이러한 일본정부와 통감부의 의도를 실무 차원에서 실행한 인물이 일본 외무성 참사관 겸 통감부 서기관 구라치였다. 그는 이 문제를 담당하면서 일본 외무성의 현직을 유지한 채 통감부 및 한국정부로부터 관련 권한을 위임받았다. 일본 관료 1인이 한국정부, 통감부, 일본정부의 3곳으로부터 동시에 권한을 위임받은 것은 그 이후에도 유례를 찾기 힘든 사례이다. 이는 아직 체계가 잡히지 않은 신설 통감부가 한국에 대한 보호권을 빌미로 한국의 내정개입으로까지 그 권력과 위상을 형성해가는 과정이라고 할 수 있다.

제3장에서는 일본이 한국에 대한 보호관계를 국제적으로 공인받는 동시에 더욱 강화하는 과정을 검토할 것이다. 이를 위해 고종황제의 헤이그 특사 파견에 대한 일본의 사전 탐지와 대책의 수립, 제2회 헤이그 만국평화회의에서 일본 전권위원단의 대응을 파악할 것이다.

그동안 헤이그 특사 사건에 대해서는 일반적으로 한국이 비밀리에 '密使'를 파견하였고, 이에 당황한 일본의 방해로 회의 참가가 좌절되었음에도, 특사들은 활동을 포기하지 않고 을사조약의 불법성을 국제사회에 호소하는 활동을 전개한 것으로 이해되어 왔다. 하지만 일본정부는 고종황제의 특사 파견 움직임을 사전에 파악하고 있었다. 그러면서도 특사 파견을 저지하려 하지도 않았고, 헤이그에서 한국특사단의 활동에 대해서도 직접적인 제지를 하지 않고 방관하였다. 그렇다고 일본이 한국특사의 평화회의 참가에 동의한 것은 아니었다. 일본정부는 츠즈키 게이로쿠(都筑馨六)와 구라치를 중심으로 제2회 萬國平和會義準備委員會를 조직하여 평화회의를 준비하고, 헤이그에 서 한국특사단에 대응하도록 했다. 그리고 일본은 이 과정에서 열강의 이해 관계를 조정하여 이 사건을 한국에 대한 지배권 강화에 활용하였다.

제4장에서는 '안중근의 이토 저격 사건'에 대한 일본의 대응을 통해 일본의 한국에 대한 보호관계의 현상유지 정책을 검토할 것이다. 이와 함께 당시 일본의 최고 국가원로였던 이토의 사망이 '한국병합'정책에 미친 영향과 일본이 이 사건을 수습하는 과정에서 수립한 재외 한국인에 대한 사법정책을 검토하려고 한다.

일본정부는 근대 일본의 국가적 숙원이었던 불평등조약의 개정과 '한국병합'을 앞둔 상황에서 안중근의 이토 저격 사건으로 인해 한국문제가 국제적 관심사로 부각되거나, 한국 내의 반일운동이 고양되는 것을 막으려고 고심했다. 이에 외무성 정무국장 구라치를 만주로 파견하여 사건을 수습하도록 했다. 이 과정에서 구라치는 사건을 확대하여 한국을 압박하려는 통감부 요원들과 대립하기도 했다. 그러나 결국 사건의 파장을 고려하여 안중근의 이토 저격 사건의 의미를 되도록 축소시켜 신속한 재판으로 종결지으려는 구라치의 판단이 일본정부의 방침으로 채택되어 실행되었다. 그 결과 안중근 재판은 사건의 파장을 최소화함으로써 열강으로부터 한국에 대한 보호권을 방어하여 보호관계를 현상유지하려는 일본의 정치적 목적이 관철되었다. 이것은 이후 해외 거류 한국인들의 독립운동에 대한 일본정부의 대응의 原型이 되었다고 할 수 있다.

제5장에서는 일본의 한국에 대한 보호관계가 '한국병합' 실행으로 전환

되는 과정을 검토할 것이다. 이를 위해 구라치가 외무성 정무국장으로 발탁된 배경과 이후 그가 최초의 '한국병합' 계획인 「대한정책의 기본방침」을 수립하는 과정 및 일본정부가 '한국병합'을 구체적으로 실행하기 위해 비밀리에 조직한 '병합준비위원회'의 활동과 역할을 파악할 것이다.

1909년 3월 이토가 통감 사임을 표명하자, 일본정부는 후임 통감의 선정을 논의하면서 대한정책을 통감에게 일임하였던 기존의 방침을 정부 주도로 변경하였다. 이 과정에서 외무대신 고무라는 '한국병합'에 대해 이토의 동의를 얻은 뒤 구라치에게 '한국병합'을 목표로 한 대한정책의 방침을 수립할 것을 지시하였다. 이에 따라 그는 「대한정책의 기본방침」을 입안하였는데, 이는 일본정부가 최초로 '한국병합'을 공식화한 문서였다.

이 문서에서 구라치는 당시 일반적으로 사용하지 않던 '병합'이라는 단어를 사용하여 '한국이 완전히 폐멸하여 일본 영토의 일부가 되는 것'이라고 '한국병합'의 개념을 정의하였다. 이후 그는 1910년 6월 일본 내각 안에 비밀리에 조직된 병합준비위원회에 '주임'으로 발탁되어 '한국병합'의 실행방안을 입안하였다. 이때 구라치가 작성한 원안을 토대로 내각총리대신 가츠라와 아키야마 및 일본정부 각 부처의 의견을 반영하여 입안된 「倂合實行方法細目」은 그동안 일본정부에서 한국의 국권 강탈을 위해 준비한 '한국병합'을 위한 마스터플랜(Masterplan)이자, 한국에 대한 식민통치의 원안이라고 할 수 있다.

제 2 장
'乙巳條約' 이후 保護關係의 적용

제1절 皇室特派留學生의 동맹퇴교운동과 일본의 대응

1. 외무성 관료의 통감부 관직 겸임

'을사조약'(1905)으로 한국의 외교권은 일본에 박탈되었다. 이에 대한 반발로 도쿄(東京)의 한국 황실특파유학생들은 동맹퇴교운동을 전개했다. 이운동은 '을사조약' 이후 韓日 간에 처음으로 부각된 외교적 사안이었다. 따라서 이 운동에 대한 한국과 일본의 대응은 이후 한국의 국제적 지위, 해외에 재류하는 한국인에 대한 처우 및 통감부의 역할과 관련하여 구체적인 첫 사례이자 중요한 선례가 될 것이었다.

이에 대한 일본의 대응과정에는 초대 統監 이토 히로부미(伊藤博文)의 정치적 의도가 크게 작용했는데, 그 배경에는 황실특파유학생들의 동맹퇴교운동을 신설 통감부의 위상 강화에 이용하려는 정치적 의도가 있었기 때문이었다. 구체적으로는 '을사조약'으로 한국의 외교권은 일본에 박탈되었고, 해외의 한국인은 일본정부의 통제를 받는다는 것을 기정사실로 하려는 것이었다. 이러한 일본정부와 통감부의 의도를 실무차원에서 실행한 인물이 일본 외무성 참사관 겸 통감부 서기관 구라치 데츠키치(倉知鐵吉)였다. 이는 통감부의 개청과 함께 서기관을 겸직하게 된 구라치가 일본의 한국정책과 직접적인 관련을 맺게 된 계기가 되었다.

구라치에게 유학생 감독의 임무를 부여한 사람은 이토였다. 한국인 유학생에 대한 감독권한이 일본의 외무관료인 구라치에게 위임되었다는 점은 이 시기 일본의 한국정책과 관련해서도 상당히 중요한 의미가 있었다. 한국의 외교권이 박탈된 현실이 해외에서 처음 적용된 사례가 황실특파유학생에 대한 감독 문제이기 때문이다.

구라치는 이 문제를 담당하면서 일본 외무성의 현직을 유지한 채 통감부 및 한국정부로부터 관련 권한을 위임받았다. 일본 관료 1인이 한국정부, 통감부, 일본정부의 3곳으로부터 동시에 권한을 위임받은 것은 유례를 찾기 힘든 사례이다. 이는 아직 체계가 잡히지 않은 신설 통감부가 위상을 형성해 가는 과정이었고, 나아가 한국의 외교권 대리를 빌미로 한국의 내정개입으로까지 그 권력과 위상을 확대해 가는 과정이었다.

따라서 이 장에서는 구라치가 신설 통감부의 서기관 및 외무성 참사관을 겸임하게 된 배경 및 역할과 함께 황실특파유학생의 동맹퇴교운동을 수습한 구라치의 활동을 구체적으로 파악할 것이다. 그리고 이를 바탕으로 '을사조약' 이후 일본이 한국에 보호관계를 적용해 가는 과정을 살펴볼 것이다.

구라치는 1870년 지금의 이시카와(石川)縣 지역인 옛 가나자와(金澤)藩에서 藩士 구라치 교우토쿠(倉知行德)의 장남으로 태어났다. 그의 성장기인 1870~1880년대는 일본이 개항과 함께 열강과 맺은 불평등조약을 개정하기 위해 국가적인 노력을 기울이던 시기였다.[1] 특히 1886년 외무대신 이노우에 가오루(井上馨)는 "열강이 治外法權의 폐지에 응하지 않는 것은 일본의 법률이 제대로 되어있지 않기 때문이다. 우리 제국을 변화시켜 유럽같은 제국으로 만들어라. 우리 인민을 변화시켜 유럽의 인민처럼 만들어라"라고[2] 주장할 정도로 불평등조약개정 문제는 일본의 가장 시급한 당면과제였다.

이러한 사회적 분위기의 영향 탓인지 구라치는 가나자와(金澤)의 專門學校를 졸업한 후[3] 第四高等中學校(金澤市 소재)의 法學科를 졸업하였고, 이어 東京帝國大學 법학과에 진학하여 국제법을 전공하였다.[4] 이는 이후 그

---

1) 일본의 불평등조약 개정 노력에 대해서는 信夫淸三郎 編, 『日本外交史(1853-1972)』 1, 每日新聞社, 1974 참고.
2) 姜東鎭 著, 高崎宗司 譯, 『韓國から見た日本近代史』上, 靑木書店, 1987, 143쪽.
3) 石林文吉, 『石川百年史』, 石川縣公民館連合會, 1972, 662쪽.
4) 鳴應會, 『鳴應會報告書』 2, 1891, 1~2쪽.

가 고급 외무관료로 성장하는 기반이 되었다.

구라치의 첫 공직은 1894년 대학 졸업 후 약 2년 간 근무했던 內務省의 內務屬이었다. 이때 구라치는 당시 내무성 土木局長이던 츠즈키 게이로쿠(都筑馨六)의[5] 눈에 띠어 이후 계속적으로 그의 후원을 받게 되었다. 1896년 高等文官試驗에 합격한 구라치는 잠시 農商務省에 배속되었다가 1897년 츠즈키의 소개로 외무성 참사관에 임용된 후 政務局과 通商局에 배속되어 본격적인 외무관료 생활을 시작하였다.[6]

당시 구라치는 20대의 젊은 나이임에도 불구하고 국제법의 이론적인 면에서도 상당한 인정을 받은 것 같다. 이는 그가 1899년 3월 주독일일본공사관의 서기관으로 부임하기 전까지 현재 日本大學校의 전신인 日本法律學校에서 국제법을 강의했던 사실을 통해 알 수 있다. 당시의 강의록을 정리하여 출판한 『國際公法』은[7] 지금도 '을사조약'의 강제성과 관련하여 자주 인용되는 저서이다.[8] 독일 근무시에는 베를린대학(University of Berlin)에서

---

5) 츠즈키는 이노우에 가오루(井上馨)로부터 발탁된 이래 당시 일본의 중요 국가원로인 이토, 이노우에, 야마가타 아리토모(山縣有朋)로부터 고루 능력을 인정받은 엘리트 관료였다. 그는 語學에 특출한 재능과 함께 외교현안에 대한 이해가 깊어서 이노우에와 이토의 외교브레인으로 활동하였다. 특히 그는 이토의 신임이 깊어 제3차 이토내각에서 외무차관에 발탁된 이래 이토와 정치적 행동을 같이 하였다. 立憲政友會의 창립 당시 이토의 지명에 의해 13인의 창립위원 중 1인으로 선임되었고, 1905년 '을사조약' 체결 당시에는 樞密院 의장 이토를 보좌하는 樞密院書記官長이 되어 견한특파대사단의 일원으로 한국에 왔다. 이때 그는 이토를 보좌하여 '을사조약' 체결의 막후에서 활약하였고, 이후엔 통감제도의 틀을 규정한 「통감부 및 이사청 관제」의 초안을 작성하였다. 이토의 평생동지였던 이노우에의 사위이기도 했던 인물로 당시 일본의 한국정책에 깊이 관련된 인물 중 하나이다(沢田章, 『都築馨六傳』, 馨光會, 1926 : 千葉功, 앞의 책, 81쪽 참고).

6) 金子範二, 「外務次官と局長」, 『太陽』 增刊號(17-9), 1911, 213쪽 ; 朝鮮功勞者銘鑑刊行會, 『朝鮮功勞者銘鑑』, 民衆時論社 1935, 624쪽 ; 臼井勝美 外, 『日本近現代人名辭典』, 吉川弘文館, 2001, 382쪽 ; 秦郁彦一, 『日本近現代人物履歷辭典』, 東京大學出版會, 2002, 199쪽.

7) 倉知鐵吉, 『國際公法』, 日本法律學校, 1899.

경제학까지 수학함에 따라[9] 구라치는 실무 외교관료의 경력과 함께 국제법 및 경제학에 대한 학문적 이해까지 갖추어 이론과 실무를 겸비한 외무성의 실력파 인재로 성장해 나갔다.

메이지유신 이래 일본정부는 조슈(長州, 지금의 山口縣 지역)·사쓰마(薩摩, 지금의 鹿兒島縣 지역) 세력이 장악한 藩閥정부의 성격이 강하게 나타났지만, 외무성만은 번벌을 따지지 않고 실력 중심으로 인재를 등용하는 분위기가 있었다. 그렇다고 해도 이는 정부의 다른 부처와 비교하여 상대적인 것이고, 외무성이 번벌의 영향으로부터 완전히 벗어난 것은 아니었다.[10] 이 같은 외무성의 분위기에서 구라치는 자신의 실력을 바탕으로 하고, 츠즈키와 같은 번벌정부 핵심인물의 신임과 도움을 받으며 두각을 나타내기 시작하였다. 그리고 이러한 과정에서 당시 일본정부 최고의 원로이자 권위자였던 이토의 신임까지도 받게 되었다.[11]

1901년 10월 일본으로 돌아와 외무성 통상국의 참사관으로 근무하고 있던 구라치는 1905년 12월 한국에 통감부가 설치되자 통감부 서기관을 겸임하게 되었다.[12] 이와 같은 겸직은 구라치가 외무성의 실무 지휘자라고 할 수 있는 政務局長이 된 뒤에도 '한국병합' 시까지 계속되었다. 이때부터 구라치는 이토와 더욱 돈독한 관계를 맺었다. 주로 일본에서 근무했던 그의 통감부 서기관으로서 공식적인 임무는 통감부와 일본정부 사이의 연락업무였다고 추정할 수 있다. 그러나 그 실질적인 임무는 이토의 일본 체재시 비서관 역

---

8) 요시노 마코토 저, 한철호 옮김, 『동아시아 속의 한일2천년사』, 책과함께, 2005, 291쪽 ; 운노 후쿠쥬 지음·정재정 옮김, 『한국병합사연구』, 논형, 2008, 295~296쪽.

9) 朝鮮功勞者銘鑑刊行會, 『朝鮮功勞者銘鑑』, 624쪽.

10) 金子範二, 「外務次官と局長」, 『太陽』增刊號(17-9), 1911, 219쪽.

11) 臼井勝美 外, 『日本近現代人名辭典』, 382쪽.

12) 『讀賣新聞』, 1905년 12월 22일, 「韓國統監幕僚新任」 ; 朝鮮功勞者銘鑑刊行會, 『朝鮮功勞者銘鑑』, 624쪽 ; 秦郁彦 編, 『日本近現代人物履歷辭典』, 東京大出版會, 2002, 199쪽.

할이었다. 이점에 대해 다음과 같은 그의 회고는 시사하는 바가 크다.

> 나는 (통감부의) 겸임 서기관으로 사실 이토 통감의 비서관이었기 때문에 同公(이토)이 京城에서 東京으로 오면 매일 만나고 있던 관계상 동공의 동정이나 의견을 가장 잘 알 수 있는 입장에 있었다.[13]

'을사조약' 체결후 통감부와 외무성, 한국통감 이토와 일본 외무대신 사이에는 서로 간에 원활한 소통이 요구되었다. 특히 이토는 한국에서의 체재기간이 많았기 때문에 제1차 영일동맹(1902)의 경험에 비추어[14] 외무성의 움직임을 상세히 파악함과 동시에 외무성에서 자신의 의견을 대변할 사람이 필요했다. 외무성 역시 메이지정부 최고 국가원로이자 한국정책의 실행자인 이토의 의향을 파악하여 통감부와 미묘한 문제를 조정할 사람이 요청되었다. 이와 같은 관계에서 통감부와 외무성 사이를 연결해 줄 중계자로 이토는 자신이 신임하고 있던 구라치를 지명한 것이라고 생각된다.

일본이 '을사조약'의 강압을 통해 한국으로부터 강탈한 것은 한국의 외

---

13) 倉知鐵吉, 「韓國併合ノ經緯」, 日本外務省 調査部 第四課, 1939(日本 外務省 外交史料館 소장 外交文書, #N.2.1.0.4-1. 이하 「韓國併合ノ經緯」), 6쪽.

14) 일반적으로 제1차 영일동맹 당시 이토는 영일동맹 보다 러일협상에 적극적이었다고 알려져 있다. 이때 외무대신 고무라 쥬타로(小村壽太郎)는 영일동맹을 선호하여 이토를 소외시킨 채, 이를 추진하여 성공시켰다. 하지만, 이토가 근본적으로 영일동맹에 반대했는지에 대해서는 의문이다. 당시 이토도 영일동맹을 가장 우선적으로 고려했지만, 현실적으로 어렵다고 생각하여 차선책으로 러일협상을 추진한 것으로 생각된다(井上馨侯傳記編纂會, 『世外井上公傳』 5, 內外書籍株式會社, 1934, 3~ 21쪽 참고). 이와 관련하여 당시 영일동맹론과 러일협상론의 대립에 대해 치바 이사오(千葉功)는 "실제 한국 및 만주에 대한 방침에서 원로와 내각 사이에 큰 차이점은 보이지 않는다. 영일동맹 체결의 공적을 독점하기 위해 가츠라 타로(桂太郎)와 고무라가 原則論의 대립이 존재했던 것처럼 발언한 것이 영일동맹론과 러일협상론이라고 하는 도식의 성립으로 이어졌다"고 평가한다(千葉功, 『舊外交の形成』, 勁草書房, 2008, 101쪽).

교권이었다.[15] 하지만 이후 일본은 한국의 행정, 사법 등 한국의 국가적 실권을 차례로 박탈해 갔다. 통감 이토가 한국의 실권을 빼앗아 가는 과정에서 구라치의 역할은 더욱 확대되어 갔다.

이에 따라 통감부와 외무성 간의 연락만이 아니라, 통감부와 일본정부 사이에 의견조율이 필요한 사안들은 대체로 구라치를 통해 이루어졌다. 통감부 기구의 재편과 관련 예산에서부터 재일 한국인 유학생들의 관리와 동향보고에 이르기까지 구라치는 단순히 통감부와 일본정부 사이의 연락만을 담당한 것이 아니라, 이러한 사안들에 자신의 의견을 적극적으로 반영하면서 통감부와 일본정부 사이의 소통을 실무차원에서 담당하였다.[16]

2. 한국정부의 황실특파유학생 파견과 일본의 교육방침

근대 한국의 일본유학생에 관한 연구는 아베 히로시(阿部洋)로부터 시작되었다.[17] 이후 이에 대한 본격적인 연구는 1980년대부터 진행되어 현재까지 많은 연구가 이루어졌고, 그것은 대체로 3가지 연구경향으로 정리할 수 있다. 첫째 유학생단체의 설립과정과 활동을 중심으로 한 연구,[18] 둘째 일

---

15) 『高宗實錄』 卷46, 고종 42년 11월 17일, 「韓日協商條約成」 참고.
16) 이에 대해서는 『倉知政務局長統監府參事官兼任中ニ於ケル主管書類雜纂(來往公信)』 1·2, 日本 外務省 外交史料館 所藏 外交文書 #7.1.8.21. 참고.
17) 阿部洋, 「舊韓末の日本留學－資料的考察」 (Ⅰ~Ⅲ), 『韓』 29~31(3권 제5~7호), 東京 韓國硏究院, 1974.
18) 정관, 「태극학회의 성립과 활동」, 『(영진실업전문대학)논문집』 4, 1982 ; 최덕수, 「한말 유학생단체 연구」, 『(공주사범대학)논문집』 21, 1983 ; 정관, 「구한말 재일본 한국유학생 단체운동」, 『대구사학』 25, 대구사학회, 1984 ; 김기주, 「대한학회에 대하여」, 『변태섭박사화갑기념사학논총』, 삼영사, 1985 ; 강대민, 「대한학회에 대한 일고찰」, 『부산사총』 1, 부산산업대학교사학회, 1985 ; 김기주, 「대한흥학회에 대한 고찰」, 『전남사학』 창간호, 전남사학회, 1987 ; 「한말 재일한국유학생단체 『태극학

본유학생들의 민족운동과 대외인식을 중심으로 한 연구,[19] 셋째 일본유학
생의 선발과정, 파견경위 및 학업과정을 중심으로 한 연구이다.[20]

　최근에는 '을사조약'과 강압적인 유학생 처우에 반발하여 '동맹퇴교운동'
을 전개한 일본 東京府立第一中學校의 한국 황실특파유학생에 대한 몇몇
연구가 이루어졌다. 우선 일본의 다케이 하지메(武井一)는 당시 유학생들의
일기와 자서전, 학교의 학무기록, 일본외교문서 등 풍부한 1차 사료를 이용
하여 황실특파유학생에 대해 구체적으로 고찰하였다.[21] 하지만 그의 연구
는 당시의 유학생활을 복원하는 것에 중점을 두어 그 이면의 한국인 유학
생에 대한 일본정부의 대응이나 정치적 의도까지는 밝히지 못했다.

　이후 한국에서 비슷한 시기에 이계형과 박찬승의 연구가 진행되었다. 이
들의 연구에는 위의 두 번째와 세 번째 연구경향이 결합되어 있는데, 기본
적으로 황실특파유학생의 민족운동이라는 시각에서 동맹퇴교운동을 조명하
였다.[22] 특히 이계형은 당시 동맹퇴교한 유학생들이 복교하는 과정에서 유

　　會」·『대한유학생회』의 성립과 활동」, 『배종무총창퇴임기념논총』, 1994 ; 차배근, 「大
　　朝鮮人日本留學生 ≪親睦會會報≫에 관한 硏究」, 『言論情報硏究』 35~36, 서울대
　　언론정보연구소, 1998·1999.
19) 崔德壽, 「韓末 日本留學生의 對外認識 硏究 1905~1910」, 『(공주사범대학)論文集』
　　22, 1984 ; 한시준, 「한말 일본유학생에 관한 일고찰」, 『천관우선생환력기념 한국
　　사학논총』, 정음문화사, 1985 ; 강대민, 「한말 일본유학생들의 애국계몽사상」, 『(부
　　산산업대)논문집』 76, 1986 ; 김기주, 『한말 재일한국유학생의 민족운동』, 느티나
　　무, 1993 ; 박찬승, 「1890년대 후반 도일유학생의 현실인식-유학생 친목회를 중심
　　으로」, 『역사와 현실』 31, 한국역사연구회, 1999.
20) 최덕수, 「구한말 일본유학과 친일세력의 형성」, 『역사비평』 17, 역사비평사, 1991 ;
　　武井一, 『皇室特派留學生-大韓帝國からの50人』, 白帝社, 2005 ; 박찬승, 「1895년
　　官費 渡日留學生의 파견경위와 유학생활」, 『근대 교류사와 상호인식』 1, 고려대 아
　　세아문제연구소, 2000.
21) 武井一, 위의 책.
22) 이계형, 「1904~1910년 대한제국 관비 일본유학생의 성격 변화」, 『한국독립운동사
　　연구』 31, 한국독립운동사연구소, 2008 ; 박찬승, 「1904년 황실 파견 도일유학생
　　연구」, 『한국근현대사연구』 51, 한국근현대사학회회, 2009.

학생의 명칭이 이전의 황실특파유학생에서 官費留學生으로 변경된 것에 주목하였다. 그는 이를 근거로 유학생의 성격이 변화하였으며, 이는 일본정부가 유학생 관리에 직접적으로 개입하게 된 것을 의미하고, 그 담당자가 구라치였다는 매우 의미있는 지적을 했다. 하지만 그는 자료의 한계로 구라치가 한국인 유학생문제에 개입하게 된 과정, 구체적인 활동 및 역할 그리고 이에 대한 일본정부의 정치적 의도까지는 파악하지 못한 한계를 가지고 있다.

이처럼 일본유학생에 관한 연구는 다양하게 진행되었다. 하지만 유학생들의 활동에 직접적으로 영향을 끼친 일본정부의 대응에 대해서는 상대적으로 소략하다. 이 때문에 한국인 유학생을 수용한 일본정부가 어떠한 정치적 목적에서 유학생정책을 전개했는가에 대한 연구를 찾아보기는 쉽지 않다.23) 이계형의 연구를 제외하면 기존의 연구들은 대체로 구라치의 존재를 파악하지 못했다. 이 때문에 韓致愈와 申海永 등 유학생감독의 성격과 활동도 구체적으로 해명되지 못하고, 이들의 역할에 대해서도 정확한 규명없이 극단적으로 평가되고 있는 형편이다. 기존의 연구들이 일본의 한국인 유학생정책에서 구라치를 간과한 것은 무엇보다 그에 대한 기록이 많지 않은 자료적 한계와 함께 구라치 스스로 외부에 노출되지 않도록 활동한 특유의 활동방식 때문이라고 추측된다.24)

---

23) 그나마 이 부분에 대한 연구가 있다면 '을사조약' 전후 한국의 교육정책에 상당한 영향을 끼친 學部 참여관 幣原坦에 관한 내용이거나(최혜주, 「시데하라(幣原坦)의 植民地 朝鮮 經營論에 관한 연구」, 『역사학보』 160, 1998 ; 이계형, 『대한제국기 통감부의 식민교육정책 연구』, 국민대학교 박사학위 논문, 2007), 유학생감독관으로 일본에 파견되었던 韓致愈 및 申海永에 관한 연구(金範洙, 「舊韓末留學生監督に一考察－留學生監督申海永を中心に」, 『朝鮮學報』 191, 朝鮮學會, 2004 ; 「近代在日朝鮮人留學生監督體制の性格に關する歷史的考察－留學生運動との關聯を中心に」 『한국일본학연합회 제3회 국제학술대회 PROCEEDINGS』 발표요지, 2005) 정도 이다.
24) '황실특파유학생'에 대한 보다 자세한 연구사의 정리는 한성민, 「황실특파유학생의 동맹퇴교운동에 대한 일본의 대응－구라치 데츠키치(倉知鐵吉)의 활동을 중심으로－」, 『역사와 현실』 93, 한국역사연구회, 2014, 374~377쪽 참고.

1904년 황실특파유학생의 일본유학은 法部大臣 李址鎔의 제안으로 시작되었다. 이때의 유학생 파견은 고종황제의 적극적인 지원 아래 추진되었다. 유학비용도 宮內府의 內藏院에서 황실의 내탕금으로 부담하였고,[25] 그 명칭도 '황실특파유학생'이었다.

유학생의 선발은 學部에서 주관하여 칙·주임관의 子·孫·壻·弟·姪의 本宗 4촌 이내에서 연령 16세~25세에 해당하는 사람이 추천 대상이었다. 칙·주임관이 직접 추천한 사람 중에서 '유학의 목적은 충효를 근본으로 해야 한다(留學必以忠孝爲本)'을 試題로 한 시험을[26] 통해 50명을 선발하였다.[27] 이와 같은 선발과정은 대상자를 소수로 한정한 제한경쟁 선발로 그 이전의 관비유학생 선발과 대비된다.[28]

당시 일본에는 朴泳孝, 申應熙, 李圭完 등 1895년의 역모사건에 연루된 開化派들이 망명하고 있었고, 고종황제와 한국정부는 유학생들과 망명자들의 교류 가능성에 상당한 우려를 가지고 있었다.[29] 이에 일본 외무대신 고무라 쥬타로(小村壽太郎)는 1904년 11월 15일 일본의 준비상황을 설명하는 공문에서 "하숙집 1채를 빌려 기숙사로 하고 감독자로 교원 2명이 동거하면서 유학생의 소행을 감시할 것이며, 특히 망명자들과 왕래하지 못하도록

---

25) 『駐韓日本公使館記錄』24, #113「派日留學生 學資金 內帑金中支出 確約要請」, 55쪽.

26) 崔麟, 『자서전』(여암선생문집편찬위원회, 『如菴文集』上, 1971 수록. 이하 『자서전』), 163쪽.

27) 자세한 선발과정에 대해서는 이계형, 「1904~1910년 대한제국 관비 일본유학생의 성격 변화」, 『한국독립운동사연구』31, 2008 및 박찬승, 앞의 글, 2009 참고.

28) 예를 들어 1895년의 관비유학생 선발시에는 내무대신 朴泳孝를 중심으로 한 개화파의 주도로 전국 각 도에서 聰俊子弟를 공개적으로 선발하였다. 이에 대해서는 김기주, 「개화기 조선의 대일유학정책」, 『개화기 한국과 일본의 상호교류』, 국학자료원, 2004 및 박찬승, 앞의 글(2001) 참고.

29) 1895년의 관비유학생의 경우 박영효가 일본으로 망명한 후, 이들이 박영효의 세력이 될 것을 우려한 고종과 한국정부가 학비지원을 중단하자, 일부 유학생들이 이에 대한 반감에서 비밀 혁명단체 '一心會'를 조직한 사건이 있었다. 이에 대해서는 박찬승, 앞의 글(2000) 참고.

유의해서 종래 한국 학생들의 覆轍이 반복되지 않도록 용의주도한 감독을
시행"할 것임을 강조할 정도였다.[30]

이처럼 칙·주임관의 직접 추천에 의한 유학생 지원과 '충효'를 강조한 선
발시험 및 유학 비용의 출처, 그리고 유학생을 "韓國維新의 骨髓가 될 수
있는 사람을 선정"할 것이라는 이지용의 의견과[31] 유학생들과 망명자 간의
교류 가능성 차단 등을 전체적으로 고려하면, 이 시기 황실특파유학생 파견
의 목적은 황제를 중심으로 근대화를 추진할 고종황제의 친위관료 양성이
었다고 생각된다.

이 때문에 황실특파유학생 파견과정과 일본에서 이들에 대한 관리 감독
은 이전의 관비유학생과 비교하면 상당히 다른 방식이었다. 갑신정변(1884)
이후 중단되었던 일본으로의 관비유학생 파견은 1895년부터 재개되어 조선
정부는 일본의 게이오의숙(慶應義塾)으로 150여 명의 유학생을 파견하였다.
이때 조선정부는 그 준비과정에서 일정하게 일본 외무성과 협의과정을 거
쳤지만, 유학과 관련된 제반사항은 유학처인 게이오의숙과 직접 협의하여
'유학생 감독 위탁계약'을 체결하고 유학생을 파견하였다. 전체 10개조로
이루어진 계약서에 의하면 일본에서의 교육과정과 유학생에 대한 감독 권
한은 게이오의숙에 위탁하지만, 유학생의 선발권 및 유학생에 대한 전반적
인 권한과 책임은 조선의 學務衙門에 있었다.[32] 1899년 9월부터는 그동안
학교측에 위임했던 유학생 감독의 권한도 게이오의숙과의 위탁교육 해지를
이유로 주일한국공사관에서 담당하도록 하여 유학생 관리의 대부분을 한국

---

30) 『駐韓日本公使館記錄』 22, #31 「韓國留學生ニ關スル件」, 495~496쪽.

31) "法部大臣李址鎔ハ本邦ヨリ歸來後屢々本官ニ對シテ我文明ノ發達ヲ賞讚シ今後日韓
兩國間ノ親交ヲ事實ニシ且韓國ヲ眞實ニ開發スル爲メニハ多數ノ留學生ヲ本邦ニ派
遣シテ着實ニ修業セシムルヲ必要トスル旨ヲ述ヘ且右留學生ノ人撰ハ從前ノモノト
異ナリ韓國大官ノ子弟ニシテ今後韓國維新ノ骨髓トナル可キ者ヲ撰定シタシトノ意
見ヲ述ヘタル"(『駐韓日本公使館記錄』 23, #430 「日本에 留學生派遣 件」, 282~283쪽).

32) 慶應義塾大學, 『慶應義塾百年史』 中卷(前), 慶應通信, 1960, 148~150쪽.

측에서 직접 행사했다.33)

하지만 1904년 황실특파유학생에 관한 사항은 한국과 일본 정부 사이의
공식적인 협의를 통해 일본 외무성에 위탁되었다. 그리고 일본 외무성은 황
실특파유학생들이 전문학교에 입학할 수 있을 정도에 이르기까지는 예비
학과를 이수할 필요가 있다고 하여 文部省 및 東京府와 협의하여 도쿄부립
제일중학교에 유학생의 교육을 위탁하였다.34)

제일중학교는 황실특파유학생들의 교육을 위해 3년 과정의 '特設韓國委
託生科'를 개설하였다.35) 이 과정에서 유학생에 대한 감독 책임도 제일중학
교에 위임되었다. 황실특파유학생의 감독 책임은 1차적으로 당시의 주일공
사 趙民熙였다. 하지만 학교와 일본 외무성은 유학생들의 감독에 공사관이
개입하게 되면 지난 경험에 비추어 여러 문제를 발생하게 된다는 이유로
유학생들의 지도 및 감독의 책임을 일임해 줄 것을 요구하여 최종적으로
제일중학교가 감독을 위임받았다.36)

황실특파유학생으로 선발된 50명 중, 玄奭健은 明治法律大學, 金東完은
農科大學, 尹呂重은 早稻田實業學校, 玄梁·金英殷·朴容喜 등은 順天中學校
에서 이미 유학 중이었다. 따라서 위의 6명을 제외한 44명이 제일중학교에
입학했는데, 그 명단은 아래와 같다.

> 姜 筌 高義行 郭漢倬 具滋鶴 金聖睦 金榮浩 金龍聲 金晉鏞 金台榮 金台鎭
> 文昌奎 閔正基 朴有秉 朴彝秉 徐丙輪 楊致中 魚允斌 元勛常 劉秉敏 柳承欽
> 尹喆重 尹台鎭 李範緒 李相穆 李相旭 李相鎭 李奭均 李承瑾 李若雨 李鍾祥
> 李昌煥 林大奎 全永植 鄭師永 趙範九 趙鏞殷 池成沈 崔 麟 崔南善 韓奎會

33) 『學部來去文』 9권, 조회 제7호(1900년 2월 26일).
34) 최린, 『자서전』, 164쪽 및 『駐韓日本公使館記錄』 22, #31 「韓國留學生ニ關スル件」,
   495~496쪽.
35) 阿部洋, 「舊韓末の日本留學－資料的考察」II, 『韓』 30(3권 제6호), 1974, 100~107쪽.
36) 『駐韓日本公使館記錄』 22, #31 「韓國留學生ニ關スル件」, 495~496쪽.

韓相愚 玄台燮 洪鍾旭 洪昌植[37]

제일중학교에 입학한 유학생들은 입학 초기부터 학교 측과 계속적인 갈등을 빚었다. 낯선 환경과 학문에 적응하는 과정에서 어느 정도의 갈등은 예견되는 것이겠지만, 그 이전에 당시 유학생들과 학교 측과의 갈등은 구조적인 문제에서 기인한 것이었다.

우선 학교의 선정과정에서부터 일본측의 유학생 수탁 준비가 그다지 충실하지 못했다는 점이다. 한국정부는 4개월에 걸쳐 유학생 파견 준비를 하였다. 7월 초에 황실특파유학생의 파견을 결정하고,[38] 8~9월까지 유학생을 선발하여 10월 9일 일본으로 출발시켰다. 일본측의 준비에 대해 고무라 외무대신은 제일중학교에서 유학생 수탁을 위해 "만사 주도면밀한 계획을 세워 준비했다"고 한국쪽에 설명하였다.[39] 또 제일중학교의 『創立五十年史』에서도 "이번처럼 공식적인 수속을 거쳐 일단의 다수가 우리나라(일본)에 유학 온 것은 이것이 처음이다"라고[40] 하여 황실특파유학생에 대해 상당한 의미를 부여하고 있다. 하지만 이러한 의미 부여와 달리 제일중학교의 유학생 수탁 준비는 그 이전에 이같은 규모의 유학생 수탁 경험이 없는 상태에

---

37) 한국정부에서 1904년 10월 7일 주한일본공사에게 송부한 「渡日留學生名錄」에는 위 명단의 金龍聲과 文昌奎가 아닌 劉益烈과 趙甫熙가 포함되어 있었으나(『舊韓國外交文書』日案 7, #8347 「渡日留學生名錄의 送交」, 319쪽), 11월 22일자 「韓國留學生姓名」에는 유익열과 조보희를 김용성과 문창규로 변경한 것으로 기입되어 있다(阿部洋, 앞의 글 Ⅱ, 98쪽 및 115쪽 각주 19)·20) 참고).

38) "近日政府에서 勅任官의 子弟中 年十六歲以上으로 二十五歲썼지 九十人可量을 選擇하야 日本에 派送游學케 하기로 議政하얏다더라"(『皇城新聞』1904년 7월 5일, 「遊學派說」).

39) "上其教育並寄宿監督一切ヲ東京府立第一中學校ヘ委囑候事ト相成同校校長勝浦鞆雄ハ最モ嚴重ノ監督ヲ以テ其成効ヲ期シ非常ノ熱心ヲ以テ引受ケ候就テハ其教育方ニ付テモ同校ヘ教員數名ヲ增聘シ萬事周到ナル計劃ヲ以テ之ニ當リ"(『駐韓日本公使館記錄』22, #31 「韓國留學生ニ關スル件」, 495쪽).

40) 武井一, 앞의 책, 11쪽에서 재인용.

서 불과 1개월 만에 매우 부실하게 진행되었다.

　제일중학교가 선정된 것은 9월 말에서 10월 초였던 것 같다. 가츠우라 토모오(勝浦鞆雄)교장이 유학생을 담당할 교원채용을 시작한 것이 10월에 들어서이기 때문이다. 이미 유학생들이 일본으로 출발한 상태에서 제일중학교는 교원채용, 교실과 기숙사의 확보, 교육과정의 준비를 불과 1달 만에 급격하게 진행하였다. 이같은 제일중학교의 부실한 준비는 담당교원의 신원조회를 직접 하지 않고 간단한 電報로 진행한 것에서도 잘 드러난다.[41] 그리고 일본의 부실한 준비에 대해서는 한국정부의 책임도 작지 않다. 한국정부는 황실의 비용으로 '한국유신의 골수'로 활용할 공식적인 유학생단을 파견하면서도 일본 현지의 유학생 수탁 준비를 점검하지 않았다. 직접 학부의 관리를 파견하지 못한다면, 현지의 주일한국공사관을 통해 점검할 수 있었음에도 한국정부는 일본 외무성에 의지하여 유학을 추진하였다. 이는 황실특파유학생의 파견과정이 한국측의 기대와 달리 너무도 안일하게 추진되었음을 보여준다.

　둘째는 교육과정 및 내용의 문제였다. 당시 황실특파유학생에 대한 교과목은 아래와 같다.

　　修身(주당 1시간), 國語(일본어, 주당 9시간), 日韓比較文法(주당 3시간), 算術 및 理科(주당 7시간), 圖畵(주당 시수 불명), 唱歌(주당 시수 불명), 체조(주당 시수 불명).[42]

　위의 교과 구성에 의하면 일본어의 습득에 관련된 '국어(일본어)'와 '일한비교문법'이 주당 12시간으로 가장 비중이 높고, 그 다음으로는 '산술 및

---

41) 武井一, 위의 책, 13쪽.
42) 東京府立第一中學校 學友會,「韓國委託生入學後の四個月」,『學友會雜誌』45, 1905, 78쪽(阿部洋, 앞의 글 Ⅱ, 107쪽에서 재인용).

이과'가 7시간으로 비중이 높다. 일본어 관련 교과의 비중이 높은 것은 '특설한국위탁생과'가 전문학교에 입학하기 전의 예비과정에 해당하고, 일본어의 습득은 일본 유학생활에서 가장 시급한 문제이기 때문에 당연하다고 할 수 있다. 하지만 '산술 및 이과'가 근대 학문의 기초가 되기 때문에 중요하다고 하더라도 주당 7시간이나 된다는 것은 다른 교과와 비교할 때 상당히 불균형적이다. 이는 당시 가츠우라 교장이 고안한 아래의 교육과정 및 내용과 관련된다.

> 유학생의 학과는 국어(일본어)를 주로 하고 보통학과에 대해서는 그 개요를 알게 하는 것을 목표로 하였다. 수업연한은 3개년으로서 졸업 후에는 가능한 한 農工商業 혹은 醫學 방면으로 향하게 하려고 노력하였다. 그런데 전통적으로 관리생활을 이상으로 하고 있던 유학생들은 위와 같은 지도를 좋아하지 않았고, 다수는 법률을 배우려고 하는 경향이 있었다. 그렇지만 본교에서는 가능한 한 소정의 목적에 가깝게 가기 위해 수업의 여가가 있을 때마다 여러 공장의 참관, 기타 각 방면을 견학시켰다.[43]

위의 교육과정은 일본어와 보통학과의 개요 학습이 교육목표라고 하고 있지만, 졸업후의 진로로 '농공상업 혹은 의학'을 제시하고 있고, '소정의 목적에 맞도록 여가가 있을 때마다 여러 공장의 참관'을 제시하고 있는 것을 보면, 당시 가츠우라 교장 및 제일중학교의 교육목표는 實業敎育이었음을 알 수 있다. 교육과정을 만드는 과정에서 가츠우라 교장이 일본정부와 어느 정도 협의를 거친 것인지 정확히 알 수는 없지만, 대체로 일본정부와의 교감 속에서 고안된 것으로 보인다. 반면, 한국정부와 협의한 흔적은 찾아볼 수 없다.

무엇보다 위의 교육과정은 한국 황실과 정부의 유학생 파견 목적이나 유

---

43) 阿部洋, 위의 글, 106~107쪽에서 재인용.

학생들이 기대한 교육내용과 그 성격이 상당히 달랐다는 점이다. 출발 하루 전인 10월 8일 학부대신 李載克은 황실특파유학생들에게 유학 목적에 대해 다음의 「勸勉書」를 낭독하였다.

대황제폐하께옵서 敎育大政에 간절하신 조칙을 屢下하심으로 본 대신이 성지를 흠봉하야 총준을 선발하야 린국에 파송하야 제군으로 하야곰 실용 학업을 강구하며 지식과 사리를 통달하고 무용불굴하난 정신을 양성하야 我 대한제국의 독립을 공고케 함이니 제군 제군아 실력실심으로 덕행과 재 예를 修하며 一己의 私을 망하고 애국의 志를 입하야 세계의 문명을 학습 하고 邦家(국가)의 영예를 증진하야 본 정부의 期望함을 毋負하라.44)

위 「권면서」에서 학부대신은 유학생들에게 '실용학업'을 강구할 것을 요 구하고 있다. '실용학업'을 현재의 기준에서 보면 가츠우라 교장이 내세운 실업교육과 비슷한 의미로 파악될 것이다.45) 하지만 당시 한국에서 '실용학 업'의 개념은 다른 것이었다. 한국정부가 '유신의 골수'를 양성하기 위해 고 위 관료의 친족을 대상으로 유학생을 선발했다는 점이나, 위의 「권면서」에 서도 보이듯이 '대한제국의 독립을 공고하게 하고, 세계의 문명을 학습하 고, 국가의 영예를 증진시키라'고 요구한 점을 고려하면, '실용학업'은 단지 실업교육이 아니라, 이를 포함한 서양의 근대학문 전반을 의미하는 것으로 파악해야 할 것이다.

또한, 한국정부는 황실특파유학생이 파견된 다음해인 1905년 4월 24일

---

44) 『皇城新聞』, 1904년 10월 10일, 「視察發程」.
45) 이와 관련하여 박찬승은 "한국정부는 1904년 황실유학생을 파견할 때는 농상공 혹 은 의학방면으로 진출시킨다는 취지를 갖고 있었다. 부립일중 쪽에서도 학생들에 게 그러한 방면으로 진학할 것을 강력히 권한 것으로 보인다. 그런데 그러한 방면 으로 진학한 학생들은 부립일중 출신 26명 가운데 10명 밖에 되지 않았으니, 40% 정도의 목표를 이루었다고 할 수 있다(박찬승, 앞의 글, 2009, 223쪽)"라고 파악하 였는데, 이는 당시의 '실용학업'에 대한 의미의 혼동에서 나온 인식으로 생각된다.

文官의 등용제도를 개편하여 「議政府令 제1호 文官銓考所規則」을 공포하였다.46) 그것은 20살 이상 각 학교 졸업생을 대상으로 2차례의 시험을 통해 문관을 선발한다는 것인데, 중학교 졸업생과 외국 유학생은 1차 시험(初考) 면제의 특혜를 받아 곧바로 2차 시험(回考)에 응시하도록 하였다. 그런데 1차 시험을 면제받은 외국 유학생이 응시하는 2차 시험의 과목은 정치학, 경제학, 국제법 4서, 현행 법제 법률 등 총 4과목이었고, 특히 법률학의 비중이 높았다. 이 시험과목들은 실업교육과는 거리가 먼 것이었다. 이를 통해 보아도 위 「권면서」의 '실용학업'은 서양의 근대학문 전반을 의미하는 것으

---

46) 文官銓考所規則. 第一條 文官銓考는 特別히 規程을 設혼 者를 除혼 外는 摠히 本規則을 依호야 行흠이라. 第二條 年齡 滿二十歲以上 男子로 各學校에서 卒業혼 者는 摠히 銓考에 赴흠을 許흠이라. 但 現今間은 未卒業人이라도 學識과 才能이 有혼 者도 文官銓考에 赴흠을 許흠이라. 第三條 文官銓考를 行흘 日子와 處所는 預히 官報에 揭載흠이라. 第四條 文官銓考는 初考 及 會考의 二種으로 分호야 初考에 入格지 못혼 者는 會考에 赴흠을 不得흠이라. 第五條 初考科目은 左開와 如흠이라. 論文 二題以上, 公交 二題以上, 歷史 抽籤面講, 地誌 抽籤面講, 算術 隨問面對, 理學 隨問面對. 第六條 會考科目은 左開와 如흠이라. 政治學, 經濟學, 國際法, 理學. 但 現今間 銓考흘 時에는 政法에 關혼 短策二題以上으로 代試흠도 得흠이라. 四書 抽籤面講, 現行法制 抽籤面講, 現行法律 抽籤面講. 第七條 各官立學校에서 卒業혼 者는 初考를 免호고 會考에 直赴흠을 許흠이라. 但 私立學校라도 官立學校와 相當혼 敎科를 卒業혼 者는 該學校의 請願을 依호야 會考에 直赴흠을 許흠이라. 第八條 官立中學校에서 卒業혼 者와 外國에 留學호야 中學校以上 科程을 卒業혼 者는 會考에 直赴호되 銓考委員이 該科目中 面講만 受흠이라. 但 私立學校라도 中學以上에 敎科를 卒業혼 者는 該學校의 請願을 依호야 會考에 直赴호되 銓考委員이 該科目中 面講만 受흠이라. 第九條 各官廳見習生으로 三年以上 積勤혼 者는 初考를 免호고 會考에 直赴흠을 許흠이라. 第十條 現今間은 各大臣과 議長과 通信院摠辦과 警務使가 銓考를 受흘만혼 方外人 五人以下를 保薦호야 會考에 直赴케 흠이라. 第十一條 會考 及 第人은 一回에 三十人以下를 選取흠이라. 第十二條 初考에 入格혼 者는 入格証書를 繕給호고 會考에 及第혼 者는 及第証書를 繕給호고 該人을 幷히 官報에 頒布흠이라. 第十三條 不正혼 方法으로 銓考를 受호는 者와 銓考에 關혼 規程에 違背혼 者는 限二期停擧호고 事後發覺혼 者는 勿施흠이라. 第十四條 役刑에 處혼 者와 免官호고 未免懲戒혼 者는 銓考에 赴흠을 不得흠이라(『高宗實錄』 권45, 고종 42년 4월 24일).

로 파악해야 할 것이다.

전통적으로 기술직을 천시하고 관료를 선호하는 한국의 풍습과 함께 출신 자체가 고위 관료의 친족이었던 황실특파유학생들은 귀국 후 관료가 되기에 유리한 법률이나 정치학 쪽으로 진학하려는 성향이 강했다. 이 때문에 유학생들은 졸업 후의 진로를 실업으로 설정하여 그에 대한 예비교육으로 고안된 학교의 교과과정에 불만이 많았고, 이는 동맹퇴교운동의 중요한 원인 중 하나가 되었다.

유학생들과 학교 측과의 갈등에서 가장 직접적인 문제는 유학생들에 대한 생활통제였다. 당시 제일중학교의 교장이었던 가츠우라는 독일의 교육학자 하우스크네히트(E. Hausknecht)의 국가주의적 교육에 큰 영향을 받은 인물로 학생들의 생활을 군대식으로 엄격하게 통제했다.[47] 특히 한국학생들은 일본학생들과 다르게 기숙사 생활을 해야 했다. 이는 재일 망명자들과 유학생들의 교류를 차단하려는 한국정부의 의도와 학생들을 군대식으로 통제하려는 학교 측의 의도가 맞물려 이루어진 것이었다. 이 때문에 유학생들은 학교와 기숙사 양쪽에서 가혹한 생활통제를 받아야 했다.

기숙사 사감에 의해 배부된 「기숙사규칙」에 의하면 오전 5시 기상, 6시 식사, 7시 등교, 수업 후 歸舍, 일요일 외에는 외출금지 등이 규정되어 있는데, 실제로는 일요일에 근대 산업과 관련된 공장 등에 대한 견학이 이루어져 외출하지 못하는 경우가 많았다.[48] 이 정도의 통제라면 유학생 개인의 사생활은 없었다고 해도 과언은 아닐 것이다.

학업에 대한 부적응 및 학교 측과의 갈등이 증폭되는 과정에서 중간에 유학을 포기하는 자가 속출했다. 유학 온지 1년 만에 처음 입학생 중 15명, 그리고 이후 교체된 14명 중 4명, 모두 19명이 중간에 퇴학하여 귀국하였다.[49] 전체 인원의 30%가 바뀐 것이다. 불과 40여 명 규모의 유학생 중에

---

47) 勝浦鞆雄에 대한 구체적인 내용은 武井一, 앞의 책, 34~36쪽 참고.
48) 武井一, 위의 책, 37쪽.

그만두는 자와 새로 들어오는 자가 뒤섞이고, 유학생활의 엄격함이 더해져 이들의 유학생활은 상당히 힘들고 혼란스러운 것이었다.

3. 동맹퇴교운동 직후 일본의 대응

   학업에 대한 부적응과 학교 측과의 갈등이 계속되는 상황에서 1905년 11월 유학생들에게 충격적인 소식이 전해졌다. 그것은 한국의 외교권이 일본에 박탈된 '을사조약' 체결이었다. 하교 길에 신문의 號外로 이 사실을 알게 된 崔麟은 기숙사에 돌아와 다른 유학생들과 서로 붙들고 서쪽하늘을 향해 통곡하였다고 하고,[50] 趙鏞殷(조소앙)은 11월 24일자 일기에서 "五臟이 끓는 듯 타는 듯 통탄을 금할 수 없었다"라고 당시의 울분을 토로하였다.[51] 이 때까지만 해도 유학생들은 反日行動에 나서지 않았다. 이들은 기울어져 가는 한국의 현실에 대해 서로 간에 비분을 토로하기도 하고, 위로하기도 하는 모습이었다. 그런데 이로부터 몇일 후인 12월 2일~3일에 걸쳐 『報知新聞』에 가츠우라 교장의 인터뷰가 게재되었다. 이것은 황실특파유학생들의 동맹퇴교운동에 직접적인 도화선이 되었는데, 그 주요 내용은 아래와 같다.

   장점과 단점
   일본어의 진보는 놀라울 정도로 빠르지만, 수학과 그 외 과학같은 것은 그렇지 못하다. 뛰떨어진 정도를 비교해 보면 25~33세가 된 血氣壯年者의 수리 두뇌는 우리 일본의 고등과 2~3학년 정도에도 미치치 못한다. (하략)

---

49) 이에 대해서는 박찬승, 앞의 글(2009), 211~213쪽 참고.
50) 최린, 『자서전』, 166쪽.
51) 趙素昻, 『東遊略抄(1904~1912)』(삼균학회 편, 『素昻先生文集』下, 횃불사, 1979 수록, 이하 『東遊略抄』), 1905년 11월 24일.

무기력과 불규칙

요약하면 입학 후 두드러지게 새로워진 것은 태도가 훌륭한 방향으로 변화한 것이며, 이것은 필경 엄중한 규율과 간독한 훈련의 결과라고 믿을 수 있기 때문에 지금부터 그들이 어느 정도까지 교육성과를 얻을 수 있는가를 말한다면 종래 본인의 실험에 의하면 유감스럽게도 이대로는 高等敎育에서는 가망이 없다고 말할 수 밖에 없다. (하략)

무기력과 불규율

무기력과 불규율에는 실로 愛憎을 다했기 때문에 지금처럼 젊은 나이에 더구나 타국에 온 신분이면서 이렇게 기력이 없는 것이 서운해서 못견디겠다. 여기에는 여러 원인이 있겠지만 族閥과 任官의 제도가 나쁜 것이 가장 큰 根因이 되었음이 틀림없다. (중략) 그들은 체격의 웅대함에도 불구하고 강인함이 없고, 그 외모는 일견 당당해도 지력이 부족하다. (하략)[52]

가츠우라 교장은 황실특파유학생들의 장점으로는 일본어 실력이 뛰어나다고 평가했다. 단점으로는 수학과 과학에 대한 학습부진과 함께 이들이 무기력하고 불규칙적이며 불규율하다는 점을 지적하면서 조선의 족벌과 임관의 제도가 나쁘다는 점을 그 원인으로 제시했다. 이와 같은 가츠우라의 지적은 당시 한국의 현실에 비추어보면 어느 정도 수긍이 가는 측면이 있다. 유학생들의 동맹퇴교 직후 주일 한국공사관에서 조사한 유학생들의 학업이력을 보면, 이들은 대부분 일본으로 유학 전에는 漢文만을 공부했고 근대학문에 대한 이력은 거의 없었다.[53] 때문에 이들이 수학이나 과학에서 학

---

52) 『報知新聞』 1905년 12월 2·3일, 「韓國留學生(勝浦府立一中校長談話)」(武井一, 앞의 책, 75~78쪽에서 재인용).
53) 근대 학문에 대해서는 게중에 일부 만이 유학 전에 짧은 기간 동안 관립중학교 또는 蠶業學校 등 실업학교에 진학하거나, 개인적 관심에서 의학서를 읽어보는 정도였다.[『倉知政務局長統監府參事官兼任中ニ於ケル主管書類雜纂』(이하 『倉知主管書類雜纂』) 1卷, 「學業履歷書」(일본 외무성 외교사료관 소장 문서, 7.1.8.21)].

습도가 떨어지는 것은 당연한 결과였다.

  하지만 '수리 두뇌'가 일본의 고등과(고등소학교) 2~3학년 정도에도 미치지 못한다고 유학생들의 지능 자체를 무시하면서 이보다 높은 고등교육의 가망성은 없다고 단정하고, "그들은 체격이 웅대함에도 불구하고 강인함이 없고, 그 외모는 일견 당당해도 지력이 부족하다"고 마무리하는 인터뷰는 경멸에 가까운 것이었다. 이같은 인터뷰는 황실특파유학생으로 자부심을 가지고 있던 이들의 자존심에 깊은 상처를 주었다. 그리고 공개적인 인터뷰에서 한국의 관습과 제도까지 지적하는 모습에 대해 유학생들은 가츠우라 교장이 한국 자체를 비하하는 것으로 받아들였다.

  그런데 유학생들에 대한 가츠우라 교장의 인식은 애초에 한국에 대한 강한 선입견이 작용한 것으로 보인다. 그는 1904년 11월 5일 한국의 학부대신을 비롯한 관계자들이 참석한 가운데 입학식 연설을 하였다. 그 내용은 대체로 황실특파유학의 경과와 의미 등이었다. 하지만 유학생들에게 이후 학교생활에 대해 당부하는 부분에서는 "조선의 관습은 (일본과) 다른 것도 많고, 조야하고 비열한 것이 있기 때문에 일본에서 생활하기 위해서는 본인(가츠우라)의 지시, 명령을 따라야만 성과를 얻을 수 있다"고 하였다.[54] 이 연설에서 상대의 풍습을 이해하고 대처하려는 모습은 전혀 보이지 않는다. '조야'하고 '비열'한 조선의 관습을 버리고 일본의 그것에 맞추라는 강요인데, 이같은 가츠우라의 한국에 관한 선입견은 유학생들에 대한 평가에도 많은 영향을 주었다고 생각된다.

  유학 초기부터 학교의 교과과정에 대한 불만과 군대식 규율로 인하여 유학생들과 학교당국의 갈등이 계속되던 와중에 '을사조약'의 체결 소식과 더불어 한국인 유학생들을 비하하는 가츠우라 교장의 인터뷰 기사는 유학생들을 크게 자극하였다. 이 신문이 발행된 2일 후인 1905년 12월 5일 유학생

---

54) 武井一, 앞의 책, 41~43쪽.

들은 기숙사에서 가츠우라 교장의 인터뷰 내용에 대해 회의를 열었다. 이 자리에서 유학생들은 "중학교는 유학생에게 불친절하다. 일본인과 학과 정도를 달리하여 대학에 진학하지 못하도록 한다. 이와 같은 학교에 다니는 것은 우리가 바라는 바가 아니다"라고 선언하고,[55] 유학생 전원의 同盟休校와 기숙사의 퇴사를 결의하였다. 회의 직후 유학생들은 주일한국공사관으로 가서 이같은 결의사항을 보고함과 동시에 다른 학교로 전학하겠다는 뜻을 표명하였다.[56]

유학생들의 요구와 집단행동에 대해 가츠우라 교장은 오히려 강경한 태도로 대응했다. 그는 학생들의 "청원을 받아들여 학자금을 지급하고 자유롭게 사립학교에 입학시키는 등의 일이 있다면 학교의 위신은 완전히 땅에 떨어지고 유학생 때문에 본교 학생의 교육상 미증유의 나쁜 관례를 남길 뿐 아니라, 다수 무리의 앞에는 외무성의 권고, 공사의 훈시 등은 전혀 효력이 없음이 명백해진다고 생각된다. 때문에 본건의 해결 여하는 단지 본교의 운명에 지대한 관계를 가지는 것 뿐만 아니라 제국정부의 위신에도 큰 영향을 주어 앞으로 오랫동안 유학생의 문제에 나쁜 관례를 만드는 것"이라고 주장하였다.[57]

유학생들의 동맹휴교에 직면하여 가츠우라 교장은 그들의 주장을 제대로 들어보려 하지 않았다. 자신의 신문 인터뷰가 유학생들에게 어떤 자극을 주었는지, 교과과정의 문제는 없었는지에 대해 교육자로서 검토해야 할 기본 사항들도 전혀 고려하지 않았다. 동맹휴교와 학교의 교육실패에 대한 책임을 일방적으로 유학생들에게 전가하였다. 그에게 중요한 것은 동맹휴교사

---

55) 東京府立第一中學校, 『創立五十年史』(武井一, 앞의 책, 87쪽에서 재인용).

56) 조소앙, 『東遊略抄』, 1905년 12월 5일.

57) 『各國ヨリ本邦ヘノ留學生關係雑件(韓國ノ部)』, 「勝浦鞆雄이 坂井度四郎 외무성 정무국장에게 보낸 공문」, 1905년 12월 14일(日本 外務省 外交史料館 소장 문서, 3.10.5.4).

태로 영향 받을 일본인 학생과 학교의 체면이었고, 나아가 학교의 위신을
일본정부의 위신과 직결시켰다. 그의 강경한 인식에서 유학생들에 대한 학
교의 위압적인 교육태도를 충분히 파악할 수 있다.

학교의 방침에 대응하여 유학생들은 11일 제일중학교에 전원 退學願을
제출하였다.[58] 이에 대해 학교 측은 21일 주일한국공사관에 한국 학생들의
위탁교육을 해제함과 동시에 전원 퇴학의 결정을 통지하였다. 이에 유학생
들의 동맹휴교는 동맹퇴교로 전환되었다.

이 사건은 대한제국 황제가 공식적으로 파견한 유학생들이 수업을 거부
하고 퇴학한 것이어서 한일 양국 정부의 현안으로 부각되었다. 그러나 한국
은 이미 외교권을 상실했기 때문에 이에 대응할 기구가 없었다. 기존의 주
일한국공사관은 철폐되었고, 주일한국공사 조민희의 요청에 의해 공사관의
參書官이었던 한치유가 학부 소속의 유학생감독관으로 직위가 변경되어 일
본에 남게 되었다.[59] 하지만 한국이 외교권을 박탈당한 상황에서 그가 일
본정부에 직접 대응할 권한은 없었다.

한국정부는 12월 26일 하야시 곤스케(林權助) 주한일본공사를 통해 일본
외무성에 유학생감독으로 하여금 휴교자를 설득하여 복교시키는 데 힘쓰고

---

58) 조소앙, 『東遊略抄』, 1905년 12월 11일.
59) 한치유가 유학생감독관으로 도쿄에 남게 된 배경에 대해 外務大臣 가츠라 타로(桂
太郎, 內閣總理大臣으로 1905년 11월부터 외무대신 겸임)는 주한일본공사 하야시
곤스케(林權助)에게 보낸 공문에서 "한국 공사 및 관원은 2~3일 내에 출발하여 귀
국할 예정인데, 이곳에는 한국의 公私 유학생 500명 정도가 있어서 평소부터 그들
을 감독할 필요가 있음. 특히 공사관이 철수될 때 그들이 무엇인가 오해하여 불상
사를 일으키는 일이 없다고도 예측하기 어려우니 이참에 한국 공사관의 參書官 한
치유를 새로이 유학생 감독자로 임명하여 이곳에 남도록 각하께서 한국 정부에 지
급 신청하기를 바란다고 한국 공사가 제의하였음. 이는 우선 당장 부득이한 것으로
판단되므로 일시적인 편법이지만 시급히 이와 같이 조치하시기를 바람. 위의 감독
자는 기존의 공사관 건물 내에서 거주할 계획임"이라고 설명하고 있다(『駐韓日本
公使館記錄』 26, #103 「在日 韓國公使館撤收에 따른 參政官 韓致愈의 留學生監督
者 任命 件」, 206쪽).

이에 따르지 않는 자는 상당한 처분을 하도록 電訓하였음을 알렸다. 이와 동시에 제일중학교장의 열성과 각 교수들의 간절함에 대해 한국정부는 충분히 감사의 뜻을 표하고 있으며, 유학생감독으로부터 설득된 학생에 대해서는 일본 외무성에서도 복교될 수 있도록 노력을 해주기를 희망하였다.[60]

황실특파유학생들의 동맹퇴교운동이 양국의 현안으로 부각되자, 일본 외무성도 상당한 부담을 갖게 되었다. 이 시기는 '을사조약'이 체결된 직후였다. 외교권 박탈에 대한 한국의 반발이 가라앉지 않은 상황에서 황실특파유학생들의 동맹퇴교운동이 확대되면 한국의 반일감정을 격화시킬 우려가 있었다. 이 때문에 일본 외무성의 입장에서도 '동맹퇴교운동'이 조속히 해결되기를 희망하고 있었다. 그리고 당시 일본 외무성은 유학생들이 제일중학교로의 복교를 끝까지 거부한다면 다른 학교로 전교해도 좋다는 의견을 가지고 있었던 것으로 보인다.

조소앙의 『東遊略抄』 1905년 12월 21일의 일기에 의하면, 주일공사 조민희는 "일본의 외무차관이 부립일중의 위탁이 해제된 이상, 자유롭게 전문학교의 공부를 해도 좋고, 각각의 목적에 따라 다른 학교에 가는 것을 인정한다"고 하는 듯한 말을 했다고 유학생들에게 전했다. 하지만 그것이 실제로 인정될 것인가에 대해서는 귀국 후 한국정부와 상담하겠다고 하였다.[61] 실제로 24일에는 주일한국공사관에서 유학생들을 호출하여 각자 희망하는 공부의 목적과 학교에 대해 조사하기도 하였다.[62] 이후 일부 학생들은 지망하는 전문학교에 대한 전학 수속을 하였다. 1906년 1월부터 조용은, 최린, 유승흠, 한상우 등은 메이지대학(明治大學) 법학부에 지원하여 통학하기 시

---

60) 『駐韓日本公使館記録』 26, #386 「韓國留學生 同盟休學者 說諭復校 努力에 관한 件」, 158쪽.
61) 조소앙, 『東遊略抄』, 1905년 12월 21일.
62) 조소앙, 『東遊略抄』, 1905년 12월 24일. 이와 관련하여 『倉知主管書類雑纂』 1권에는 당시 조사한 것으로 보이는 「學業履歷書」가 수록되어 있다. 주일한국공사관의 패지에 작성된 것으로 보아 유학생감독인 한치유가 작성한 것으로 보인다.

작했다.[63]

황실특파유학생의 한국쪽 책임자인 주일공사 조민희가 본국으로 철수하자, 한국정부는 유학생 문제를 어쩔 수 없이 표면상 한국정부의 관리였던 학부 참여관 시데하라 다이라(幣原坦)에게 위임하였다. 그런데 그는 한국정부 및 일본 외무성과 달리 동맹퇴교운동에 오히려 강경한 태도를 보였다. 그는 한국정부의 관리였음에도 한국의 입장을 대변하기 보다는 학교 측의 편에 서서 이 문제를 다루었다. 12월 30일 시데하라가 일본 외무대신에게 보낸 「유학생 처리에 관한 방침」에는 그의 강경한 모습이 잘 나타나 있다.

① 유학생 자의로 학교를 퇴학한 자는 학자금의 송부를 중지한다.
② 발송을 중지한 학자금은 새로운 유학생 파견의 여비로 한다.
③ 자의로 퇴학한 자의 이름을 제일중학교로부터 통지받아 이후 이력조사의 유력한 자료로 한다.[64]

이는 당시 퇴교한 유학생 전원의 복교를 희망하고 있던 한국정부의 의향에 정면으로 배치되는 것이었다. 이와 함께 그는 한국정부에 그동안 유학생의 교육에 공로가 큰 가츠우라 교장 및 제일중학교의 교원들에게 포상할 것을 요구하기도 하였다. 이같은 시데하라의 주장은 그의 개인적인 의견이었던 것 같은데, 동맹퇴교운동과 교육실패의 책임이 유학생을 비롯한 한국쪽에 있음을 공식화하려는 의도였다. 이 시기는 주일한국공사관이 철수한 반면 통감부는 아직 개청되지 않았던 시기로 상대적인 권력 공백기였다.[65]

---

63) 하지만, 수업을 따라갈 실력이 부족하여 곧 그만 두게 되었다고 한다(조소앙, 『東遊略抄』, 1906년 1월의 일기 참고).
64) 『各國ヨリ本邦ヘノ留學生關係雜件(韓國ノ部)』, 「幣原坦 학부 참여관이 林董 외무대신에게 보낸 공문」, 1905년 12월 30일.
65) 한국에서 통감부와 이사청이 정식으로 개청하여 공식 업무를 시작한 것은 1906년 2월 1일이고, 통감 伊藤博文이 서울에 부임한 것은 3월 2일이었다.

일본 외무성은 유학생에 대한 시데하라의 주장은 수용하지 않았지만, 한국 정부가 가츠우라 교장을 비롯한 제일중학교 교원에게 포상해야 한다는 의견은 수용하여 한국정부를 압박하였다.

일본 외무성은 "가츠우라 교장은 1년을 하루와 같이 그들에 대해 매우 성실히 교육했음에도 불구하고 이번과 같은 사건이 일어나자 그 현상회복을 위해 침식을 잊고 백방으로 노력했음에도 마침내 그 효과가 없었기 때문에 교장은 매우 유감스러운 결과가 되어 의기소침해 있다. 따라서 그 공적에 상당한 방법으로 감사를 표해야 한다. 그때 유학생 문제에 대해 사죄하는 문장이 삽입되어야 한다"고 하였다.[66] 그리고 한국정부에 가츠우라 교장을 비롯하여 유학생 담당 교원에 대해 각각 太極章과 八卦章을 수여할 것을 요구했고, 이에 학부대신 李完用은 表勳院에 그 신청을 전송하였다.[67] 이때 일본정부의 요구는 제일중학교에 감사장을 보내는 것으로 마무리되었다. 하지만 일본은 결국 한국정부로부터 1908년 6월 16일 가츠우라 교장에 대해 훈4등 팔괘장 및 유학생 담당 교원들에 대한 포상을 받아냈다.[68]

1906년 1월 23일 李載完 등 報聘使 일행이 일본에 도착했다. 이는 이토가 '을사조약'의 체결을 위해 한국에 왔던 것에 대한 답방이었다. 유학생들은 도쿄의 현관이었던 신바시역(新橋驛)까지 나가서 이재완 일행을 출영하였다. 보빙사 일행에는 시데하라 학부 참여관도 포함되어 있었다. 그는 유학생들에게 학비지급이 불가하다는 것을 전하기 위해 온 것이었다.

시데하라는 31일 유학생들과 만나 "관비유학생은 스스로 퇴학했기 때문

---

66) 『各國ヨリ本邦ヘノ留學生關係雑件(韓國ノ部)』, 「桂太郎 외무대신이 林權助 주일한 국공사에게 보낸 공문」, 1906년 1월 12일.

67) "日本에 留學生이 同盟休業ㅎ는 事件에 對ㅎ야 熱心指導흔 該校教長勝浦丙雄과 教諭渡邊盛衞棟山定五郎桂木房吉은 各賜太極章하고 大山一夫雛田作樂協田三彌邊村得一藏田貞正은 各賜八卦章之意로 日公使에 照會를 因하야 學部大臣이 表勳院에 轉照하얏다더라"(『대한매일신보』, 1906년 1월 31일, 「照請勳章」).

68) 『純宗實錄』 卷2, 순종 1년 6월 16일.

에 이미 관비를 수취할 자격을 잃었다" 따라서 이후의 학비를 지급하는 것은 불가하다고 선언하고 학비 지급을 거부하였다.[69] 이것은 유학생들에게 새로운 전기가 되었다. 최린, 한상우 등과 같이 고학생으로 공부를 하려고 한 사람들도 있었지만, 그 외의 유학생들에게는 귀국할 것인가, 제일중학교에 남을 것인가를 판단하지 않으면 안되었다. 그러나 복학을 희망한다고 해도 희망대로 될지는 다른 문제였다.

반면 한치유는 유학생들의 전원 복교를 희망하는 한국정부의 뜻을 익히 알고 있었기 때문에 유학생에게 복교를 설득하고 있었다. 하지만 시데하라는 그것에 관계없이 수급자격이 없어진 36명 전원을 한국으로 귀국시키려고 하였다.[70] 그리고 그는 이들을 대신하여 새로운 학생의 선발을 학부에 요구하였다.[71]

이에 대하여 한치유는 본국의 학부에 유학생은 이미 2년간 공부하고 있기 때문에 그들을 귀국시키는 것은 애석하다면서 계속하여 일본에서 공부할 수 있도록 해주기 바란다는 전보를 보냈다.[72] 학부에서도 그 답변으로 한치유에게 36인 전원이 계속해서 유학할 수 있도록 일본 문부성과 협의하라고 훈령하였다.[73] 하지만 한치유에게는 일본 정부와 교섭할 수 있는 권한이 없었다. 그가 할 수 있는 것은 학비 지급 중단으로 생활에 어려움을 겪고 있던 유학생들을 유학생감독청인 옛 한국공사관에서 생활하도록 편의를 봐주는 정도였다. 이에 따라 조소앙, 이승근을 비롯한 10인 정도가 이곳

69) 趙素昂, 『東遊略抄』, 1906년 1월 31일.
70) 『황성신문』, 1906년 2월 14일, 「幣原報告」.
71) 『대한매일신보』, 1906년 2월 10일, 「報請更選」.
72) "駐日留學生監督 韓致愈氏가 學部에 電報ᄒ되 電報ᄒᆫ 三十六名을 已往二年間工夫ᄒᆫ 後에 歸國ᄒ야셔ᄂᆫ 誠是可惜ᄒ니 願컨딕 深量思之ᄒ오셔 如前히 工夫케ᄒ야쥬심을 望홈이라ᄒ얏더라"(『대한매일신보』, 1906년 2월 14일, 「電請留學」) ; 『황성신문』, 1906년 2월 13일, 「學監電報」.
73) 『황성신문』, 1906년 2월 14일, 「交涉日廷」.

에서 생활하게 되었는데, 유학생들의 유학생감독청 거주는 그들이 제일중
학교에 복교하는 4월 하순까지 이어졌다.[74]

제2절 일본의 동맹퇴교운동 수습과 한국 유학생 감독

1. 동맹퇴교운동의 수습

황실특파유학생들의 '동맹퇴교운동'은 1906년 3월 이토가 한국에 통감으
로 부임하면서 새로운 국면을 맞이했다. 이토는 13일 '제1회 韓國施政改善
에 관한 協議會'에서 학부대신 이완용으로부터 황실특파유학생들의 동맹퇴
교에 대해 청취한 후, "이번의 경우 그 유학생들을 제일중학교에 (전원) 복교
시키는 것은 곤란하기 때문에 이후에는 그 연령에 상당하는 교육을 실시할
방침을 세우고, 그들을 다른 학교에 입학시키는 것이 좋다"고 권고하였다.[75]

이는 "일본 외무성을 경유하여 한국의 외교를 대리한다"는 통감부의 권
한을 넘어 이토가 통감부의 개청 초기부터 한국 학부의 문제, 즉 내정에 적
극적으로 개입하고 있음을 보여준다. 특히 이토는 시데하라의 강경한 방침
과 달리 한국 학부의 희망을 수용하는 전향적인 방침을 밝힘으로써 한국정
부에 유화적인 모습을 보임과 동시에 자신의 권위를 과시하였다.

이러한 이토의 방침은 17일 후루야 히사츠나(古谷久綱) 통감 비서관을
통해 도쿄의 구라치에게 전달되었는데, 그 내용은 아래와 같다.

---

74) 趙素昻, 『東遊略抄』 1906년 2월~4월 일기 참고.
75) 金正明 編, 『日韓外交資料集成』 第6卷 上 日韓併合, 巖南堂書店, 1964(이하 『日韓外交資
料集成』), 「韓國施政改善二關スル協議會 第一會會議錄」, 1906년 3월 13일, 145쪽.

　　한국유학생 本邦(일본에) 재류의 36명 중 10명은 이미 귀국하였고, 국내
(일본)의 퇴교 주모자를 포함한 잔여의 26명에 대해서는 계속하여 유학시
키고 싶다는 학부대신의 희망도 있기 때문에 이후의 처분 방법에 대해서는
아래와 같이 조치할 것.

　　위 26명 중에 14명은 연령 22세 이하이기 때문에 이전과 같이 중학교에
보내고, 12명의 연장자는 農學, 기타 특별 速成의 학업에 취학시키는 것으
로 하고, 속성의 학업에 대해서는 그들의 희망도 참작하여 한국 현재의 상
황에 비추어 농업이나 공업, 상업 등 필요한 科目으로 해야 한다고 생각함.
이후는 귀관에게 모든 관비유학생의 학교선정 및 진퇴에 관한 사항의 처리
를 위임할 것이기 때문에 의견을 지급으로 회답해주기 바랍니다.[76]

　　위 공문은 수신자인 구라치의 직책을 서기관으로 표기하고 있다. 당시
구라치는 일본 외무성의 정무국에서 참사관으로 근무하고 있었지만, 신설
통감부의 서기관을 겸임하고 있었다. 하지만 그는 한국에 부임하지 않고 일
본 외무성에서 근무하고 있었다. 즉 위 공문은 일본 외무성의 참사관이 아
닌 통감부 서기관으로서의 구라치에게 보내진 것이고, 그에게 황실특파유
학생에 관한 문제를 한국정부를 대신하여 위임한다는 것이다. 그리고 "한국
현재의 상황에 비추어 (이들의 학업을) 농업이나 공업, 상업 등 필요한 과목
으로 해야 한다고 생각함"이라고 하여 실업교육을 중심으로 한 교육과정을
마련할 것을 요구하였다.

　　통감부의 이러한 요구는 구라치에게 단순히 관비유학생의 관리만을 위임
시키는 것이 아니라, 한국정부와의 협의 없이 관비유학생들의 교육과정을
비롯한 유학생활의 전반에 대한 관리를 위임한다는 것이었다. 나아가 위 공
문에서는 고등교육을 배제하고 초급교육과 실업교육을 중심으로 한 통감부
의 한국교육정책의 기조가 이미 나타나고 있음을 알 수 있다. 이에 대해 구

---

76) 『倉知主管書類雜纂』 2卷, NO. 810 「古谷 비서관이 倉知 서기관에게 보낸 공문」,
　　1906년 3월 17일.

라치는 19일 통감부의 후루야 비서관에게 다음과 같은 답변을 보냈다.

> 유학생에 관한 사항은 지금까지 항상 문부성을 경유하여 학교에 교섭해 온 역사가 있으며, 학교의 선정 등은 문부성에 의뢰하는 것이 편리하기 때문에 이번에도 문부성과 협의한 뒤에 모든 일을 처리하는 것이 마땅하다고 생각합니다. 위 내용에 대해 이의가 없다면 小官(본인)이 유학생에 관한 사항을 취급하여도 지장 없습니다.[77]

위 답변서를 보면 구라치는 일본 외무성의 참사관이자 통감부의 서기관인 자신의 2중 지위를 어느 정도 인식하고 있었던 것 같다. 외무관료인 구라치가 기본적으로 교육문제인 황실특파유학생에 관한 사항을 담당하는 것은 형식적인 면에서나 실제적인 면에서나 모두 부담스러운 일이었을 것이다. 때문에 통감부가 한국의 외교를 대리하게 된 상황에서 유학생에 관한 실질적인 문제는 문부성이 처리하도록 하고, 자신은 한국을 대신해서 통감부 서기관으로서의 지위로 문부성과 협의하겠다는 것으로 읽힌다.

하지만 구라치가 자신의 2중 지위를 정확히 인식한 것은 아니었다. 당시 통감부가 한국의 외교를 대리하게 되었기 때문에 통감부의 서기관인 구라치에게 일본에 있는 한국 유학생들의 관리를 위임하는 것은 일견 타당해 보인다. 하지만, 통감부는 어디까지나 외교의 대리기구이지 한국정부의 내정에 간섭할 권한은 없었다.[78] 한국 유학생들의 문제를 일본정부와 교섭할 수는 있어도 한국 유학생의 관리까지 통감부가 결정할 권리는 없었다. 일본정부와의 교섭도 어디까지나 한국정부의 공식적인 위임을 받아야 할 문제였다. 이토는 이러한 문제를 한국정부와 상의없이 단독으로 결정한 것이고, 구라치는 이토의 의향에 따라 이를 그대로 수용한 것이다.

---

77) 『倉知主管書類雜纂』 2卷, 電送 제622호 「倉知 서기관이 통감부 古谷 비서관에게 보낸 공문」, 1906년 3월 19일.
78) 『日本外交文書』 38-1卷, #309 「韓國統監府及理事廳管制發布ノ件」, 564~567쪽 참고.

21일 '제2회 한국시정개선에 관한 협의회'에서 이토 통감은 기존에 한국 정부의 위임을 받아 이 문제에 개입하던 시데하라를 대신하여 구라치에게 유학생에 대한 권한을 위임할 것을 '권고'하였다. 이는 실제로는 통감부의 결정사항에 대한 통지였다. 학부대신 이완용은 그 자리에서 이를 수용했는데, 그 내용은 아래와 같다.

-. 현재의 유학생 처분은 지난 회의 석상에서 학부대신에게 권고한 대로 임.
-. 이후로는 구라치 서기관에게 문부성의 의견을 참작하여 학교를 선정하도록 하고, 유학생의 進退에 대한 사항의 처리를 위임하여 모든 것을 구라치 서기관과 협의한 뒤에 실행할 것.79)

위 '권고'는 17일 구라치에게 전달된 방침 보다 위임의 권한이 더욱 확대된 것이다. 앞의 방침은 '관비유학생(황실특파유학생)'의 학교 선정과 진퇴에 관한 사항으로 규정하고, 교육과정에 대해서만 그 방향을 제시한 것이었다. 그런데 이 '권고'에서는 그와 더불어 황실특파유학생에 관한 모든 것을 구라치와 협의하여 처리하도록 명확히 하고 있는 것이다. 이에 따라 황실특파유학생에 대한 실질적인 감독권한은 구라치가 행사하게 되었고, 유학생 감독을 위해 한국에서 파견한 한치유 등의 역할은 실질적인 권한없이 구라치의 지시에 의해 유학생에 관련된 실무를 처리하는 정도로 한정되었다.

그리고 이러한 이토의 결정에는 정치적인 고려가 작용한 것으로 보인다. '을사조약'에 의해 해외의 한국인들은 재외 한국공관이 철폐됨에 따라 일본공관의 지휘를 받게 되었다. 1906년 2월 15일 한국정부는 "해외 한인은 어느 곳에 있던지 일본 영사의 보호를 받으라"고 선언하였다. 하지만 이에 대

---

79) 『日韓外交資料集成』第6卷 上 日韓併合,「韓國施政改善ニ關スル協議會 第二會會議錄」, 1906년 3월 21일, 161~162쪽.

한 해외 체류 한국인들의 반발이 지속되고 있던 시점이었다.[80] 이러한 상황에서 이토는 외교권을 박탈당한 한국의 현실을 아직 실감하지 못했던 한국인들에게 인식시키고, 이를 통해 통감부의 위상을 보다 분명히 하고자 한 것으로 보인다.

당시 황실특파유학생의 동맹퇴교운동에는 이미 학부 참여관 시데하라가 한국정부의 위임을 받아 활동하고 있었다. 후술하겠지만, 동맹퇴교운동에 대한 대응에서 구라치의 조치는 시데하라와 큰 차이가 없었다. 오히려 교육문제의 전문성에서는 구라치보다는 시데하라가 적격이라고 할 수 있다. 그런데 이토는 이 문제에 대한 처리를 굳이 구라치에게 맡긴 것이다. 그 이유는 이들의 지위에 있었다.

시데하라는 일본인이었지만, 공식적으로는 통감부와 무관하게 한국정부에 고용된 한국의 관료였다. 따라서 그가 이 사건을 담당한다면 한국에 불리한 결과가 나오더라도 외형상으로는 외국에서 발생한 한국인 문제를 한국정부가 직접 처리한 것이 된다. 그렇게 되면 일본정부가 한국에 강압하여 체결한 '을사조약'의 의미가 반감될 뿐만 아니라, 통감부의 위상도 한국에서 실감하지 못하게 되는 것이다. 반면 구라치가 담당하게 되면 그의 지위를 통해 외교권 박탈의 의미와 통감부의 위상이 보다 명확하게 한국정부와 한국인들에게 전달되는 것이다. 그리고 이 과정에서 본의 아니게 통감부와 일본정부를 대신하여 한국의 현실을 한국인들에게 전달한 것이 한국의 언론 보도였다.

고위 관료들의 친족으로 구성되어 고종황제가 직접 파견한 황실특파유학생들은 그 존재 자체로 한국인들에게 관심의 대상이었다. 따라서 이들이 '을사조약'과 학교의 교육과정에 저항하여 전개한 동맹퇴교운동은 당시 한

---

80) 김도훈, 「韓末 韓人의 美洲移民과 民族運動」, 『국사관논총』 83, 국사편찬위원회, 1999 참고.

국사회에 상당한 파장을 일으켰다. 이에 『皇城新聞』·『大韓每日申報』 등 한국 언론은 동맹퇴교운동과 관련된 기사를 지속적으로 보도했다. 그러한 보도를 접한 한국인들이 알게 된 것은 그들의 신분이 어떠하든, 한국정부가 통감부 및 일본정부의 허가 또는 협의 없이는 아무것도 할 수 없다는 현실이었다.[81] 이와 같은 보도들은 한국인들에게 우선 일본에 대한 항일의식을 자극했다. 하지만 한편으로는 무기력하고 무능력한 한국정부에 대한 비판의식과 함께 떨어진 국가의 위상을 실감하게 하여 자괴감을 느끼게 하는데도 영향을 준 것으로 보인다.

따라서 이토 통감이 일본 외무성의 외무관료이자 통감부의 서기관인 구라치에게 한국 황실에서 파견한 유학생들의 감독을 위임한 것은 매우 정치적인 의도를 가지고 있었다. 그는 이를 통해 통감부의 위상을 과시하는 동시에 '을사조약'에 의해 한국의 외교권은 일본이 행사하고, 해외의 한국인은 일본 외무성의 통제를 받아야 한다는 것을 기정사실화 하려고 했던 것으로 생각된다.

구라치가 통감부로부터 황실특파유학생에 대한 감독권한을 위임받은 것은 1906년 3월이었다. 하지만 그는 이미 그 이전부터 통감부와 일본 외무성 사이의 연락창구 역할을 하면서 이 문제를 숙지하였을 뿐만 아니라, 적극적으로 자신의 의견을 개진하였다. 한치유는 2월 15일 한국정부로부터 유학생의 복교를 위해 일본 당국과 교섭하라는 훈령을 받았다. 그러나 그에게는 일본 정부와의 교섭 권한이 없었기 때문에 통감부 서기관을 겸임하게 된 구라치를 찾아가서 이 문제에 관여해 줄 것을 요청했다. 구라치는 이 내용을 통감부의 쓰루하라 사다키치(鶴原定吉) 총무장관에게 보고하면서 자신

---

81) 『황성신문』, 1906년 2월 14일, 「交涉日廷」·3월 26일, 「分課入學」·4월 4일, 「學生業門」·4월 23일, 「遊學生充闕」·4월 25일, 「日本留學生辨明寄書」·5월 30일, 「學訓監督」 ; 『대한매일신보』, 1906년 2월 14일, 「電請留學」·2월 24일, 「學監來電」·3월 4일, 「報請復校」·3월 25일, 「學訓監督」·10월 28일, 「日管韓學」 등의 관련 기사 참고.

의 의견을 개진했는데, 그 내용은 다음과 같다.

　　한국정부로부터 그들에 대해 공식적인 귀국 혹은 관비생(관비유학생) 파
　면에 관한 명령을 내리지 않았기 때문에 그들은 여전히 도쿄에 머무르며
　아무 것도 하지 않고 유유히 시간을 보내며 무익하게 다액의 비용을 소비
　하고 있습니다. 그런데 몇일 전에 이르러 在京(도쿄) 유학생 34명(다른 2명
　은 현재 도쿄에 없다고 함)이 제일중학교에 복교의 건을 유학생 감독에게
　제출함에 동 감독은 한편으로는 그것을 한국정부에 보고하고, 한편으로는
　본관에게 본건에 관해 상당한 관여를 해줄 것을 요청해온 상황입니다.
　　이에 관한 통감부의 의견을 본관이 알 수 있도록 전보해줄 것을 요청합
　니다. 본관의 臆見으로는 일본정부에서 이미 유학생의 관리를 중단한다는
　뜻을 말하였고 시데하라 참여관도 역시 이러한 뜻을 언명했습니다. 오늘
　어딘가에서 저들의 정황(앞서 서술한 취지)을 고려하여 갑자기 복교를 허
　락할 때에는 앞으로도 그동안과 같은 좋지 않은 결과가 있을 것입니다. 저
　들 34명 중에는 앞서 동맹퇴교를 교사하고, 이후 유학생들이 모든 방면에
　서 복교 설득을 받을 때 다른 유학생이 여기에 따르는 것을 방해한 주모자
　도 포함되어 있고, 그때 가담한 학생이 후회 끝에 복교를 희망하더라도 그
　것을 허락하지 않습니다. 저들은 지금에 이르러 처음으로 자신들이 곤경에
　빠졌다는 것을 발견하고 이것을 면하기 위해 우선 (유학생 감독에게) 복교
　청원을 약속한 것으로 생각됩니다. 이 때에는 특히 저들의 청원을 거절하
　고 당초 시데하라 참여관이 언명한 방침을 고수하는 쪽이 타당하다고 생각
　합니다.[82]

　　위의 내용을 보면 구라치는 동맹퇴교운동을 "유유히 시간을 보내며 무익
하게 다액의 비용을 소비하고 있다"고 평가절하하며, 유학생들의 복교에 부
정적인 인식을 가지고 시데하라의 의견에 동의를 표하고 있다. 그런데 그에

---

82) 『倉知主管書類雜纂』 2卷, 電送 第355號 「倉知鐵吉이 통감부 鶴原 총무장관에게 보
　　낸 公文」, 1906년 2월 15일.

게 이 문제에서 가장 중요한 기준은 통감부의 지침이었다. 위 의견서의 주
요 내용은 한치유의 중재 요청을 받은 상황에서, 자신은 시데하라의 방침에
동의하는데, 실제로는 어떠한 방침에서 행동해야 할지 통감부의 지침을 내
려달라는 내용이기 때문이다. 아직 이토가 부임하지 않은 상황에서 통감부
의 쓰루하라 총무장관은 구라치의 의견을 수용하여 "유학생의 청원을 거절
하고 시데하라 참여관의 방침을 고수하라"고 답변했다.83) 이에 황실특파유
학생들의 복교 가능성은 거의 없어보였다.

하지만 이토 통감이 한국에 부임하면서 상황은 바뀌었다. 앞서 살펴본
바와 같이 이토는 '시정개선에 관한 협의회(제1~2회)'에서 동맹퇴교운동에
대한 해결책을 제시했다. 그 내용은 1) 도쿄에 체재 중인 26명에 대해 연령
22세 이하인 14명은 중학교에서 재교육, 2) 23세 이상의 14명은 농업이나
상업 등의 실업에 관한 속성의 학업에 취학, 3) 이후 황실특파유학생에 관
한 모든 사항은 구라치에게 위임하는 것이었다.84)

이같은 이토의 결정에 한국정부는 물론, 한국정부의 의향과 달리 강경한
방침으로 일관했던 시데하라도 별다른 의견없이 곧바로 수용했다. 그리고
시데하라는 통감부와 협의 하에 3월 29일 '통감부의 진학방침에 따르더라
도 한국의 현재는 하급교육의 보급이 시급하기 때문에 유학생의 長幼에 관
계없이 되도록 師範學校에 위탁시켜 줄 것을 희망한다'는 편지를 구라치에
게 발송했다.85)

---

83) 『倉知主管書類雜纂』 2卷, No. 501 「鶴原장관이 倉知서기관에게 보낸 電報」, 1906
  년 2월 16일.
84) 『日韓外交資料集成』 第6卷 上 日韓倂合, 「韓國施政改善二關スル協議會 第一會會
  議錄」, 1906년 3월 13일·「韓國施政改善二關スル協議會 第二會會議錄」, 1906년 3
  월 21일, 145쪽·161~162쪽 ; 『倉知主管書類雜纂』 2卷, NO. 810 「古谷 비서관이 倉
  知 서기관에게 보낸 공문」, 1906년 3월 17일.
85) 『倉知主管書類雜纂』 1卷, 「한국 학부참여관 弊原坦이 倉知 서기관에게 보낸 편지」,
  1906년 3월 29일. 이 편지에서 시데하라는 황실특파유학생의 대상에 대해 동맹퇴
  교운동을 전개한 36명 중 주모자 10명을 그 대상에서 제외시키고, 이를 대신하여

통감부의 결정에 따라 구라치는 동맹퇴교운동의 수습에 착수했다. 그런데 유학생들의 동맹퇴교에 부정적인 의견을 가지고 있던 구라치가 황실특파유학생에 관한 모든 사항을 주관하게 됨으로써 유학생들의 요구는 실현 가능성이 없어졌다. 동맹퇴교운동의 중요한 원인 중 하나였던 제일중학교의 실업교육 중심의 교과과정은 통감부의 방침을 수용한 한국정부가 이들의 이후 진로를 실업계 또는 사범학교로 결정함에 따라 공식화되었다. 그리고 통감부에서 연령 22세를 기준으로 취학할 학교를 구분하는 결정을 내렸음에도 구라치는 일단 동맹퇴교운동을 전개한 36명 전원에게 사죄를 포함한 복교청원서를 제일중학교 측에 제출하도록 했다. 이에 26명이 복교 청원서를 제출하였고,[86) 나머지 10명은 이를 끝까지 거부하여 황실특파유학생의 자격을 상실하게 되었다.[87)

유학생들로부터 학교에 대한 사죄와 복교청원서를 받은 구라치는 곧바로 22세 이하의 유학생에 대해 제일중학교로의 재입학 및 기숙사 생활을 결정하고 학교 측과 교섭을 시작하였다.[88) 그 대상은 어윤빈, 민정기, 정영식,

---

東京師範學校 생도 朴琮植, 札幌農學校 생도 李殷德, 東京帝國大學 공과생도 1명(성명불상－이강현으로 추정됨)의 3명 및 한국정부에서 새로 선발한 7명으로 보충해 달라는 의견도 함께 전해왔다. 그리고 이같은 시데하라의 의견은 통감부에 수용되어 구라치에게 전달되었다(『倉知主管書類雜纂』 2卷, NO. 1076 「古谷 비서관이 倉知 서기관에게 보낸 전보」, 1906년 4월 12일).

86) 趙素昻, 『東遊略抄』, 1906년 3월 3일. 황실특파유학생들은 퇴교 이후 2월까지 시데하라의 복교 요구와 한치유의 설득에 완강하게 거부의사를 밝혔으나, 학비 중단으로 인한 경제적 곤란함이 가중되는 상황에서 2월 26일 학부로부터 학비 중단에 대한 최후 통첩을 받음에 따라 복교청원서를 제출하였다(趙素昻, 『東遊略抄』, 1906년 1월 31일~2월 2일·26일).

87) 복교를 거부한 10명은 최린, 유승흠, 한상우, 지성윤, 강원영, 김태영, 이승근, 곽한탁, 윤정구, 이창환 등이다(최린, 『자서전』, 166쪽 ; 『황성신문』, 1906년 4월 25일, 「日本留學生辨明寄書」).

88) 『倉知主管書類雜纂』 2卷, 電送第802號 「제32호 倉知 서기관이 통감부 古谷 비서관에게 보낸 전보」, 1906년 4월 7일. 23세 이상의 12명은 학력을 고려한 학교선정의 문제로 결정을 미뤄 두었음.

김태진, 윤철중, 이상진, 이상목, 이상욱, 조용은, 유병민, 현단, 박유병, 임대규, 조범구 등 14명이었다. 이에 대해 학교 측은 그 전제조건으로 위 14명과 더불어 복교청원서를 제출한 26명 전원이 기숙사에 들어와 공식적인 사과를 해야 하며, 연령 23세 이상이라도 전문학교 진학에 학력이 미진하다고 학교장이 판단한 자는 제일중학교에서 교육받아야 한다고 요구했다. 또한 한국정부에서 유학생감독으로 임명한 한치유가 아닌 구라치가 유학생들에 대한 보증인이 될 것, 유학생들의 졸업 후 진로를 한국정부가 명확히 할 것, 학교의 지도에 따르지 않는 자는 관비유학생의 자격을 박탈할 것 등을 「覺書」로 요구했고,89) 구라치는 이를 대부분 수용하였다.

구라치와 학교 사이의 교섭내용이 유학생들에게 전달되자, 제일중학교로 재입학이 결정된 22세 이하의 유학생들은 기숙사 생활만은 피하고자 하여 「청원서」를 한치유에게 제출하였는데, 그 내용은 아래와 같다.

> 請願書
> 엎드려 바라옵건데 기숙사 설치의 有害 無益은 다시 개진할 필요가 없사온 바 비록 하숙에 있더라도 그것이 학업에 좋은 방침이기에 아래와 같이 말씀드리고자 하여 이에 仰請하오니 헤아리신 후 허락해 주시기를 엎드려 바랍니다.
> -. 하숙을 區內에 지정하는 것은 불편이 있기 때문에 반드시 보고하여 閣下의 지휘를 받아 이주할 것.
> -. 規則을 지키고 학업을 성실히 닦을 것이나 질병 및 事故가 있으면 반드시 각하 및 학교에 보고하여 방법을 구할 것.
> -. 여러 나쁜 장소에 결코 가지 않을 것이며 규칙에 어긋나는 행위는 일체 하지 않을 것.
> -. 학무상, 위생상 무엇인가 문제가 있을 때는 반드시 알리고 바로잡을 것.
> -. 각하의 순찰을 받을 것.

---

89) 『倉知主管書類雜纂』 1卷, 「覺書」, 1906년 4월 10일.

－. 위에서 정한 범위를 이탈할 때는 벌칙을 달갑게 받을 것.

光武10年 4月
監督 閣下

조용은, 김영식, 현 단, 민정기, 김태진, 어윤빈, 유병민, 이상진,
박유병, 임대규, 윤태진, 이상목, 이상욱[90]

이것이 유학생들의 마지막 저항이었다. 기숙사생활은 유학생들과 학교와
의 갈등에서 직접적인 문제였으며, 동맹퇴교의 중요한 원인 중 하나였다.
이에 학교에서도 전향적인 자세를 보였다. 그런데 이는 학생들의 반발도 고
려한 것이었지만, 예산 문제가 더욱 중요한 고려사항이었다.

당시 한국정부와 통감부는 유학생 경비의 절감에 상당한 고민을 하고 있
었다.[91] 전체 황실특파유학생의 규모는 새로 충원하는 인원을 합쳐 그 전
과 비슷한 규모였다. 하지만 연령을 기준으로 학교가 나뉘어 제일중학교에
위탁하는 인원은 적어졌다. 따라서 이들이 기숙사생활을 하게 되면 제일중
학교 위탁생의 1인당 경비는 올라가게 되어 유학생 전체의 예산 소요액도
상승할 수 밖에 없었다. 한국 유학생들의 생활통제 문제로 단독 기숙사를
사용해야 했으므로 인원에 상관없이 기본적인 유지비용이 지출되기 때문이
었다.

이에 가츠우라 교장은 4월 16일 구라치에게 보낸 공문에서 "경험에 의하
면 그들이 가장 기피하는 것은 기숙사의 규율적인 생활이며, 이를 강행하면
다양한 폐단이 나타날 것이다. 경비 상승의 주요 요인이 기숙사의 경비이기
때문에 이번에는 특별히 기숙사를 두지 않고 학교는 교육만을 위탁받는 것

---

90) 『倉知主管書類雜纂』 1卷, 「請願書」, 1906년 4월(일자는 표기되어 있지 않음).
91) 『倉知主管書類雜纂』 2卷, No. 1065 「제16호 古谷 비서관이 倉知 서기관에게 보낸
    전보」, 1906년 4월 10일.

이 좋겠다"는 의견을 밝혔다.[92] 기숙사의 폐단에 대한 학생들의 청원과 학교의 의견은 구라치를 통해 통감부에 보고되었고, 한국 학부와 통감부가 이를 승인함에 따라 기숙사를 운영하지 않게 되었다.[93]

이와 같은 조정을 거쳐 새롭게 시작하는 제일중학교의 '특설한국위탁생과'는 1907년 3월 말까지 1년을 기한으로 1906년 4월 28일부터 시작되었다. 하지만 연령 22세를 기준으로 취학할 학교를 제일중학교와 전문학교로 구분한 방침은 그대로 실행되지 않았다. 제일중학교 위탁생은 22세 이하의 14명 중 윤철중은 다른 국가로 유학을 희망하여 황실특파유학생을 사임하였고, 민정기는 학업실력을 인정받아 제일중학교의 본과로 진학하게 되었다. 이들을 제외한 12명과 23세 이상의 12명[94] 중에 전문학교에 입학하기에는 실력이 부족하다고 인정된 윤태진, 양치중, 홍창식, 김성목 등 4명, 여기에 한국 학부로부터 새롭게 충원된 趙鐘觀, 崔鳴煥, 高珠演, 金錫弘, 張基榮, 吳一純, 張潤遠, 崔容化 등 8명이 더해져 제일중학교 위탁생은 모두 24명이었다.[95]

뒤이어 23세 이상의 남은 8명에 대한 진학도 결정되었다. 이들은 통감부의 방침에 따라 실업계 또는 사범학교로 진학했다. 원훈상·김지간·강전·김만규는 農科大學, 강병옥은 千葉醫學專門, 문창규는 高等商業學校, 김용성

---

92) 『倉知主管書類雜纂』 1卷, 「勝浦鞆雄 교장이 倉知鐵吉 참사관에게 보낸 편지」, 1906년 4월 16일.
93) 『倉知主管書類雜纂』 2卷, 電送第898號 「제35호 倉知 서기관이 古谷 비서관에게 보낸 전보」, 1906년 4월 16일.
94) 23세 이상은 구자학, 강병옥, 김성목, 양치중, 문창규, 홍창식, 김만규, 윤태진, 김지간, 원훈상, 강전, 김용성 등 12명이었다.
95) 『倉知主管書類雜纂』 1卷, 제16호 「倉知 서기관이 鶴原 총무장관에게 보낸 공문」, 1906년 5월 11일. 당시 제일중학교 위탁생의 인원수에 대해 박찬승은 26명, 武井一은 25명이라고 하여 연구에 따라 약간의 차이가 있는데, 이는 이 시점에서는 사비유학생이었던 이강현과 제일중학교 본과에 진학한 민정기를 잘못 파악한 것으로 판단된다. 이 글에서는 이 문제를 직접 담당했던 구라치의 보고를 따랐다.

은 高等工業學校, 구자학은 東京師範學校로 진학하였다.96) 이로써 황실특
파유학생들의 동맹퇴교운동은 수습되었다. 이 시점부터 유학생의 자격도
황실특파유학생에서 度支部로부터 학비를 지급받는 관비유학생으로 바뀌
게 되었고, 졸업 후에는 국가기관에서 근무해야 할 의무가 주어졌다.97)

2. 한국 유학생 감독 권한의 확대

구라치는 학교당국과 협의 아래 유학생들의 교육과정, 관련 예산, 졸업
후 유학생들이 진학할 상급학교의 선정 및 유학생들의 동향파악까지 유학
생과 관련된 모든 사항을 주관하였다. 그런데 그는 한국인 유학생들과 직접
적으로 대면한 적이 한 번도 없었다. 유학생과 직접적으로 대면해야 할 사
항에 대해서는 한국인 유학생감독 한치유가 대신하도록 하여 당시 유학생
들의 기록에서 구라치의 모습이 전혀 드러나지 않는다.

동맹퇴교운동을 수습한 구라치는 유학생들의 생활통제를 강화하기 시작
했다. 복교 이후에는 유학생들이 개별적으로 하숙을 하게 되었기 때문에 이
들에 대한 생활통제는 한국정부나 통감부 및 일본정부의 입장에서도 예민
한 문제였다. 이에 구라치는 유학생들을 통제하기 위해 하숙집의 선택 단계
에서부터 한치유를 개입시켜 일상적인 순찰과 단속을 하도록 했다.98) 심지
어 유학생 개인의 개별적인 학비 사용내역에 대해서도 한치유를 통해 매월
보고하도록 했는데,99) 당시 구라치의 유학생에 대한 감독은 개인적인 소비

---

96) 『倉知主管書類雜纂』 1卷, 제18호 「倉知 서기관이 鶴原 총무장관에게 보낸 공문」,
    1906년 5월 16일.
97) 최린, 『자서전』, 167쪽.
98) 『倉知主管書類雜纂』 1卷, 제16호 「倉知 서기관이 鶴原 총무장관에게 보낸 공문」,
    1906년 5월 11일.
99) 『倉知主管書類雜纂』 1卷, 한치유의 월별 학비지급내역 및 사용내역 참고.

생활까지도 규제하는 것이었다. 예를 들면, 당시 유학생들은 앞서 제일중학
교에 대한 동맹퇴교 당시 항의의 표시로 교복을 찢어 버렸고, 그것을 대신
할 양복을 각자 구입하여 착용하고 있었다. 구라치는 이에 대해 "학생에 상
응하지 않는 고가의 양복"이며 "이후 나쁜 선례를 남길 우려"가 있다는 이
유로 매월 학비 중에서 월부로 일정 금액을 양복값으로 반납하도록 할 정
도였다.100)

　　그러한 가운데 1906년 10월 '일본 국화전시장 사건', 1907년 3월 '박람회
韓人 전시 사건'과 '와세다대학(早稻田大學) 모의국회 사건' 등 일본에서
한국과 한국인을 비하하는 사건들이 발생하였고, 그때마다 한국인 유학생
들의 반발과 집단행동이 일어났다. 이에 구라치는 일본 警視廳을 통해 유학
생들과 유학생감독 한치유에 대한 동태를 감시하도록 하여 점차 생활통제
를 강화시켰다.101)

　　유학생 통제 과정에서 구라치와 한치유의 사이에 상당한 갈등이 있었던
것 같다. 당시 유학생 감독은 한국 학부 소속의 한치유와 통감부 소속의 구
라치로 형식적으로는 2중 체제였다. 한국정부는 한치유에게 구라치와 '협
의'해서 유학생 문제를 처리하라고 했지만, 실질적으로 한치유는 실권이 없
었다. 그는 통감부와 구라치의 결정사항을 받아 실행하는 보조적인 존재였

---

100) 당시 한치유가 구라치에게 보고한 유학생 26명의 양복비는 다음과 같다. 김만규
　　22엔, 강전 20엔, 원훈상 20엔, 양치중 36엔 50전, 홍창식 34엔 50전, 강병옥 20엔,
　　문창규 16엔 50전, 윤태진 34엔 50전, 김지간 25엔, 구자학 19엔, 김용성 20엔, 김
　　성목 36엔 50전, 어윤빈 25엔 80전, 조범구 20엔, 박유병 16엔 80전, 유병민 25엔,
　　김태진 38엔, 김영식 16엔 50전, 민정기 19엔, 윤철중 37엔 17전, 이상진 34엔 63
　　전, 현단 27엔, 임대규 34엔 50전, 이상은 22엔, 조용은 34엔 50전, 이상욱 27엔
　　50전(『倉知主管書類雜纂』 1卷, 제13호「倉知 서기관이 統監府에 보낸 공문」, 1906
　　년 4월 19일). 당시 교육비와 기숙사비, 생활비, 교과서 구입비, 용돈 등을 모두
　　합친 유학생 1인당 1달 경비가 26엔 50전인 점을 감안하면 이들이 구입한 양복이
　　상당히 고가이긴 하다.
101) 이 사건들에 대해서는 김기주, 앞의 책, 146~157쪽 참고.

다. 이러한 구조에서 한치유는 일본정부와 구라치에게 불만을 갖게 되었고,
구라치의 입장에서도 유학생들의 단결을 강조하고 때로는 반일적인 언동을
하는 한치유가 곱게 보일리 없었다.102) 이에 구라치는 한치유의 경질을 통
감부에 요구했다. 하지만 후임 유학생감독의 임명은 쉽지 않았다.

구라치의 경질 요구에 한국 학부는 1906년 5월 尹致昊를 신임 유학생감
독으로 임명했으나, 부친의 병환을 이유로 부임 전에 사임했다.103) 이에 한
국정부는 8월 들어 당시 일본에 체재 중이던 尹致昕를 임명했다.104) 그러나
구라치가 윤치오는 망명자들과 관계가 있다는 이유로 거부하여105) 최종적
으로 1907년 3월 학부 편집국장 申海永이 신임감독에 임명되어 4월 일본으
로 부임했다.106) 새로운 유학생감독으로 신해영이 부임해 올 때까지 한치
유는 공식적으로는 해임 상태에서 유학생 감독의 임무를 계속해야 했다. 이
과정에서 구라치는 늦어지는 신임 감독의 선정에 대해 "감독 후임은 되도
록 신분이 낮은 자로 충분하고, 이는 통감도 같은 의견"이라고 하여 한국
학부의 인사문제에까지 개입하는 모습을 보였다.107)

---

102) 당시 한치유의 행동과 언설에 대해서는 趙素昻, 『東遊略抄』 및 太極學會, 『太極學
報』 제1호~제3호, 「太極學會 總說」 참고.
103) 『倉知主管書類雜纂』 1卷, No.1401 「제43호 鶴原 총무장관이 倉知 서기관에게 보
낸 전보」, 1906년 5월 21일.
104) 『倉知主管書類雜纂』 2卷, No.2610 「제29호 鶴原 총무장관이 倉知 서기관에게 보
낸 전보」, 1906년 8월 22일.
105) 『倉知主管書類雜纂』 2卷, 電送제2013호 「제64호 倉知 서기관이 鶴原 총무장관에
게 보낸 전보」, 1906년 8월 24일.
106) 『대한매일신보』, 1907년 4월 20일, 「監督送別」. 이와 관련하여 金範洙는 윤치호를
지칭하여 한치유가 유학생감독으로 재임한 시기에 한국에도 유학생감독이 임명되
어 있었으며, 이에 최종적인 감독권은 한국의 유학생감독에게 있었다는 서술을
하였는데(김범수, 앞의 글, 2004, 80~81쪽). 이는 단편적인 史料 수집에 의한 잘못
된 인식으로 생각된다.
107) 『倉知主管書類雜纂』 2卷, 電送제1215호 「倉知 서기관이 鶴原 총무장관에게 보낸
전보」, 1906년 5월 22일.

한국이 일본으로 관비유학생을 파견하기 시작한 1890년대 이래 관련 예산에 대한 한국정부의 늑장 송금은 고질적인 문제였고, 이는 일본정부와 학교측이 한국정부를 불신하는 중요한 요인 중 하나였다. 그리고 이러한 문제는 이 시기에도 변함없어서 구라치는 거의 매월 통감부에 송금을 독촉하는 전보를 보냈다. 이에 그는 이 문제를 해결하기 위해 한국정부를 배제하고 통감부와의 협의만으로 관비유학생 예산 집행방식을 변경했다.

구라치는 일본의 다이이치은행(第一銀行)을 전담창구로 지정하여 필요한 예산을 이로부터 우선 지급받아 집행하고, 해당 금액에 대해서는 다이이치은행 京城支店을 통해 한국정부로부터 채무변제 받도록 했다.108) 이는 국가 간의 금융거래를 일방적으로 일본쪽에서 결정했다는 문제가 있을 뿐만 아니라, 관비유학생에 대한 예산편성권과 집행권이 모두 통감부와 일본정부, 구체적으로는 구라치에게 넘어갔음을 의미하기 때문에 매우 심각한 문제였다. 하지만 외교권을 박탈당한 한국정부는 이에 대한 이의 제기조차 하지 못했다.

구라치의 유학생 감독권한은 한국의 관비유학생에 대한 관리, 감독에서 예산권 장악을 거쳐 점차 私費留學生에 대한 감독으로까지 확대되었다. 그는 1906년 9월 日本陸軍幼年學校로 진학을 희망한 韓元校 등 6명의 사비유학생에게 진로를 변경하도록 압력을 행사하였다.109) 12월에는 1904년 一進會에서 파견한 유학생들이 학자금이 끊긴 채 도쿄에 체류하고 있는데, 이로 인한 폐단이 예상되므로 이들에게 처분을 내려야 한다고 하면서110) 통감부에 사비유학생에 대한 감독의 필요성을 제기하였다. 이에 통감부는 일진회

---

108) 『倉知主管書類雜纂』 1卷, 第18號 「倉知 서기관이 鶴原 총무장관에게 보낸 공문」, 1906년 5월 16일.

109) 『倉知主管書類雜纂』 2卷, 電送第2076號 「제56호 倉知 서기관이 鶴原 총무장관에게 보낸 전보」, 1906년 9월 3일.

110) 『倉知主管書類雜纂』 2卷, 第69號 「倉知 서기관이 國分 비서관에게 보낸 전보」, 1906년 12월 5일.

에 해결책을 요구하는 동시에111) 구라치에게 일진회 유학생에 대한 학업성적 및 학과의 종류 등 상세한 내용을 조사하여 보고하도록 하였다.112) 이로써 구라치의 감독 권한은 일본에 체재하는 한국인 유학생 전체로 확대되었다.

이후 구라치의 한국유학생 감독은 1907년 3월까지 계속되다가, 그가 제2회 萬國平和會議의 일본측 전권사절단의 일원으로 발탁됨에 따라 일본 문부성 참서관 마츠모토 슌키치(松本順吉)에게 위임되었다.113) 이에 따라 일본에 유학 중인 한국인유학생의 관리는 완전히 일본정부의 관할 아래로 들어가게 되었고, 구라치의 유학생 감독 활동은 「學部所管日本國留學生規程」의 제정에114) 상당 부분 반영되었다.

---

111) 『倉知主管書類雜纂』 2卷, No.3983 「제37호 國分 비서관이 倉知 서기관에게 보낸 전보」, 1906년 12월 6일.

112) 『倉知主管書類雜纂』 2卷, No.4010 「國分 비서관이 倉知 서기관에게 보낸 전보」, 1906년 12월 6일.

113) 『倉知主管書類雜纂』 2卷, 電送제3251호 「倉知 서기관이 伊藤 통감 및 古谷 비서관에게 보낸 전문」, 1906년 12월 24일.

114) "學部令 第三號 學部所管日本國留學生規程. 第一條 留學生은 日本國에 留學홈이 必要한 學術技藝를 履修케 호기 爲호야 身體學力 及品行을 檢定호야 適當홈으로 認定한 者에 對호야 學部大臣이 此를 命홈이라. 但 官立高等學校나 又 此와 同等 程度 以上의 官立學校卒業生에 對호야는 學力試驗을 不行홈도 有홈이라. 第二條 留學生의 履修學科 在留地 學校 及留學期日은 學部大臣이 此를 指定홈이라. 第三條 留學生을 被命한 者는 一週間 以內에 第一號 書式의 誓約書를 提呈홈이라. 第四條 留學生은 留學中에 在호야 凡事를 留學生監督의 指揮監督을 受홈이라. (중략) 第十六條 留學生監督은 留學生의 就學한 學校名 履修學科 及修業年限 等을 學部大臣에게 報告홈이라. 第十七條 留學生監督은 留學生에 關한 每月 出納金의 明細書를 繕製호야 翌月丙로 學部大臣에게 報告홈이라. 第十八條 留學生監督은 各 留學生의 勤慢品行을 精査호야 每年 四月 八月 十二月 三期에 學部大臣에게 報告 홈이라. 第十九條 留學生監督은 私費 留學生의 學術品行에 關호야 不美홈으로 認 호는 時는 其事實은 精査호야 學部大臣에게 報告홈이라. 第二十條 私費로 日本國 에 留學호는 者가 第一條 資格에 適合한 人이 有한 時는 學部大臣이 官費留學을 命호는 事도 有홈이라. 第二十一條 留學生監督은 私費 留學生이 修學上의 必要를 因호야 證明홈을 請求호는 時는 此를 精査한 後에 證明호되 學部大臣에게 每度

 황실특파유학생의 동맹퇴교운동은 '을사조약' 이후 한일 간에 처음으로 부각된 외교적 사안이었다. 따라서 이 운동에 대한 한국과 일본의 대응은 이후 한국의 대외문제 및 해외에 재류하는 한국인에 대한 처우, 그리고 통감부의 역할과 관련하여 발생한 첫 사례이자 중요한 선례가 될 것이었다. 이에 일본정부와 통감부는 황실특파유학생들의 동맹퇴교운동을 신설 통감부의 위상 강화에 이용하였다. '을사조약'으로 한국의 외교권은 일본에 박탈되었고, 해외의 한국인은 일본정부의 통제를 받는다는 것을 기정사실로 하려는 통감 이토의 정치적 의도가 크게 작용하였다. 이러한 일본정부와 통감부의 의도를 실무차원에서 실행한 인물이 구라치였다.

 통감부는 한국의 외교를 대리하는 기구임에도 불구하고 이토는 초대 통감으로 한국에 부임한 직후부터 시정개선협의회를 이용하여 한국의 내정을 실질적으로 간섭하였다. 국가의 통치행위는 크게 내치와 외교로 구분되지만, 실제 구체적인 사안에서는 그 구분이 명확하지 않은 경우가 많다. 이 시기 일본에 체류했던 유학생문제가 대표적인데, 통감부는 '한국의 외교를 대리'한다는 명분으로 그와 연결된 한국의 내정에 즉각적으로 개입한 것이다. 즉 이토는 동맹퇴교운동에 대한 담당자를 기존의 한국 학부 소속의 참여관 시데하라에서 교육문제에 별다른 전문성이 없는 일본 외무성의 참사관과 통감부의 서기관을 겸임한 구라치로 변경하고, 한국정부에서 행사해야할 권한까지 그에게 위임하였다. 이는 해외에서 발생한 한국의 사안에 대해 통감부와 일본정부가 결정권을 갖는다는 것을 명확히 한 첫 사례라고 할 수 있다.

 구라치가 한국인 유학생 감독으로 활동한 기간 중 가장 중요한 시기는

報告흠이라. 第二十二條 留學生監督은 留學生에 關흐야 學部大臣이 囑託흔 日本國政府官吏와 協議흠을 要흠이라. 第二十三條 本令은 光武 十一年 四月 一日로브터 施行흠이라. 光武 十一年 三月 四日. 學部大臣 李完用"(『官報』제3707호, 1907년 3월 7일 附錄, 「學部令 제3호 學部所管日本國留學生規程」).

동맹퇴교운동의 수습과 유학생 관리체계를 만든 1906년 3월~6월이었다. 그런데 이 기간은 구라치가 불법적인 감독 권한을 행사한 기간이다. 왜냐하면 한국정부로부터 공식적인 권한 위임이 없었기 때문이다.

한국정부는 1907년 12월 한국인 유학생에 대한 그동안의 노고를 치하한다는 명목으로 구라치를 훈2등에 서훈하고 태극장을 수여하였다.[115] 그리고 훈장을 수여하기 전인 4월 학부대신 명의의 감사장과 함께 포상금 500엔을 수여했다. 일본의 관리가 외국정부로부터 포상금을 받을 시에는 일본 천황의 재가가 필요했기 때문에 구라치는 이를 외무대신과 내각총리대신을 경유하여 천황에게 상주했는데, 그 내용은 아래와 같다.

작년(1906년) 7월 伊藤 통감을 경유하여 한국정부로부터 本邦(일본) 재류 한국의 官費留學生 감독을 依囑받았습니다. 이번에 사정에 의해 위 (직무의) 사임을 요청하여 본년(1907년) 3월 2일자로 해촉되었습니다. 이에 대해 의촉 중의 위로로 同日(3월 2일)자로 한국정부에서 금 500圓을 보내왔습니다. 위 (금액)의 수령의 건을 허가해 주시기 바랍니다.

明治40年 4月 11日
외무성 참사관 겸 통감부 서기관 倉知鐵吉[116]

위 포상의 사유를 설명하는 내용 중에서 눈에 띄는 것은 구라치가 이토 통감을 경유하여 한국정부로부터 한국의 관비유학생 감독을 위임받은 기간이 1906년 7월~1907년 3월로 명시되어 있다는 점이다. 이토는 구라치의 유학생 감독에 합법성을 띄기 위해 '제2회 시정개선에 관한 협의회'에서 학부대신 이완용으로부터 권한 위임에 대해 허가 받았다. 그리고 이를 근거로

---

115) 『純宗實錄』 卷1, 순종 즉위년 12월 30일.
116) 『公文雜錄』 明治四十年 12卷, 「外務省參事官兼統監府書記官倉知鐵吉韓國政府ヨリ贈遣ヲ受ケル件」, 日本國立公文書館 소장문서, レファレンスコード A04010123900.

유학생에 대한 전권을 구라치에게 위임했는데, 이 과정에서 막상 주권자인 고종황제의 허가는 없었음을 알 수 있다.

따라서 1906년 7월 이전까지 구라치의 한국인 유학생에 대한 감독은 한국정부의 공식 위임없이 행해진 명백한 불법행위였다. 이렇게 통감부의 월권으로 한국정부는 무시되었다. 그럼에도 한국정부는 불법적으로 한국정부의 권한을 대리한 구라치에게 '그동안의 노고'를 치하한다는 명목으로 훈장을 수여하였다. 이것이 당시 한국의 현실이었다.

그리고 위와 같은 구라치의 활동은 아직 체계가 잡히지 않은 신설 통감부가 한국의 외교권 대리를 빌미로 한국의 내정개입으로까지 그 권력과 위상을 형성해 가는 과정을 상징적으로 보여준 것이라고 할 수 있다.

제 3 장
헤이그 特使사건과 보호관계의
국제적 공인 및 강화

제1절 헤이그 특사 파견에 대한 일본의 사전 탐지와 대응

1. 헤이그 특사 파견에 대한 일본의 사전 탐지

1907년 6월 네덜란드의 헤이그(Hague)에서 개최된 제2회 萬國平和會議에[1] 고종황제는 李相卨·李儁·李瑋鍾 및 미국인 헐버트(H. B. Hulbert)를 特使로 파견하였다. 이것은 고종황제가 대한제국의 황제로서 한국의 독립 유지를 위해 시도한 마지막 노력이었다.

한국의 만국평화회의 참가문제는 '한국병합'을 추진하고 있던 일본에게 커다란 타격을 가할지도 모를 중대 사안이었다. 일본은 '포츠머스(Portsmouth)조약'에 근거하여 한국의 외교권을 박탈했다. 하지만 이 조약에서 규정한 일본의 한국에 대한 '보호, 지도 및 감독'의 범위가 불분명했기 때문에 애초에 한국의 외교권 박탈의 근거로 이용되기에는 불충분했다.

따라서 한국이 이 회의에 정식으로 참가하게 되면 그 자체로 한국의 외교권을 박탈한 '을사조약'은 死文化될 뿐만 아니라, 국제사회에서 독립국으로 공인받을 가능성이 있었다.[2] 하지만, 반대로 한국대표가 회의 참가를 허가받지 못할 경우, 일본은 그 자체로 한국에 대한 일본의 권리를 국제사회에서 공식적으로 공인받는 계기가 될 것이었다. 한국의 평화회의 참가 문제는 이러한 일본의 고민을 열강과의 특별한 협의과정 없이 해결할 수 있는

---

1) 제2회 헤이그만국평화회의는 1907년 6월 15일부터 10월 18일까지 약 5개월 간 45개국의 대표가 참가하여 개최되었다(外務省 外交史料館 日本外交史辭典編纂委員會, 『日本外交史辭典』, 山川出版社, 1992, 824쪽).

2) 한성민, 「이토 히로부미(伊藤博文)의 '韓國併合'政策(1905~1909)」, 『역사상의 공화정과 역사만들기(2008년 역사학대회 발표요지)』, 2008, 263쪽.

기회였다. 한국의 평화회의 참가 불허는 그 자체로 열강이 한국은 일본의 보호국임을 공인하는 의미가 되는 것이기 때문이다.

그동안 헤이그 특사 사건에 대해서는 일반적으로 한국이 비밀리에 '密使'를 파견하였고, 이에 당황한 일본의 방해로 회의 참가가 좌절되었음에도, 특사들은 활동을 포기하지 않고 '을사조약'의 불법성을 국제사회에 호소하는 활동을 전개한 것으로 이해되어 왔다. 이 과정에서 국가의 사활을 걸고 시도한 '밀사'의 이미지와 헤이그 현지에서 이준의 비극적인 사망이란 이미지가 겹쳐 당시부터 서정적인 연민을 불러 일으켰다. 그리고 일본의 탄압과 이에 대한 한국의 저항이라는 단선적인 구도 속에서 특사들의 헌신적인 활동에 대한 영웅성이 강조되었다.[3]

이와 같은 이해는 당시 국제관계를 조정하는 한복판에서 일어난 이 사건의 성격을 규명하는데 상당한 한계로 작용했다고 생각한다. 특사들의 영웅성이 강조되면서 일본의 방해 또는 탄압을 선험적으로 파악하여 특사 사건에 대한 일본의 대응이라는 중요한 부분이 제대로 규명되지 못했기 때문이다. 그러므로 특사들의 활동만이 아니라, 이 사건을 더욱 구조적으로 이해하고 설명하기 위해서는 일본의 대응과정을 제대로 밝힐 필요가 있다.

2007년 헤이그 특사 파견 100주년을 전후하여 그동안의 인식의 한계를 극복하고 당시 국제관계의 시각에서 헤이그 특사 사건의 성격을 규명하려는 다양한 노력이 전개되었다.[4] 이 과정에서 한국의 만국평화회의 참가가

---

3) 헤이그 특사 사건에 관한 연구사는 한성민, 「제2회 헤이그 만국평화회의 特使」에 대한 일본의 대응, 『韓日關係史研究』 51, 한일관계사학회, 2015, 363~365쪽 참고.
4) 헤이그 특사 파견 100주년을 기념하여 3번의 국제심포지움이 개최되었다. 독립기념관의 한국독립운동사연구소는 '헤이그 한국특사 100주년 기념 국제학술심포지움 : 만국평화회의와 한국특사 100주년의 역사적 의의'를, 이준열사순국백주년기념사업추진위원회는 '이준열사순국100주년기념학술대회 : 이준 열사와 제2차 만국평화회의'를, 고려대학교 민족문화연구원은 '민족문화연구원 창설 50주년 기념 국제학술회의 : 1907년 헤이그평화회의와 대한제국, 그리고 열강'을 개최하였다. 그리고 이

불허되었던 열강의 역학관계와[5] 회의를 주관했던 러시아의 정책[6] 및 일본의 대응[7] 등이 검토되었다.

하지만 특사의 활동에 직접적인 이해관계를 가지고 있는 일본의 대응에 대해서는 여전히 소략하다. 일본의 대응에 대해서는 김지영, 한철호, 무라세 신아(村瀨信也)의 연구가 주목된다. 이들은 고종황제의 헤이그 특사 파견에 대해 당시 일본정부 및 통감부가 이미 사전에 파악하고 있었을지도 모른다는 가능성을 제기하였다. 하지만 위 연구들은 일본정부 및 통감부가 한국의 특사 파견 움직임을 사전에 포착하고도 이를 제지하지 않은 이유, 헤이그 현지에서 한국 특사에 대한 대응의 성격 및 그 정치적 의도까지는 파악하지 못한 한계를 가지고 있다.

일본정부는 제2회 헤이그 만국평화회의에 대한 한국정부의 특사 파견 움직임을 이미 사전에 파악하였고, 이 사건을 한국에 대한 보호권 강화에 활

때의 연구성과들은 각각 한국독립운동사연구소,『한국독립운동사연구』29, 2007 ; 이태진 외,『백년 후 만나는 헤이그 특사』, 태학사, 2008 ; 고려사학회,『韓國史學報』30, 2008에 정리·수록되었다.

5) 심비르체바,「1907년 헤이그 평화회의의 개최과정과 성격」, 한국독립운동사연구소, 위의 책, 2007 ; 한철호,「헐버트의 만국평화회의 활동과 한미관계」, 위의 책, 2007 ; 최덕수,「제2차 헤이그 평화회의(1907)와 대한제국 언론의 세계인식」, 고려사학회, 앞의 책, 2008 ; 한승훈,「을사늑약을 전후한 영국의 대한정책」, 위의 책, 2008 ; 최정수,「제2차 헤이그 평화회의와 미국의 '세계평화전략'」, 위의 책, 2008.

6) 석화정,「한국 보호를 둘러싼 러·일의 대립─헤이그 밀사사건을 중심으로」, 정성화 외,『러일전쟁과 동북아의 변화』, 선인, 2005 ; 꾼 드 꿰스터,「1907년 헤이그 특사의 성공과 좌절」, 고려사학회, 앞의 책, 2008 ; 최덕규,「1907년 헤이그평화회의와 러시아의 대한정책」, 위의 책, 2008 ; 세르게이 콘스탄티노비치 레베데프,「제2차 헤이그 평화회의의 정치적 배경 : 러시아의 입장」, 이태진 외, 앞의 책, 2008.

7) 배경융,「헤이그특사 사건과 일본의 대응」, 한국독립운동사연구소, 앞의 책, 2007 ; 村瀨信也,「一九〇七年ハーグ平和會義再訪─韓國皇帝の使節」上·下,『外交フォラム』2007年 6~7月號, 都市出版株式會社, 2007 ;「1907년 헤이그 밀사 사건의 유산」, 이태진 외, 앞의 책, 2008 ; 김지영,「헤이그 만국평화회의와 일본정부의 대책」, 이태진 외, 앞의 책, 2008.

용하려고 하였다. 이에 일본정부는 열강과의 이해관계를 조정하여 한국 특사의 회의 참가를 구조적으로 저지할 수 있는 방안을 구축하려고 노력하였다. 하지만 한국의 특사 파견과 헤이그에서 특사들의 공개적인 활동에 대해서는 직접적으로 제지하지 않고 방관한다는 방침을 취했다.

이것은 이 시기 일본의 한국정책과 관련하여 상당한 정치적 의미를 가진다. 당시 일본정부의 방침을 현장에서 실현한 일본 전권위원단 중의 1인이 구라치 데츠키치(倉知鐵吉)였다. 그는 일본정부가 만국평화회의 대비를 위해 구성한 제2회 萬國平和會議準備委員會 단계에서부터 준비위원으로 참여하였고, 이후 일본 전권위원단에서는 수석 수행원으로 활동하였다.

따라서 이 장에서는 당시 일본의 한국정책과 관련하여 상당한 정치적 의미를 가진 이 사건에 대한 일본의 대응과정을 검토할 것이다. 구체적으로 고종황제의 헤이그 특사 파견에 대한 일본의 사전 탐지와 제2회 헤이그 만국평화회의에서 일본 전권위원단의 대응을 분석할 것이다. 그리고 이를 통해 일본이 한국에 대한 保護關係를 국제적으로 공인받는 동시에 헤이그 특사 사건을 빌미로 '한국병합'을 위해 한국에 대한 보호관계를 강화하는 과정을 분석할 것이다.

제2회 헤이그 만국평화회의는 러일전쟁 중이었던 1904년 미국의 루즈벨트(T. Roosevelt) 대통령의 발의로 시작되었다. 하지만, 러시아의 요청과 미국의 양보로 1898년의 제1회 회의에 이어 러시아가 준비하여 개최하였다. 이 과정에서 제2회 회의의 최초 발의자가 미국이었기 때문에 주최국인 러시아와 미국의 협의는 필수적이었다.

러시아는 1906년 4월 미국 국무성에 「제2차 평화회의 계획안」을 제출하였다. 이 계획안은 國際紛爭의 평화적 해결 방안의 마련을 주의제로 하고, 한국을 포함한 47개국을 초청 대상국으로 제시하였다.[8] 그리고 이와 같은

---

8) 윤병석, 「만국평화회의와 한국특사의 역사적 의미」, 한국독립운동사연구소, 앞의

내용은 이미 한국에도 통보되어 있었다. 고종황제가 1905년 10월 말 프랑스어학교 교사 마르텔(E. Martel)을 청국 주재 러시아공사에게 보냈을 때, 러시아는 대한제국의 주권 불가침을 인정하며 국제회의에서 그 견해를 밝힐 수 있도록 헤이그 국제회의에 대한제국의 대표를 초청하겠다는 의사를 전달하였다. 또 초청장은 이미 10월 3일 러시아 주재 한국공사에게 외교문서로 전달하였으며 러시아 정부는 여전히 李範晉을 합법적인 公使로 인정하고 있다는 의사도 통지하였다.[9] 이는 러일전쟁 이후에도 러시아의 동아시아 정책이 변하지 않았으며, 그 중심에 한국 문제가 있음을 의미한다.

하지만 이즈볼스키(A. P. Izvokkii)가 러시아의 신임 외무대신으로 취임하면서 상황은 바뀌었다. 러시아의 외교정책의 중심이 유럽으로 전환되면서 동아시아에서는 일본과 관계개선을 추구했다. 1906년 초부터 제기되었던 한국 주재 總領事 플란손(G. D. Planson)의 신임장 문제 해결은 이 시기 러시아의 대일정책 변화의 상징적 사건이었다.[10]

일본이 한국의 평화회의 참가 움직임을 처음으로 파악한 것은 러시아의 통지에 의해서였다. 플란손의 신임장 문제가 마무리되는 시점에서 제2회 만국평화회의 의장국인 러시아는 6월 일본 주재 러시아공사 바흐메데프(G. P. Bakhetev)를 통해 일본정부에 한국의 제2회 만국평화회의 참가 여부를 문의하였다. 일본은 러시아 측에 한국은 참가하지 않을 것이라고 답변하였다.[11] 그리고 러시아가 제안한 '국제분쟁의 평화적 처리 조약'의 가맹방법

책, 2007, 7~8쪽.

9) 서영희, 「고종황제의 외교전략과 제2차 만국평화회의 특사 파견」, 이태진 외, 앞의 책, 2008, 69쪽.

10) 이에 대해서는 최덕규, 「이즈볼스키의 '외교혁명'과 러시아의 동아시아정책(1905~1910) - 러일협약을 중심으로」, 『동북아역사논총』 9, 동북아역사재단, 2006 및 김종헌, 「한국 주재 러시아 총영사 플란손의 착임과정에서 제기된 인가장 부여 문제에 관한 연구」, 『史叢』 72, 고려대 역사연구소, 2011 참고.

11) "The Minister for Foreign Affairs, replying to the verbal inquiry addressed to him by His Excellency the Russian Minister under instructions from his Government, has

에 대해 기존의 체약국이 아닌 국가가 기존 체약국의 동의를 얻지 않고, 개 최국인 네덜란드에 통지하는 것만으로 가입을 가능하게 하는 것에 대해 반 대의사를 표명하였다.12) 이것은 한국이 평화회의에 초청받지 못하더라도 '국제분쟁의 평화적 처리 조약'에 가입함으로써 자동적으로 제2회 만국평 화회의에 참가자격을 얻게 되는 것을 막으려는 일본의 조치였다.

이에 바흐메데프는 10월 9일자로 '국제분쟁의 평화적 처리 조약' 가입에 대한 러시아의 제안은 남미 국가들에게만 해당될 뿐, 한국과 파나마 및 아 비니시아(에티오피아)에는 해당되지 않는다고 답변하였다.13) 하지만 이것 은 한국에 대한 '국제분쟁의 평화적 처리 조약' 가입문제에 대한 답변이지, 한국의 제2회 만국평화회의 참가 자체를 불허한다는 것이 아니었다. 그로 인해 일본정부는 러시아정부로부터 한국의 참가 불허를 확실하게 보장받지 않는 한 전적으로 믿을 수는 없다고 판단하고 있었다.

실제로 10월 24일 이탈리아 주재 임시대리공사 구사카베 신구로(日下部

---

the honor to say that the Imperial Government would feel obliged to decline for Corea an invitation to take part in the proposed second Conference of the Hague, believing that participation by Corea in the work of that Assembly would give rise to serious misconceptions. Each of the Powers represented at the first Hague Conference occupied, so far at least as foreign relations were concerned, an independent status, and it is assumed that the States to be invited to participate in the new Meeting at Hague will have the same standing. In consequence of the international position occupied by Corea, she is unable at this time to claim for herself any of the rights or to fulfill any of the obligations which would be implied by representation at the proposed Conference."(日本 外務省 編纂, 『海牙萬國平和會議日本外交文書』 第2卷, 財團法人 日本國際聯合協會, 1955-이하 『海牙萬國平和會議日本外交文書』 第2卷-, #62 「韓國ヲ第二回萬國平和會議ニ參列セシメサル儀ニ關シ在本邦露國公使 ヘ回答ノ件」, 112쪽).

12) 『海牙萬國平和會議日本外交文書』 第2卷, #66 「國際紛爭平和的處理條約ニ加盟方法 ニ關スル回答通知ノ件」, 114~115쪽.

13) 『海牙萬國平和會議日本外交文書』 第2卷, #67 「第二回萬國平和會議ニ關シ日本ノ回 答ニ對シ照覆ノ件」, 115~116쪽.

三九郎)는 러시아 정부가 이탈리아 정부에 송부한 평화회의 참가국 목록에 한국은 여전히 초청대상국으로 올라 있으며, 다만 참가 여부를 회답하지 않은 국가로 분류되어 있음을 보고하였다.14) 또 11월에는 아오키 슈조(靑木周藏) 미국 주재 일본대사로부터도 비슷한 내용이 보고되었다.15) 이러한 보고를 바탕으로 일본 외무대신 하야시 다다스(林董)는 바흐메데프를 통해 다시 한번 평화회의에 한국의 참가 배제를 러시아에 요구하였다.16) 하지만 러시아로부터 일본정부가 원하는 명확한 답변은 얻을 수 없었다.

러시아의 이러한 태도에 대해 한국통감 이토 히로부미(伊藤博文)와 일본정부는 러시아가 평화회의의 한국 참가 문제를 '러일협약'의 교섭에서 협상카드로 이용하지 않을까 우려하고 있었다. 당시 '바그다드(Baghdad) 철도' 문제를 중심으로 서아시아지역에서 독일의 팽창문제가 부상하자, 러시아는 외교정책의 중심을 유럽으로 전환하였다. 이에 러시아는 독일을 고립시키는 영국·프랑스 동맹에 접근하여 '3국협상'을 성립시켰고, 이와 동시에 러시아와 프랑스는 대독포위망의 후방인 아시아에서 일본으로부터의 위협을 제거하기 위해 일본에 유화정책을 펴고 있었다. 그것의 실질적인 조치로 프랑스는 11월부터 '불일협상'을, 러시아는 1907년 2월부터 '러일협상'에 임하고 있었다.17)

---

14) 『海牙萬國平和會議日本外交文書』 第2卷, #74 「第二回萬國平和會議二關スル露國政府ノ提案並二右二對スル任國政府ノ回答振答申ノ件(二)」, 121쪽.

15) "In a note of Baron Rosen of April 12th, list of States invited to second peace conference by Russia is enclosed. Abyssinia, Corea and Panama are included. There is a foot-note 'State that has declined invitation is Panama; States which have not yet returned answer are : Corea, Ecuador, Nicaragua, Uruguay, Venezuela'"(『海牙萬國平和會議日本外交文書』 第2卷, #81 「第二回萬國平和會議二關スル露國政府ノ提案二對シ任國政府ノ回答振報告ノ件」, 128쪽).

16) 『海牙萬國平和會議日本外交文書』 第2卷, #80 「第二回萬國平和會議議題並二國際紛爭平和的處理條約加盟方法二關スル露國政府提案二對シ回答ノ件」, 126~127쪽.

17) 井口和起, 「朝鮮倂合」, 『(岩波講座)日本歷史』 17, 岩波書店, 1976, 189~191쪽.

이토는 이러한 정세를 이용하여 한국에 대한 일본의 지배권을 확실히 보장받으려 했다. 이 협상을 통해 한국의 만국평화회의 참가 불허는 물론, 가능하다면 러시아로부터 일본의 '한국병합'까지도 인정받으려 했다. 이토는 3월 하야시 외무대신에게 보낸 전보에서 "(러일교섭에서) 한국에 관한 문제가 가장 중요하며 이 기회를 잃게 되면 한국문제 때문에 다시 紛議가 일어날지 모른다. 특히 한국 근래의 상황은 排日을 고취하는 기운이 높아지고 있다"고 하였다.[18] 이어 4월에는 하야시 외무대신의 「러일협약 훈령안」에 대한 답변에서 이토는 '훈령안 속의 "앞으로의 발전"이란 단어는 "annexation(합병)"까지도 포함된다는 뜻을 러시아에게 명확히 밝히고, 한국의 정세가 지금과 같이 진행되면 결국 "annexation"은 더욱 곤란해질 것이기 때문에 미리 러시아의 승낙을 받아놓지 않으면 안된다'라고 하면서[19] '러일협약'의 체결을 재촉하였다.

하지만 이러한 일본의 목적을 파악한 러시아는 한국의 평화회의 참가 배제를 보장하지 않은 상태에서[20] 한일관계의 "앞으로의 발전"에 대한 대가를 요구했다. 러시아는 蒙古 및 滿洲 이외의 중국 변경에서 일본이 러시아의 우월적 지위를 승인할 것을 요구했다. 이에 교섭이 난항에 빠지자, 이토

---

18) 『日本外交文書』 40-1卷, #118 「日露協約交涉ニ關シ意見電報ノ件」, 118쪽.
19) 『日本外交文書』 40-1卷, #128 「露國協約案ニ關スル本野公使宛電訓案中韓國及蒙古問題ニ關シ意見開陳ノ件」, 124쪽.
20) 그러나 이미 러시아의 신임 외무대신 이즈볼스키는 1906년 8월 주한총영사로 부임하는 플란손에게 일본의 한국정책에 관여할지 말 것과 일본정부로부터 의심이나 불만을 야기시킬 행동을 하지 말 것을 훈령하였고(박종효 편역, 『러시아 국립문서보관소 소장 한국관련문서요약집』, 한국국제교류재단, 2002, 767쪽), 이후 만국평화회의 의장이자 러시아대표단장인 넬리도프에게도 한국특사와 접촉하지 말라고 지시하였다(『日本外交文書』 40-1卷, 「韓帝密使ニ關シ露國外相ノ談話報告ノ件」, 428쪽). 러시아정부가 사전에 이와 같은 조치를 취하고도 일본정부에 한국특사의 평화회의 참가불허에 대한 확실한 보장을 하지 않은 사실을 통해 러일교섭에서 협상카드로 이용하려 했음을 충분히 파악할 수 있다.

는 차선책으로 우선 만국평화회의 개최 전에 '불일협상'을 성사시켜 러시아
를 압박하려고 하였다.21)

　이에 따라 일본의 제2회 만국평화회의 준비는 회의 개최의 목적이었던
국제분쟁의 평화적 해결 및 군비축소 문제 외에 '만국평화회의에 한국대표
의 참가 봉쇄'와 '불일협약'의 만국평화회의 개최 전 타결이 중요한 문제로
부상하였다. 일본정부는 외무성을 중심으로 정부 내에 제2회 만국평화회의
준비위원회를 조직하여 평화회의를 준비하면서 한국의 초청여부를 러시아
및 관련 국가들에 탐문하는 한편,22) 한국의 특사로 추측되는 인물들에 대
한 동정을 면밀히 탐지하기 시작하였다.23)

　당시 일본정부는 한국의 특사파견 시도를 사전에 인지하고 있었다. 다만,
한국정부의 특사가 정확히 누구인가를 파악하지 못했을 뿐이었는데, 시간
이 흐르면서 특사 파견에 대한 구체적인 정황이 포착되기 시작했다.

　5월 19일 이토는 자신이 포착한 특사 파견의 정황을 극비 전보로 하야시
외무대신에게 발송했는데, 그 내용은 아래와 같다.

　　한국 황제가 외국을 통해 운동하고 있다는 음모는 작년 이후 항상 계속

---

21) 『日本外交文書』40-1卷, #120 「日露協約ニ關スル先方回答遲延ノ事由ニ付露外相ノ
　　談話報告ノ件」·#122 「日露勢力範圍分界線ノ提出ニ關シ請訓ノ件」·#123 「日露協約
　　日本案ニ對シ露國外相ヨリ對案提出ノ件」·#125 「日露協約ノ日本案ニ對スル露國對
　　案中蒙古問題ニ關シ意見上申ノ件」, 120~122쪽.

22) 『海牙萬國平和會議日本外交文書』第2卷, #74 「第二回萬國平和會議ニ關スル露國政
　　府ノ提案並ニ右ニ對スル任國政府ノ回答振答申ノ件(二)」, 120쪽·#80 「第二回萬國
　　平和會議議題並ニ國際紛爭平和的處理條約加盟方法ニ關スル露國政府提案ニ對シ回答
　　ノ件」, 126쪽·#81 「第二回萬國平和會議ニ關スル露國政府ノ提案ニ對シ任國政府ノ回
　　答振報告ノ件」, 127~131쪽·#138 「第二回萬國平和會議ニ參列ノ米國委員任命通知
　　並同會議ニ韓國招請ノ新聞記事ニ對シ眞否問合セノ件」, 196~197쪽.

23) 『日本外交文書』40-1卷, #433 「韓帝密使米露兩國ニ出發ニ付動靜探査方ノ件」·#434
　　「米國人'ハルバート'韓帝密使トシテ海牙ノ平和會議ヘ出向ノ風說ニ關スル件」·
　　#435 「米國人'ハルバート'ノ行動注意方訓令ノ件」, 425~427쪽.

되고 있으며, 전적으로 러시아와 프랑스에 의지하여 독립을 회복하려고 노력하고 있습니다. 두 나라의 총영사는 황실로부터 교섭이 있을 때마다 이 사실을 본국 정부에 전보하여 본국 정부의 훈령에 따라 이를 거부하거나 혹은 수용한 것으로 보이는 證迹이 현저합니다. 전에 李容翊을 통해 교섭했을 때에도 프랑스는 이를 거부하였으나, 러시아 영사는 이 요청을 받아들인 적이 있습니다. 이 시기 평화회의가 개최되기에 이르러 미국인 헐버트에게 거액의 자금을 주어 파견하는 것을 러시아와 프랑스 영사에게 의뢰하여 그 본국 정부의 알선을 요구하였습니다. 프랑스 영사는 이를 어리석은 계책이라고 하고 거부했으며, 이는 그 본국의 훈시에 입각한 것입니다.

그러나 러시아는 이 요청을 수용한 것임에 틀림없습니다. 따라서 헐버트는 전적으로 러시아에 의지하여 목적을 달성하려는 계획 하에 모든 자료를 수집하여 이것을 지참하고 이미 敦賀, 浦鹽(블라디보스톡)을 거쳐서 시베리아철도로 유럽으로 향하였습니다. 이에 대한 황제의 자금계획 및 그 외의 계획을 명확하게 알게 된 것은 프랑스 총영사의 밀고에 의한 것이며, 또한 다른 외국의 관계기관을 통해서도 동일한 密報를 접수하였습니다. 지금의 프랑스영사는 플란손과의 교의가 친밀하지 못하기 때문에 협의한 것은 아닐 것입니다. 그렇기는 하지만 프랑스 정부는 확실히 동정을 표하지는 않았으나, 러시아정부는 매우 괴이하다는 뜻도 덧붙이고 있습니다. 이 같은 상태이기 때문에 현재 러시아 및 프랑스와 아직까지 협상을 끝내지 못한 것은 상당히 유감스럽습니다. 특히 프랑스만이라도 평화회의 전에 (협상이) 타결된다면 매우 좋은 형편이 될 것입니다. 프랑스와의 협상은 단순하므로 프랑스 외상의 최후 제안을 수용하는 것이 오히려 좋은 방책이 될 것이라 생각합니다. 이것은 상당히 기밀에 속하는 것이지만, 內閣과 元老들에게도 알려주시기 바랍니다.[24]

위와 같이 당시 이토는 주한 프랑스 영사 베렝(Belin)과 다른 외국 기관의 제보로 헐버트의 특사 파견 정황을 구체적으로 파악하고 있었을 뿐만

---

24) 『日本外交文書』 40-1卷, #436 「韓帝密使'ハルバート'ヲ海牙平和會議ニ派遣ニ關スル件」, 427쪽.

아니라, 위 사실을 내각과 원로 전체에게 알려야 할 만큼 심각한 사안으로 판단하였다. 그런데 위 전보에서 이토는 러시아정부는 한국정부의 의뢰를 수용했을 것이라고 확신하면서 평화회의 개최 전 '불일협약'의 타결을 강하게 주장하고 있다. 평화회의 개최 전에 '불일협약'이 타결되면 평화회의에서 한국의 참가저지와 군축문제에서 대표적인 열강인 영국과 프랑스의 협력을 받아 일본의 발언권이 강화될 수 있기 때문이었다.

일주일 뒤인 24일에는 러시아의 블라디보스톡(Vladivostok) 주재 무역 사무관 노무라 모토노부(野村基信)로부터 헐버트와는 다른 계통의 특사 파견에 대한 정황이 통감부 총무장관 츠루하라 사다키치(鶴原定吉)에게 보고되었는데, 그 내용은 아래와 같다.

전 平理院 검사 이준, 議官 羅有錫, 간도관리사 李範允 등이 이곳에서 번번이 재류 한국인들에게 排日思想을 고취시키고 있다는 사실에 관해서는 지난달 29일자 機諸제4호와 이달 18일자 機諸제5호로 보고한 바입니다. 이번에 이들은 협의를 통해 전 學部協辦 이상설이라는 자가 北間島에 있으면서 개인적으로 학교를 설립하여 자제들을 교육시키는 일에 임하고 있는데, (그를) 이곳(블라디보스톡)에 불러들여 다시 모의한 결과, 한국의 장래에 관하여 직접 러시아 정부에 탄원하기 위해 위원을 파견하기로 결정했습니다. (이에 따라) 위의 이준·이상설 및 이곳의 부호 車錫甫의 아들 某 등 3명은 결국 지난 21일 러시아의 수도로 출발했습니다. (중략) 또 파견위원들은 만국평화회의 개최를 이용하여 헤이그에서 한국의 독립을 위해 열강의 전권위원을 상대로 운동할 것이라고 합니다. (중략) 이러한 운동은 당초부터 아이들의 장난과 같으며 그와 같은 우매한 행동으로는 달성할 수 없다고 생각하지만, 또 이로 인하여 이 지방에서 배일파의 소식의 일단을 揭示하기에 충분할 것이라고 생각되므로 참고를 위하여 보고합니다.[25]

---

25) 국사편찬위원회 편, 『統監府文書』 3卷, 「元韓國學部協辦李相卨及李偶李範允等ニ關スル件」, 168쪽.

한국의 특사 파견에 대한 위와 같은 노무라의 구체적인 보고에도 일본정부나 통감부는 특사로 파견되는 인물들에 대해 사전에 그 출발을 저지하거나, 한국의 평화회의 참가 시도 자체를 사전에 저지하기 위한 어떠한 압력도 한국정부에 행사하지 않았다. 하지만 한국의 특사 파견이라는 사안 자체를 방기한 것은 아니었다. 오히려 일본정부와 통감부는 이것을 매우 중요한 사안으로 다루고 있었는데, 이는 일본이 이 사건을 한국에 대한 지배권의 강화에 이용하려 했음을 의미한다.

2. 일본의 제2회 만국평화회의 준비

제2회 만국평화회의에서 일본정부의 입지 강화와 한국특사단 문제를 해결할 적임자로 일본정부가 선택한 인물은 츠즈키 게이로쿠(都築馨六)와 구라치 데츠키치(倉知鐵吉)였다. 이 두 사람은 모두 국제법에 정통했으며 당시 한일관계의 핵심을 잘 파악하고 있었고, 이토와 관계가 깊은 인물들이었다.

츠즈키는 이노우에 가오루(井上馨)에 의해 발탁된 이래 당시 일본의 주요 국가원로인 이토, 이노우에, 야마가타 아리토모(山縣有朋)로부터 고루 능력을 인정받은 엘리트 관료였다. 특히 그는 이토의 신임이 깊어 立憲政友會의 창립 당시 이토의 지명에 의해 13인의 창립위원 중 1인으로 선임되었다. 1905년에는 樞密院 書記官長으로 이토를 보좌하여 한국에 와서 '을사조약'의 체결에 막후에서 활약하였고, 이후엔 「統監府 및 理事廳 관제」의 초안을 마련한 인물이었다.[26]

1906년 8월 외무대신 하야시는 수상 사이온지 긴모치(西園寺公望) 및 추밀원 의장 야마가타와 협의하여 제2회 만국평화회의의 일본 측 全權委員에

---

26) 츠즈키에 대해서는 沢田章, 『都築馨六傳』, 馨光會, 1926(이하 『都築馨六傳』) 참고.

추밀원 서기관장 츠즈키를 내정하고, 그에게 전권위원단 구성을 포함한 만
국평화회의에 관한 모든 준비를 일임하였다.[27] 츠즈키는 곧바로 준비에 착
수하여 11월 일본정부 내에 자신을 준비위원장으로 하는 제2회 만국평화회
의준비위원회를 조직하고 가장 먼저 구라치를 준비위원의 한사람으로 선발
하였다. 이에 구라치는 츠즈키를 보좌하여 만국평화회의에 대한 議案의 결
정과정에 적극적으로 참여하였다.[28]

　만국평화회의준비위원회는 외무성이 중심 기관이 되어 일본 대표단이 출
발하기 전까지 매주 1~2회 준비위원들과 관계 부처의 주임자를 소집해서
관련 사항의 점검 및 의제에 대한 일본의 입장을 정리하는 준비회의를 진
행하였다.[29] 이러한 과정에서 1907년 4월 일본정부로부터 선정된 만국평화
회의 일본측 전권위원단의 구성은 아래와 같다.[30]

〈표 1〉 제2회 萬國平和會議 일본 全權委員團

특사단 지위	현직	이름	비고
위원	특명전권대사	츠즈키 게이로쿠(都筑馨六)	
부위원	특명전권공사	사토 아이마로(佐藤愛麿)	네덜란드 주재 일본전권공사

---

27) 「林董이 都筑馨六에게 보낸 서한」, 1906년 8월 9일(『都築馨六傳』, 212쪽 수록).

28) 『海牙萬國平和會議日本外交文書』 第2卷, #84 「第二回萬國平和會議ニ軍備制限問題
　　ヲ議題トナスコトニ關スル帝國政府ノ意向申入方訓令ノ件」, 143~144쪽·#163 「第
　　二回萬國平和會議準備委員會決議書進達ノ件」, 218~219쪽.

29) 『海牙萬國平和會議日本外交文書』 第2卷, #163 「第二回萬國平和會議準備委員會決
　　議書進達ノ件」, 218~219쪽. 이처럼 국제회의의 사전에 외무성을 중심으로 준비위
　　원회를 조직하여 대비하는 구조는 이후 일본정부의 관례로 정착되었다(山川端夫,
　　「私の足跡」, 1962, 31쪽, 『山川端夫關係文書』 Reel NO.5, 日本國立國會圖書館 憲
　　政資料室 소장자료).

30) 『(日本國)官報』, 1907년 4월 20일, 「第二回萬國平和會議參列ノ委員一行任命」 ; 『海
　　牙萬國平和會議日本外交文書』 第2卷, #172 「第二回萬國平和會議參列ノ帝國委員委
　　任狀下附奏請ノ件」, 224~226쪽.

전문위원	육군소장	아키야마 요시후루(秋山好古)	
	해군소장	시마무라 하야오(島村速雄)	
	외무성 법률고문	데니슨(H. W. Denison)	
위원의 隨員	외무성 참사관	구라치 데츠키치(倉知鐵吉)	수석 수행원
	육군성 참사관	요시무라 하치쥬상(吉村八十三)	
	해군성 참사관	야마카와 다다오(山川端夫)	
위원단의 수원	해군 중좌	모리야마 게이사브로(森山慶三郎)	
	육군 보병 소좌	다카츠카 키요(高塚彊)	
	대사관 1등 서기관	다츠케 시치타(田付七太)	프랑스 주재 일본대사관 소속
	공사관 3등 서기관	나가오카 슌이치(長岡春一)	네덜란드 주재 일본공사관 소속

위의 표에서 보이는 것과 같이 예정대로 츠즈키가 特命全權大使가 되었고, 구라치는 대표단의 수석 수행원으로 선발되었다. 당시 이들에게 내려진 훈령의 첫 조항은 "한국은 제2회 평화회의에서 그것(국가)을 대표하지 못하도록 할 것"이었다.[31]

이렇게 일본은 당시 한국의 특사 파견 움직임을 정확히 파악하고 있었고, 일본 대표단에 내린 훈령의 첫 조항이 한국의 평화회의 참가 저지였다. 그럼에도 불구하고, 통감부와 일본정부는 고종황제의 헤이그 특사 파견을 사전에 저지하려 하지 않았다. 여기에는 그것을 저지하는 것이 쉽지 않다는 현실적인 판단도 작용한 것으로 보인다. 고종과 한국정부에 대한 일본의 감시망이 엄중하다고 해도 다양한 경로로 진행되는 특사 파견을 일본이 모두 파악하여 막아낸다는 것은 실질적으로 불가능했다. 특히 헐버트의 경우와 같이 외국인을 특사로 파견하면, 현실적으로 일본이 제지할 방법이 없었다.

따라서 일본은 특사 파견의 사전 저지 보다는 누가 한국의 특사로 오더

---

31) "機密 韓國 韓國ハ第二平和會義ニ之ヲ代表「スルノ要ナキコト」(セサルコト)"(『海牙萬國平和會議日本外交文書』第2卷, #174 「第二回萬國平和會議參列委員及副委員ニ對スル訓令案請議ノ件竝ニ決裁」, 226~227쪽).

라도 회의에 참가할 수 없는 구조를 구축하는데 역량을 집중했다. 그리고 한국특사단의 활동에 대해서는 방관하면서 이를 빌미로 한국에 대한 지배권을 강화하려는 정치적 의도를 가지고 있었다.

제2절 일본 전권위원단의 대응과 보호관계의 국제적 공인

1. 일본 전권위원단의 대응

일본 전권위원단은 1907년 4월 27일 도쿄(東京)를 출발, 러시아와 독일을 거쳐 6월 2일 회의 개최지인 네덜란드의 헤이그에 도착했다.[32] 일본 전권위원단이 사무소를 개설한 직후 츠즈키와 구라치는 1주일 일정으로 런던 및 파리로 출장을 떠났다. 이 출장에 대해 츠즈키는 "회의에 관한 협의"를 위해서라고 간단하게 표현하고 있다.[33] 하지만 평화회의의 전권대표가 회의 개최지에 도착하자마자, 그들이 받은 훈령의 첫 조항인 한국의 회의 참가 불허에 대해 의장국인 러시아나 개최국인 네덜란드로부터 확답을 받지 않은 상태에서 제3국을 향했다는 점은 이 출장에 상당히 중요하고도 복합적인 목적이 있었다고 추측된다.

이와 관련하여 일본 전권위원단의 출발 전 구라치와 츠즈키의 움직임이

---

32) 『海牙萬國平和會議日本外交文書』 第2卷, #179 「第二回平和會議二參列ノ帝國委員旅程概況報告ノ件」 258쪽・#184 「第二回平和會議參列ノ帝國委員一行賜宴ノ際二於ケル獨乙皇帝ノ談話要領報告ノ件」, 260~261쪽.

33) 『海牙萬國平和會議日本外交文書』 第2卷, #184 「第二回萬國平和會議二參列帝國委員一行海牙着並二事務打合セノ爲倫敦及巴里へ出張ノ旨報告ノ件」, 260~261쪽.

주목된다. 구라치는 3월 말에서 4월 초 다급하게 한국을 방문했다.[34] 이때
는 일본의 만국평화회의준비위원회에서 평화회의에 대한 일본측의 입장이
최종적으로 정리되는 시기였고, 일본 전권위원단의 공식 임명과 출발기일
이 결정되려는 시기였다. 이러한 중요한 때에 만국평화회의준비위원이자,
전권위원단의 수석 수행원인 구라치가 한국에 왔다는 것은 상당한 의미가
있다.

   그리고 4월 22일 츠즈키는 외무대신 앞으로 다음과 같은 요청을 하였다.

　　소관 등은 이번 네덜란드 헤이그에서 개최되는 제2회 만국평화회의에
　참가를 위해 同地에 출장함에 있어서 경우에 따라 전문위원 및 수행원 약
　간 명과 협의를 위해 런던 및 파리에 출장하게 될 수도 있고 또 회의 개회
　중 사무 상의 필요가 발생할 때는 소관 혹은 일행 중에서 수시로 필요한
　각지에 출장갈 수 있도록 하는 것에 대해 이것 역시 미리 허락해 줄 것을
　요청합니다.[35]

   위 공문에서 츠즈키는 평화회의 기간 중에 언제든지 그 출장의 목적을
사전에 일본정부에 보고하지 않고도 자신의 판단에 따라 수시로 임지를 벗
어나 어디로든 출장갈 수 있는 특권을 일본정부에 요구했다. 평화회의 참가
를 목적으로 임명된 특명전권대사가 임지를 벗어나 본인의 판단에 따라 언

---

34) 당시의 다급함은 구라치와 외무성 사이에 주고받은 전보에서 충분히 알 수 있다.
   일본 전권위원단의 출발일이 4월 14일로 결정되었는지에 대한 구라치의 문의(『海
   牙萬國平和會議日本外交文書』 第2卷, #160 「第二回萬國平和會議委員出發期日問合
   セノ件」, 218쪽)에 외무성은 출발일은 아직 결정되지 않았지만, 평화회의 개최가 6
   월 15일이기 때문에 가능한 한 빨리 돌아올 것을 요구하였다(『海牙萬國平和會議日
   本外交文書』 第2卷, #161 「第二回萬國平和會議開催期日竝同會議參列本邦委員出發
   日取ニ付回答ノ件」, 218쪽).
35) 『海牙萬國平和會議日本外交文書』 第2卷, #175 「第二回平和會議參列中委員一行ニ
   於テ隨時出張ニ關シ申請ノ件」, 253쪽.

제든지 他地로 출장갈 수 있는 권리를, 그것도 임지로의 출발 5일 전에 정부에 요구한다는 것은 일반적으로 매우 이해하기 힘든 것이다. 그리고 헤이그에 도착하자마자 츠즈키와 구라치가 간단한 보고만으로 런던과 파리로 출장 간 것을 보면, 당시 일본정부는 이 이해하기 힘든 요구를 허락한 것으로 보인다.

당시 영국은 유럽에서 독일의 고립을 위해 '3국협상'을 체결하고, 동맹국인 일본이 프랑스 및 러시아와 협력할 것을 강력히 희망하고 있었다. 이토를 비롯한 일본정부의 수뇌부도 한국문제의 해결 및 프랑스에서 일본의 國債 발행을 위해 '러일협약'과 '불일협약'의 체결을 원하고 있었다. 특히 통감 이토는 '러일협약'이 일본이 주장한 "앞으로 한일관계의 발전"과 러시아가 주장한 "외몽고에서 러시아의 우월한 권리"로 난항을 겪고 있었기 때문에 상대적으로 쟁점이 적었던 '불일협약'의 조속한 체결을 희망하고 있었다. 하지만, '불일협약'도 일본대표단의 출발시점이었던 4월까지 중국의 푸젠성(福建省)에 대한 세력권 협정문제로 난항을 겪고 있었다.[36] 한편 한국이 일본에게 외교권을 박탈당했어도 독립국으로서의 지위를 잃은 것은 아니었기 때문에 한국의 평화회의 참가 불허에 대한 명백한 국제법적 근거도 없었다.

자료의 한계로 당시 구라치의 한국 방문 및 츠즈키의 수시 출장 요구의 목적이나 내용을 정확히 알 수는 없다. 하지만 '불일협약' 및 '러일협약'의 교섭 상황과 이토가 '불일협약'의 신속한 타결을 강하게 주장하고 있었다는 점을 고려하면 출발 전 구라치와 츠즈키의 움직임의 의미를 대체로 파악할 수 있다. 구라치는 한국에 와서 이토로부터 '불일협약'의 신속한 타결과 한국특사 문제에 대한 기밀 훈령을 받았을 가능성이 크고, 츠즈키는 그것의

36) 불일협약의 과정에 대해서는 鹿島守之助, 『日本外交史』 8, 鹿島平和研究所出版會, 1970 참고.

실행을 위해 위와 같은 요구를 했다고 판단된다. 그리고 이에 따라 그들의 런던과 파리 출장은 당면한 '불일협약'의 조속한 체결과 만국평화회의에 한국의 참가저지를 위해 동맹국인 영국, 그리고 '불일협약' 체결을 통해 프랑스의 협력을 구하기 위한 출장이었다고 생각된다. 이들의 출장 직후인 6월 10일 '불일협약'이 체결되었다는 사실은 이러한 추측을 뒷받침해 준다.[37]

츠즈키와 구라치가 헤이그로 돌아온 뒤 일본대표단은 러시아와 네덜란드를 상대로 한국의 평화회의 참가 저지를 위한 외교적 노력을 전개하였다. 그 결과 회의 개회 전날인 14일 러시아로부터 "한국은 결코 제2회 평화회의에 초청되지 않았음"을 확인받았다.[38] 일본 전권위원단은 의장국인 러시아로부터 자신들이 원하는 확답을 받았음에도 한국특사와 관련된 소식에 계속해서 주의를 기울이고 있었는데, 평화회의 개회일인 15일까지도 특별한 소식은 없었다.

한국특사단이 헤이그에 도착한 것은 평화회의 개회로부터 10일이나 지난 25일 경이었다.[39] 도착 직후인 27일에는 한국특사단의 명의로 '을사조약'의 불법성과 일본의 침략성을 고발하는 「控告詞」를 일본과 그 동맹국 영국을 제외한 각국 전권위원단에 발송하였다.[40]

---

37) 『日本外交文書』 40-1卷, #88 「日佛協約調印濟報告ノ件」, 84쪽.

38) 『海牙萬國平和會議日本外交文書』 第2卷, #197 「國際紛爭平和的處理條約第六十條 議定書調印濟ノ件」, 269~270쪽.

39) 윤병석, 앞의 글(2007), 31쪽, 각주 48)번 참고.

40) "I hear that since yesterday or day before yesterday three Coreans are here who are endeavouring to be received as Delegates to the Conference. My informant says that they have called on Nelidof this morning who is said to have answered, without however seeing them, that he can not receive anybody as a Delegate who is not recommended as such by the Netherland Government, as it is the letter which had invited different countries hither. These Coreans are said to have sent to all first Delegates, except probably English,(이 사이에 의미불명의 한 단어 있음) printed protestation against our regime in Corea. I shall ascertain the fact as soon as I can."(『日本外交文書』 40-1卷, #439 「海牙ニ到着ノ韓人三名平和會義ヘ代表トシテ出席方運

일본 전권위원단이 이와 같은 한국특사단의 소식을 알게 된 것은 『大阪每日新聞』의 특파원 다카이시 신고로(高石眞五郎)의 제보에 의해서였다. 다카이시는 당시 일본 언론사 전체를 통틀어 제2회 만국평화회의의 취재를 위해 헤이그에 파견된 유일한 기자였다.[41]

한국특사단이 발송한 「공고사」가 각국 전권위원단에 도착한 이후로 파악되는 28일 경,[42] 다카이시는 영국과 미국의 전권위원단을 취재 중에 『뉴욕헤럴드(New York Herald)』의 기자로부터 "한국인이 오지 않았나"라는 질문을 받았다. 놀란 그는 "(그들이) 어디에 있는가. 이름은 무엇인가" 등을 되물었지만, 구체적인 내용은 들을 수 없었다. 하지만 이전에 일본 전권위원단의 전문위원 시마무라 하야오(島村速雄)로부터 "현재 한국에서도 (밀사가) 오고 있을지 모른다"는 이야기를 들은 기억이 떠올라 곧바로 그는 일본 전권위원단의 구라치를 찾아가 문의하니, 자신이 『뉴욕헤럴드』의 기자에게 그 이야기를 들었을 때와 마찬가지로 매우 놀란 표정으로 반응했다고 한다. 이에 그는 당시의 헤이그 시내가 인구 15만의 작은 도시였기 때문에 헤이그 시내의 호텔들을 탐문하여 불과 30여 분 만에 한국특사단의 숙소를 찾았다고 한다.[43]

한국특사단의 헤이그 도착과 활동은 일본 전권위원단에 의해 29일 긴급하게 일본정부 및 통감부로 타전되었다.[44] 7월 3일부터는 『大阪每日新聞』

動ノ件」, 428~429쪽).

41) 이에 대해서는 『大阪每日新聞』 1907년 7월분 기사 참고.

42) 다카이시는 자신이 한국특사단에 대한 소식을 알게 된 것을 6월말 경으로 회고하고 있는데(『大阪每日新聞』, 1930년 10월 18일, 「李王密使事件－私の演じた重大な役割 <上>」), 한국특사단이 「공고사」를 발송한 것이 27일이고, 일본 전권위원단이 본국에 한국특사단의 도착 소식을 29일 타전한 것을 보면, 다카이시가 한국특사단에 대한 소식을 알게 된 것은 28일 경으로 추측된다.

43) 『大阪每日新聞』, 1930년 10월 18일, 「李王密使事件－私の演じた重大な役割 <上>」.

44) 『日本外交文書』 40-1卷, #439 「海牙ニ到着ノ韓人三名平和會義ヘ代表トシテ出席方運動ノ件」, 428~429쪽.

의 보도에 의해 일본 사회 일반에도 알려지기 시작했다.[45] 당시 일본정부
와 통감부에 전해진 한국특사단에 관한 내용은 그들이 헤이그에 도착했고
3명으로 구성되었으며 영국과 일본을 제외한 각국 전권위원단에「공고사」
를 발송했다는 정도였고, 아직 특사단의 정확한 신원 파악도 되지 않은 상
태였다.

이토는 7월 2일 한국특사단의 헤이그 도착 소식을 외무성을 경유하여 접
하자, 한국인 특사 3명의 이름 및 헐버트와의 관계, 특사의 활동이 한국황
제의 勅命에 의한 것인지를 헤이그의 일본대표단을 통해 파악할 것을 주문
하였다. 그리고 만약 한국특사의 활동이 칙명에 의한 것이라면 이참에 한국
에 대한 국면을 일변시키는 행동을 취할 좋은 시기가 되기 때문에 稅權, 兵
權 또는 裁判權을 일본이 장악할 수 있는 기회라고 외무성에 자신의 의견
을 전하였다.[46]

이와 같은 이토의 요청을 전달받기 이전에 츠즈키와 구라치를 비롯한 헤
이그의 일본전권위원단은 이미 한국특사들의 신원 파악 및「공고사」의 내
용과 함께 그들의 헤이그까지의 이동경로, 소재지 등을 파악하여 6월 30일
본국으로 타전하는[47] 한편 한국특사단의 활동에 대해 일거수일투족을 감시

---

45) 7월 3일의 첫 보도에서는 한국특사단의 신원에 대해 이상설(이상설은 한자 표기 없
이 발음대로 표기), 尹鎭佑, 閔泳敦으로 보도하였으나(『大阪每日新聞』, 1907년 7월
3일, 「海牙來電－韓人の運動」・「亡國の陳情」), 다음날인 4일자 보도부터는 전 의정
부 참찬 李相卨, 전 평리원 검사 李俊(李儁의 오기), 전 주러한국공사관 서기관 李
瑋鍾으로 보도하였다(『大阪每日新聞』, 7월 4일, 「海牙來電－韓人運動續報」).
46) 『日本外交文書』40-1卷, #443「海牙ニ於ケル韓帝密使ノ姓名資格等問合並對韓措置
ニ關スル件」, 430~431쪽.
47) "「ウヰリヤム、ステワド」ガ當地ニテ發行ノ「クウリエイ・ド・ラ・コンフェランス」ハ
本日ノ紙上ニテ韓國前副總理大臣外二名ガ二十七日附ニテ平和會談委員ニ送附セリ
ト稱スル書面ヲ揭載セリ該書面ニハ先ツ右韓人ガ平和會談委員トシテ韓國皇帝ヨリ
派遣サレタルモノナルコトヲ記シ續テ日本ガ韓國皇帝ノ意ニ反シ兵力ヲ用ヒ且ツ韓
國ノ法規慣例ヲ蹂躪シ韓國ノ外交權ヲ奪取セルコト其結果同人等ガ韓皇帝派遣ノ委
員タルニ拘ハラス平和會義ニ參與スル能ハサルヲ遺憾トスルコト本書面ニハ日本ノ

하면서 그들의 활동에 대응하고 있었다.[48]

한국특사단에 대한 일본 전권위원단의 대응은 2가지 경로로 진행되었다. 첫 번째 경로는 외교관계를 활용하여 평화회의에 한국특사단의 참가를 구조적으로 저지하는 것이었다. 두 번째 경로는 다카이시 기자를 통해 한국특사단과 접촉하여 그 활동을 감시하고, 그들의 생각과 이후의 활동방향 파악이었다. 일본대표단은 우선 네덜란드 정부와 러시아대표단 및 각국의 주요 대표단을 만나 한국특사의 의견을 수용하지 않도록 선결조치를 취했다. 그리고 한국특사들이 접촉한 인물들을 통해 한국특사들과 헐버트와의 관계, 또 이들이 고종황제의 직접 지시로 파견되었는가, 그렇다면 고종황제의 信任狀을 소지하고 있는가에 대해 상세한 조사활동을 하였다.[49] 이 과정에서 일본 전권위원단은 한국특사단과 전혀 직접적으로 접촉하지 않았다. 그것은 다카이시의 역할이었다.

다카이시는 한국특사단의 존재를 탐지한 이래 거의 매일 특사단의 숙소인 드 종(De Jong) 호텔을 방문하여 특사단과 대면하면서 활동을 파악하여 보고하였다. 이에 구라치는 다카이시에게 특별히 2가지 임무를 요청했다. 그것은 한국특사단이 소지한 신임장을 확인하고 가능하다면 그 실물을 사진으로 찍어올 것과 한국특사단이 스스로 일본 전권위원단에 회견을 요청하도록 설득하라는 것이었다. 하지만 이 2가지 임무는 한국특사단의 단호한

非行ノ概略ヲ記 シタル文書ヲ添附セルコト各國委員ニシテ尚ホ詳細ノ事項ヲ知ランコトヲ欲シ又ハ韓皇帝ノ附與サレタル全權ヲ確メント欲セラレバ其要ニ應ズヘキコト等ヲ陳ベ同人等ヲシテ平和會義ニ參與シ日本ノ行爲ヲ暴露スルヲ得セシムル爲メ助力ヲ與ベンコトヲ求メタリ右三名ハ前副總理 Yi Sang Sul 前高等法院豫審判事 Yi Tjoune 及前在露公使館書記官 Yi Oui Tjyong ナリト謂フ又該書面ニ添附セル趣ノ文書ハ未タ之ヲ入手スルヲ得ス"(헐버트박사 기념사업회 편역, 『헤이그 만국평화회의 관련 일본정부 기밀문서 자료집』, 선인, 2007, 「電受2651號」, 35쪽·「電受2648號」, 37쪽).
48) 『日本外交文書』 40-1卷, #442 「韓帝密使海牙ニ於ケル行動內偵ノ件」, 430쪽.
49) 『日本外交文書』 40-1卷, #446 「海牙到着ノ韓人ト'ハルバート'及韓帝トノ關係ニ付 報告ノ件」, 432쪽.

거절로 목적 달성에 모두 실패했다.[50]

이에 따라 일본 전권위원단은 한국정부에 책임을 물을 증거인 신임장의 진위도 확인하지 못했고, 특사단을 회유할 수도 없었다. 그렇다고 해서 이 것이 일본 전권위원단이 전개한 한국특사단의 평화회의 참가 저지 공작에 지장을 초래하지는 않았다. 이에 대해 츠즈키는 7월 3일 "그들(한국특사단) 은 우리들을 가능한 한 피하고 있다. 그 때문에 현재로서는 직접 면담을 통 하여 그들로부터 무엇인가를 얻어내는 것은 불가능하다. 하지만 우리는 가 능한 선결조치를 다하고 있으며, 네덜란드 정부나 여러 대표단들은 그들의 말을 듣지 않을 것이다. 따라서 모든 일이 여기에서 심각한 결과를 초래하 지는 않을 것"이라고 외무성과 이토에게 보고하였다.[51]

일본 전권위원단은 다카이시가 매일같이 보고한 한국특사단의 구체적인 동정을 통해 이후 그들의 활동 방향을 예측할 수 있었고, 이를 토대로 선제 적으로 대응하여 한국특사단의 평화회의 참가 노력을 효과적으로 방해할 수 있었다.

만국평화회의에 한국의 대표로 참석하여 한국이 주권을 가진 독립국임을 확인받으려 했던 특사들의 노력은 일본의 방해로 실패하였다. 그 후 한국특 사단이 차선책으로 언론을 통해 '을사조약'의 불법성을 호소하는 것으로 방 향을 전환하자, 일본 전권위원단의 방해 공작 대상은 한국특사들에게 관심 을 보인 언론으로 확대되었다.

50) 『大阪每日新聞』, 7월 6일, 「海牙來電－韓人の信任狀」·8일, 「海牙來電－倉知氏と韓人」· 1930년 10월 21일, 「李王密使事件－私の演じた重大な役割 (下)」. 다카이시는 1930 년의 회고기사에서는 이 임무를 都築馨六으로부터 직접 요청받았다고 했으나, 이는 한국특사단에 대한 대응에서 자신의 역할을 부각시키려는 것으로 보인다. 당시의 기사에서는 倉知鐵吉이 요청한 것으로 기록하고 있기 때문이다. 이 글에서는 1907 년 당시의 보도 내용에 따랐다.
51) 『日本外交文書』 40-1卷, #446 「海牙到着ノ韓人ト'ハルバート'及韓帝トノ關係ニ付 報告ノ件」, 432쪽.

당시 한국특사들에게 가장 큰 관심을 보였던 언론은 친러 성향의 영국 언론인 윌리엄 스테드(William Stead)가 헤이그에서 발행하고 있던 『쿠리에 드 라 콩페랑스(Courrier de la Conference)』였다. 스테드의 도움으로 한국 특사들은 신문지면에 '을사조약'의 불법성을 호소하고, 대중집회에서 연설 하기도 했다. 이에 일본 전권위원단은 스테드를 비롯한 각국의 언론에 다양 한 회유와 압력을 가하였다. 특히 츠즈키는 스테드에 대해 7일 "그의 친러 시아 성향이 반일로까지 가지 못하도록 사전조치를 취했다"라고 외무성으 로 전문을 보냈는데,[52] 그 사전조치의 내용이 무엇인지는 밝히지 않아서 구체적인 내용은 알 수 없다.

당시 스테드는 제1회 만국평화회의 때와 마찬가지로 아들과 함께 헤이그 에서 활동하고 있었다. 그의 아들 알프레드 스테드(Alfred Stead)는 친러적 인 아버지와 달리 매우 친일적이며 영일동맹을 높게 평가하는 인물이었 다.[53] 그리고 이때는 제1차 '러일협약' 타결의 막바지였다. 이러한 점들을 고려하면 그 사전조치는 스테드에 대해 영국과 러시아 정부를 통한 압력과 알프레드 스테드를 통한 설득이 아니었을까 추측된다.

사전조치의 결과 스테드는 결국 츠즈키에게 한국특사들에게 동정심 말고 는 다른 어떤 의도도 없음을 표명하였고, 한국특사들에 관련된 정보를 일본

---

52) "Coreans will not show to anybody but to Stead pretended credentials so that I am unable to get copy. Printed copy of anti−Japanese document mentioned in last part of my telegram 32 will be sent by post. It is highly coloured attack against us. One of the Coreans is going to give semi−public lecture July 8, in which Stead presides. Stead at present has no glimmering design than he feels sympathy with a weak and delicate young man who gives himself out as a prince (ex−Secretary of Legation at St. Petersburg) and I have taken precautions that his pro−Russian proclivity shall not carry him so far to make him anti−Japanese. Complaint and philippics of Coreans are not making much impression here as there are Georgians, Poles, and others who are trying the same sort of experiments."(『日本外交文書』40-1卷, #452「海牙ニ於ケ ル韓帝密使ノ行動ニ關スル件」, 434쪽).
53) 『大阪每日新聞』, 1907년 7월 6일, 「韓帝の使者と平和協會」.

전권위원단에 넘겨주었다. 그리고 9일의 대중집회에서 그는 "한국인들에게
동정하지만, 고양이의 턱 아래 있는 쥐를 단념해야 한다. 더 이상 고양이를
분노하게 하지 말아야 한다"는 연설을 하여 한국특사들이 목표로 했던 「反
日決議案」의 채택을 무산시켰다.[54]

　이처럼 한국의 평화회의 참가저지를 위한 일본의 방해공작은 매우 조직적
이고 치밀한 것이었다. 당시 일본 전권위원단의 상황에 대해 『都筑馨六傳』
에서는 "회의에 대한 절충은 말할 것도 없고, 각국의 신문기자들에게까지도
일일이 응접하고, 또 연일 초청파티에 참석하여 거의 잠잘 시간조차 없었다
고 하였다. 따라서 수행원들도 각종의 조사활동에 혹사되었기 때문에" 수행
원 중 2명의 書記生이 사망할 정도였다고 기록하고 있다.[55] 이를 통해서도
당시 일본의 방해공작이 어느 정도였는지 그 대강을 짐작할 수 있다.

　그런데 일본대표단의 방해공작에서 특히 주목되는 것은 이들이 한국특사
의 평화회의 참석에 대해 매우 치열한 방해공작을 했음에도 한국특사단의
활동 자체를 직접적으로 저지하려 하지 않았다는 점이다. 당시 한국의 특사
단은 가장 중요한 목표였던 평화회의의 참가는 불허되었지만, 그 이외의 정

---

54) 『헤이그 만국평화회의 관련 일본정부 기밀문서 자료집』, 「電受2808號」, 105쪽. "in
today's *Courier de la Conference* there is speech which Stead made in introducing
so called Prince Ye to the Assembly last night. Essence of speech is that though he
feels sympathy for the Coreans he must renounce. Mouse being actually in the jaw
of a cat they must not further enrage cat that either Conference or Arbitration court
courts nothing for them ; that the Dutch Government quite right in refusing them ;
that he and others assembled to do nothing but protest ; that he shall be happy if
that protestation did not accelerate final annexation of Corea and that responsibility
lies solely on the Prince if he ran risk of resolution of the other assembly has not
been published so that I believe I had fairly a succeeded in preventing Stead
becoming anti-Japanese. Speech of Ye delivered in French was nothing more than
memorialized delivery of printed document he had addressed to different delegates(「電
受2814號」, 108쪽).
55) 『都築馨六傳』, 210쪽.

치활동은 공개적이고 자유롭게 전개할 수 있었다. 이들은 숙소인 드종호텔에 태극기를 내걸어 자신들이 한국의 대표임을 과시했으며, 다양한 언론과 인물들을 만나 한국의 입장을 전달하고, '을사조약'을 비롯한 일본의 한국에 대한 불법적 침탈에 대해 호소하였다.[56]

이러한 한국특사단의 활동에 대해 7일 츠즈키는 외무성에 다음과 같은 전문을 보냈다.

> 1905년 11월 17일 체결한 조약(을사조약)의 제1조에 의거하여 본인은 한국인들을 당장 이곳으로 소환하여 그 활동의 근거를 제시할 것을 요구하는 것이 타당하다고 생각합니다. (그렇게 하면) 그들은 공사관으로 오는 것이나, 신임장을 제시하는 것을 거절할 것입니다. 하지만 어떠한 경우라도 본인은 한국인들이 그 어떠한 유효한 신임장을 소지하는 것이 불가능하다는 사실에 대해 네덜란드 정부의 주의를 환기시키지 않을 것이며, 만약 그것이 가능하다 하더라도 한국인들의 선동을 중지시켜 달라고 요청하지 않을 것입니다.[57]

그동안 일본대표단은 개최국 네덜란드와 의장국 러시아를 비롯한 각국 정부를 상대로 한국의 회의참가 저지를 위한 활동을 해왔다. 하지만 위 전문에서 츠즈키는 막상 한국특사단과 직접 만나지도 않을 것이며, 헤이그에서 그들의 활동에 대해 직접적인 방해도 하지 않겠다는 의견을 피력하고 있는 것이다. 이에 대해 외무대신 하야시는 츠즈키의 의견과 마찬가지로 조만간 적당한 조치를 취할 것이므로 훈령 이외에 아무런 조치도 취하지 말라고 답변하였다.[58]

---

56) 『大阪每日新聞』, 「海牙來電」, 1907년 7월분 기사 참고.
57) 『日本外交文書』 40-1卷, #451 「在海牙韓國人ノ韓帝信任狀取調ニ付請訓ノ件」, 433~434쪽.
58) 『日本外交文書』 40-1卷, #457 「在海牙韓帝密使ニ對スル處置差控方訓令ノ件」, 438쪽.

2. 일본의 한국 보호관계의 국제적 공인 및 강화

일본은 이미 헤이그에 한국특사단이 파견될 것이라는 사실을 탐지하고 있었지만, 이를 저지하려는 행동을 하지 않았다. 헤이그 현지에서도 한국특사단의 활동 자체를 직접적으로 저지하려 하지 않았다. 여기에는 2가지 정치적 의도가 담겨있었다.

첫째 한국대표가 회의 참가를 허가받지 못할 경우 그 자체로 한국에 대한 일본의 권리를 국제사회에서 공식적으로 공인받는 계기가 될 것이었다. 일본은 '포츠머스조약'에 근거하여 한국의 외교권을 박탈했다. 하지만 이 조약에서 규정한 일본의 한국에 대한 '보호, 지도 및 감독'의 범위가 불분명했기 때문에, 애초에 한국의 외교권 박탈의 근거로 이용되기에는 불충분했다. 그리고 '을사조약' 자체가 체결 당시부터 不法性의 문제가 제기되었기 때문에 일본으로서는 한국이 일본의 보호국이라는 것을 국제사회로부터 확실하게 공인받을 필요가 있었다. 한국의 평화회의 참가 문제는 이러한 일본의 고민을 열강과의 특별한 협의과정 없이 해결할 수 있는 기회였다.

헤이그 평화회의의 성격은 본질적으로 국제법 제정회의였다. 국가 간의 전쟁을 통제함으로써 세계 평화를 달성할 수 있는 법을 제정하자는 것이 그 취지였다. 그 결과 이 회의에 참가한 국가만이 국제법상 主權國家로 인정받는 의미를 내포하게 되었다. 이 회의에 초청받지 못하거나 참가하지 못한 국가는 더 이상 주권국가가 아니며, 식민지 내지는 그에 준하는 상태임을 뜻했다.[59]

따라서 한국의 평화회의 참가 불허는 그 자체로 열강이 한국은 일본의 보호국임을 공인한 조치가 되는 것이었다. 그리고 일본은 이것을 빌미로 한국정부를 압박하여 일본의 한국지배를 한층 강화할 수 있는 기회로 삼을

---

59) 최정수, 앞의 글(2008), 426~427쪽.

수 있기 때문이었다.

헤이그에서 한국특사단의 활동으로 일본이 한국의 외교만이 아니라, 내정까지 직접적으로 간섭하고 있다는 사실이 폭로되었지만, 회의에 참여했던 열강의 특별한 문제제기는 없었다. 이것은 일본의 한국정책에 대한 열강의 암묵적 동의를 의미했다. 또한 이 시기, 즉 1907년 7월 초반은 영국·프랑스·러시아의 3국협상에 대한 보완책으로서의 '불일협약'이 이미 6월에 체결되었다. 그리고 무엇보다 한국문제에서 가장 첨예하게 대립했던 러시아와 일본 간의 '제1차 러일협약' 체결이 확실시되고 있었다. 따라서 이 시기는 한국에 대한 일본의 지배권을 강화할 수 있는 절호의 기회였고, 이 기회를 가장 적극적으로 활용하려 한 것은 한국통감 이토였다.

한국특사단의 헤이그 도착 소식을 접했을 때, 이토는 당황하거나 한국특사단의 활동 결과를 우려하기보다는 "한국에 대한 국면을 일변시킬 수 있는 좋은 시기가 되기 때문에 세권, 병권, 또는 재판권을 일본이 장악할 수 있는 기회"라고 즉각적으로 자신의 의견을 피력했다. 그리고 헤이그에서 한국특사단의 신원이 확인되자, 이토는 그것을 빌미로 한국에 대한 일본의 지배권을 강화하는 구체적인 작업에 착수했다.

우선 이토는 7월 6일 한국 총리대신 이완용을 불러 "밀사사건의 책임은 고종황제 자신이 져야 할 것이다. 그 행위는 일본에게 공공연한 적의를 나타내 협약을 위반한 것이므로 일본은 한국에 대하여 宣戰의 권리가 있다"라고 하여 고종황제에 대한 책임 추궁과 한국에 대해 전쟁도 불사하겠다는 협박을 하고, 이를 그대로 고종황제에게 상주케 하였다.[60] 그리고 한국에 대한 처리방안을 일본정부에 아래와 같이 청훈하였다.

---

60) 『日本外交文書』 40-1卷, #473 「密使海牙派遣ニ關シ韓帝ヘ嚴重警告並對韓政策ニ關スル廟議決定方稟請ノ件」, 454쪽.

특별기밀 제57호

西園寺 총리대신에게

(상략) 우리 정부에서 취할 수단, 방법(예를 들어 현재에서 일보 나아가 조약을 체결하여 우리에게 內政의 어떠한 권리를 양여시키는 것과 같은)은 정부에서 의견을 모아 훈시해 주시기 바랍니다. 讓位와 같은 것은 본관이 깊이 주의하여 한국인이 輕擧妄動으로 일을 그르쳐 그 책임이 일본에게 돌아오게 할 수 있는 것은 애초부터 허용치 않을 것입니다. 그러나 본관의 생각으로는 이대로 지나치면 도저히 황제의 음모와 계략을 중지시킬 수 없다고 믿습니다. 이 문제는 중대하기 때문에 元老, 각 대신들이 숙의를 거쳐 우리 폐하께도 아뢰어 주시기 바랍니다.[61]

위 공문에서 이토는 직접적으로 '양위'를 언급하면서 그 결정은 내각과 추밀원의 논의를 거쳐 일본 천황의 승인을 요구하고 있다. 즉 고종황제의 양위에 대해서는 일본정부 전체의 통일된 결정을 요구하고 있는 것이다. 그런데 이와 같은 모습은 통감부의 설치 이래 이토의 한국정책 실행 과정에서 매우 보기 드문 모습이다. 이토는 당시 일본정부 내에서 최고 국가원로이자, 한국문제에 대한 최고 권위자였다. 그의 통감 재임 중에는 일본의 한국정책은 모두 그에게 일임되어 있었고, 일본정부는 전혀 그것에 간섭하지 않았기 때문이다.[62] 그만큼 고종황제의 양위는 중대한 사안이었다.

그런데 위 공문의 문맥을 살펴보면 애초에 양위는 우선적인 고려사항이 아니었던 것 같다. 이토는 양위 문제에 대해 '깊이 주의하여', '그 책임이 일본에게 돌아오게 하지 않겠다'고 자신감을 보이고 있지만, 이는 반대로 '일본에게 책임이 돌아오는 것'을 걱정해야 할 만큼 부담스러운 사안임을 의미하기 때문이다. 따라서 위에 인용된 부분의 앞부분과 '이대로 지나치면

61) 『日本外交文書』 40-1卷, #473 「密使海牙派遣ニ關シ韓帝ヘ嚴重警告並對韓政策ニ關スル廟議決定方稟請ノ件」, 454~455쪽.
62) 倉知鐵吉, 「韓國倂合ノ經緯」, 1쪽.

도저히 황제의 음모와 계략을 중지시킬 수 없다'는 문맥을 연결해 보면, 이 시기 이토가 한국에 대한 처리방안으로 가장 우선적으로 고려한 것은 한국의 내정에 대한 어떠한 권리의 박탈이었다. 즉 앞서 이토가 피력한 세권, 병권 또는 재판권과 고종황제의 행동을 제약할 수 있는 장치의 마련이었다고 생각된다.

이에 대한 일본 정부의 결정사항도 고종의 양위가 아니라, 한국 내정의 권리 박탈이 초점이었다. 이토의 요구에 따라 추밀원과 내각에서 한국에 대한 처리방침을 논의한 결과는 아래와 같다.[63]

〈표 2〉 한국에 대한 처리방침 贊否狀況

순번	요구내용	山縣	寺內	多數
1	한국황제, 일본황제에게 양위	지금은 否	지금은 否	否
2	한국황제, 황태자에 양위	지금은 否	지금 實行	否
3	關白 설치(統監)	可	可	可
4	각 성에 대신 또는 次官을 보낼 것	可	可	可
5	顧問을 폐지함	可	可	可
6	통감부는 幕僚에 한정하고, 나머지는 한국정부에 合倂	可	可	可
7	실행은 통감에게 일임함	可	可	可
8	外務省에서 고관을 파견하여 통감과 협의(外相)	可	可	可
9	勅諚說	否	否	否
10	協約說	可	可	可
11	협약에 국왕이 동의하지 않을 때는 합병 결심(즉 1을 실행함)	可	可	可

위의 표에서 보이는 바와 같이 당시 일본 정부의 논의과정에서 양위에 찬성한 사람은 데라우치 마사타케(寺內正毅)가 유일했고, 야마가타를 비롯한 원로와 내각 전체는 양위에 반대였다. 그에 따른 결정사항은 "제국 정부는 현

63) 『日本外交文書』 40-1卷, #474 「韓帝ノ密使派遣ニ關聯シ廟議決定ノ對韓處理方針通報ノ件」, 456쪽.

재의 기회를 놓치지 않고, 한국 내정에 관한 全權을 장악할 것을 희망하며, 그 실행에 대해서는 실지의 정황을 참작할 필요가 있음에 따라 이를 통감에게 일임한다"는 것이었다. 그리고 그 자세한 사항은 극비이기 때문에 하야시 외무대신이 직접 한국에 가서 설명한다고 하였다. 이것은 일본 천황의 재가를 받아 12일 이토에게 타전되었는데, 구체적인 결정사항은 아래와 같다.

處理要綱案
제1안 한국 황제로부터 그 大權에 속하는 내치, 정무의 실행을 통감에게 위임시킬 것.
제2안 한국정부로 하여금 내정에 관한 주요 사항은 모두 통감의 동의를 얻어 이를 시행하며, 또한 施政 개선에 대해 통감의 지도를 받을 것임을 약속하게 할 것.
제3안 軍部大臣, 度支大臣은 일본인으로 이를 임명할 것.

第二要綱案
한국 황제로 하여금 皇太子에게 양위하도록 할 것.
장래의 화근을 끊기 위해서는 이 수단으로 나가는 것도 부득이한 것이다. 다만 본 건의 실행은 한국정부로 하여금 실행하게 하는 것이 좋다고 할 것이다. 국왕 및 정부는 통감의 副署 없이 정무를 실행할 수 없다(통감은 副王, 혹은 攝政의 권한을 가질 것).
각 행정부의 주요부서는 일본정부에서 파견한 관료로 大臣 혹은 次官이 되도록 할 것.64)

위의 2가지 요강안은 한국의 상황을 참작하여 둘 중 하나를 선택하라는 의미가 아니었다. 『일본외교문서』에는 「제2요강안」에 대해 「처리요강안」과 함께 결정된 제2의 요강안이라고 짧은 주기가 붙어 있지만, 이것은 양위

64) 『日本外交文書』 40-1卷, #474 「韓帝ノ密使派遣ニ關聯シ廟議決定ノ對韓處理方針通報ノ件」, 455~456쪽.

에 홀로 찬성한 데라우치의 의견을 반영한 참고사항이라고 생각한다. 「처리요강안」은 「제2요강안」과 비교하여 선택하는 「제1요강안」이 아니라, 말 그대로 실행을 전제로 한 「처리요강안」이다. 선택은 오히려 「처리요강안」안에서 가능한 한 제1안으로 선택하고, 그것이 어렵다면 최소한 제3안으로 결정해서 실행한다는 것으로 이해해야 할 것이다. 따라서 이때까지 고종황제의 양위는 일본정부의 실행사안이 아니었다.

그런데 이 이후 상황이 급변했다. 『大阪每日新聞』에 의해 헤이그 특사사건이 보도된 이래 한국 특사들의 활동 내용이 계속적으로 일본사회에 알려지면서 한국에 대한 일본사회의 여론은 급격하게 악화되어 갔다. 당시 일본사회의 여론은 한국의 특사 파견에 대해 '일본의 정성스런 호의를 무시한 배신행위이자, 열강의 면전에서 일본을 능욕한 사건'으로 규정하고 고종황제의 사죄와 폐위를 요구하였다.[65] 그리고 이러한 한국에 대한 비난여론은 사전에 특사 사건을 예방하지 못한 통감부와 일본정부에 대한 비난 여론으로 급속하게 전환됨과 동시에 이번 기회에 한국에 대해 단호한 조치를 요구하고 있었다.[66]

불과 2년 전 '러일강화조약(포츠머스조약, 1905)'의 내용에 대한 일본사회의 반발로 히비야(日比谷)폭동사건을[67] 경험한 일본정부로서는 극심한 정부비난 여론을 무마시킬 한국에 대한 강력한 조치가 필요했다. 하지만 그러기에는 열강의 반응이 우려되었는데, 의외로 이 문제는 쉽게 해결되었다.

하야시 외무대신이 한국으로 출발한 직후 일본 주재 영국·프랑스·미국 대사들은 일본 외무성을 방문하여 한국에 대한 일본의 대응을 문의하였다.

---

65) 『大阪每日新聞』, 1907년 7월 5일, 「平和會義密使事件」·9일, 「對韓處置斷行の機」·11일, 「韓帝の責任問題」·13일, 「韓帝の頑冥」.

66) 『大阪每日新聞』, 1907년 7월 12일, 「韓帝室と伊藤統監」·14일, 「大勇斷と大決心」·17일, 「韓國處分案－領土保全の形を變更せよ」.

67) 이에 대해서는 外務省 外交史料館 日本外交史辭典編纂委員會 편, 『日本外交史辭典』, 「日比谷燒打ち事件」, 863~864쪽 참고.

이에 친다 스테미(珍田捨己) 외무차관은 이들의 반응을 우려하여 하야시 외무대신과 이토 통감이 협의하여 결정할 것이라는 의례적인 대답을 했다. 그런데 오히려 이 자리에서 3개국의 대사들은 모두 "일본이 어떠한 처분을 취하더라도 그것은 어쩔 수 없는 것"이라는 입장을 표명하였다.[68] 이에 일본정부는 열강의 반응에 대해서는 안심하고, 즉시 하야시 외무대신에게 "통감과 협의한 뒤에 가급적 甲案(「처리요강안」)으로 결정하도록 했으나, 국내 여론이 의뢰로 강경한 방향으로 나가고 있으니 유념하여 처리하라"고 긴급하게 훈령하였다.[69]

요컨대 「제2요강안」으로 실행하라는 훈령이었다. 이에 이토는 고종황제의 특사 파견과 이들의 반일행동을 빌미로 19일 고종황제를 강제 퇴위시키고, 24일에는 한국의 내정권을 박탈한 '제3차 한일협약(丁未條約)'을 체결하였다.[70]

두 번째 정치적 의도는 일본은 결코 열강으로부터 인정받은 한국에 대한

---

68) "在本邦英佛米大使夫レ々々本官ヲ訪ヒ閣下ノ御渡韓ヨリ韓國問題ニ談及シ我意向ヲ探ラント試ミタルガ (중략) 其先後ノ處分ハ實地ノ情況ニモ依ルコト故閣下ニ於テ伊藤統監ト御協議ノ上定メラルベキ旨ヲ答ヘタルニ三大使共帝國ニ於テ何等處分ヲ取ルハ已ムヲ得ザルノコトナルベシト云ヒ"(『日本外交文書』40-1卷, #482「林外相渡韓ニ付在本邦英佛米大使來訪ニ關スル件」, 459쪽).

69) 『헤이그 만국평화회의 관련 일본정부 기밀문서 자료집』, 「電送1967號」, 187쪽.

70) 韓日協約, 日本國政府及韓國政府는 速히 韓國의 富强을 圖ᄒ고 韓國民의 幸福을 增進ᄒ고져 ᄒᄂ 目的으로 左開條款을 約定ᄒ. 第一條, 韓國政府는 施政改善에 關ᄒ야 統監의 指導를 受ᄒ 事. 第二條, 韓國政府의 法令의 制定及重要ᄒ 行政上의 處分은 豫히 統監의 承認을 經ᄒ 事. 第三條, 韓國의 司法事務는 普通行政事務와 此를 區別ᄒ 事. 第四條, 韓國高等官吏의 任免은 統監의 同意로ᄡ 此를 行ᄒ 事. 第五條, 韓國政府는 統監의 推薦ᄒ 日本人을 韓國官吏에 任命ᄒ 事. 第六條, 韓國政府는 統監의 同意업시 外國人을 傭聘아니ᄒ 事. 第七條, 明治三十七年八月二十二日調印ᄒ 日韓協約第一項을 廢止ᄒ 事. 右爲證據ᄒ으로 下名은 各本國政府에서 相當ᄒ 委任을 受ᄒ야 本協約에 記名調印ᄒ이라. 光武十一年七月二十四日 內閣總理大臣勳二等李完用. 明治四十年七月二十四日 統監侯爵 伊藤博文(『純宗實錄』卷1, 순종 즉위년 7월 24일, 「韓日協約成」).

"보호, 지도 및 감독"의 권한을 넘어선 행동을 하고 있지 않으며, 한국에 대
해 서구 열강과 비슷한 수준으로 문명적인 지도를 할 수 있을 정도로 일본
이 성장했다는 점을 내보이는 것이었다고 생각한다.

　한국특사단은 헤이그에서 '을사조약'은 일본의 강압에 의해 체결된 불법
조약이며, 이로 인해 한국은 독립국으로서의 자유를 박탈당했음을 호소하
고 있었다. 그러나 일본 전권위원단은 이러한 한국특사단의 활동을 제지하
지 않았다. 이를 통해 당시 한국에 동정적이었던 세계여론에 대해 일본이
한국특사단의 반일활동도 허용할 정도로 한국은 충분히 자유롭다는 점, 일
본은 다른 열강과 마찬가지로 문명적인 방법에 의해 한국을 지도하고 있다
는 점을 드러내려고 하였다.

　이 때문에 일본은 유럽과 미국 등 열강의 언론들의 한국특사단과 일본에
대한 보도 내용에 상당한 주의를 기울이며 이를 하나하나 스크랩하여 일본
정부와 통감부에 전송하였다.71) 또 한국특사단을 직접 만나서라도 신임장
의 진위를 파악하라는 이토의 요구에도 불구하고, 츠즈키는 한국특사단을
직접 만나려 하지 않았다. 당시 츠즈키는 대외적으로 일본이 한국에 압력을
행사하고 있다는 인상을 주지 않으려고 노력한 것이다.

　당시 고무라 쥬타로(小村壽太郎) 주영대사는 『런던타임스(The Times)』에
"일본이 한국에 대해 확고한 태도, 좋은 솜씨, 그리고 강한 인내를 합쳐 현
명하게 대응하면, 일본은 영국이 이집트에서 달성한 것처럼 현지 주민의 이

71) 『統監府文書』 5卷, (11) 來電第133號 「韓帝密使에 관한 뉴욕 '허랄드' 巴里版記事
　　報告 件」, 6쪽·(32) 來電第153號 「韓帝의 密使와 關聯된 日本의 對韓政策에 관한
　　獨逸新聞論調 報告」, 14~15쪽·(61) 來電第160號 「韓國問題에 대한 佛國新聞의 論
　　調 및 輿論에 관한 駐佛栗野大使의 來信 轉電 件」, 27~28쪽·(62) 來電第161號 「韓
　　國問題에 관한 '프렘덴브랄드'紙의 論說에 대한 駐墺內田大使來信 轉電 件」, 28쪽·
　　(63) 來電第162號 「韓國問題에 대한 美國新聞의 論說에 관한 駐美靑木大使의 來信
　　轉電 件」, 29쪽·(112) 來電第2號 「韓國問題에 관한 獨逸新聞論調 報告 件」(1),
　　55~56쪽·(113) 來電第3號 「上件」(2), 56~57쪽.

익을 위해 통치하는 외국의 지배에 대해 (한국의) 불만분자로부터도 충분히 납득을 얻을 수 있을 것"이라는 글을 기고했다.[72] 이 고무라의 글은 당시 일본이 고종황제의 특사 파견과 그 활동을 직접적으로 저지하지 않고 방기한 이유를 잘 설명해 준다.

일본은 헤이그 특사 사건을 이용하여 한국에 대한 지배권 강화와 열강으로부터 한국에 대한 보호권을 공인받는 소기의 목적을 달성하였다. 이 과정에서 중요한 역할을 한 인물들이 츠즈키와 구라치라고 할 것이다. 당시 일본 대표단의 구성을 고려하면 츠즈키와 네덜란드 주재 公使 사토 아이마로(佐藤愛麿)는 대표단 전체를 주관하는 책임자였고, 육군성과 해군성에서 파견된 인원은 '국제분쟁의 평화적 해결과 군비축소'라는 평화회의의 의제를 준비하는 실무 담당자였다. 또 당시 전권위원단의 수행원으로 참가했던 야마카와 다다오(山川端夫)는 그의 회고에서 츠즈키에 대해 "이 회의에서는 언어의 관계도 있었기 때문에 츠즈키 전권이 회의의 종류를 가리지 않고 본회의부터 각 위원회까지 모두 스스로 출석하여 우리나라의 주장을 강조한 성과를 올렸다. 그 노력은 진심으로 존경할 만한 것이었다"라고 서술하였다.[73]

따라서 자료의 한계로 당시 구라치의 구체적인 활동을 파악하기는 힘들지만, 위와 같은 정황을 고려하면 헤이그에서 한국특사단의 평화회의 참가 저지를 위한 공작을 실질적으로 담당했던 인물은 구라치였다고 판단된다. 츠즈키는 이때의 공적을 인정받아 일본정부로부터 男爵의 작위와 함께 勳1等 旭日大綬章을 수여받았고,[74] 구라치는 1908년 6월 일본 외교의 실무책임자인 政務局長으로 발탁되었다.[75]

---

72) 「小村壽太郎 駐英大使으로부터 林董 外務大臣에게 보낸 電報」, 村瀨信也, 앞의 글 下(2007), 70쪽에서 재인용.
73) 山川端夫, 「私の足趾」, 1962, 36쪽(『山川端夫關係文書』 Reel NO.5, 일본국립국회도서관 헌정자료실 소장자료).
74) 『都築馨六傳』, 212쪽.
75) 朝鮮功勞者名鑑刊行會, 『朝鮮功勞者名鑑』, 624쪽.

제 4 장
‘韓國倂合’ 방침의 확정과
‘安重根 狙擊 사건’ 이후 보호관계 유지

제1절 '안중근 저격 사건'과 보호관계의 유지 정책

1. '한국병합' 방침의 확정과
이토 히로부미(伊藤博文) 사망의 충격

1909년 7월 일본정부는 閣議에서 '한국병합'의 단행을 명시한 「對韓政策의 基本方針」과 그 실행방안으로서의 「大韓施設大綱」을 통과시켰다. 이것은 일본정부가 '한국병합'의 방침을 최초로 공식화한 문서였다. 하지만 일본정부는 '한국병합' 단행의 시기를 쉽게 결정할 수 없었다. 그것은 일본의 '한국병합'이 열강과의 관계에서 일본의 조약개정에 불리하게 작용하지 않을까라는 우려에서였다.[1]

병합 단행, 특히 그 시기의 결정에 대해서는 내재적 이유 보다 국제관계에서 유래하는 이유가 더욱 중요했다. 한국의 개항 이래 일본의 한국정책은 구미 열강에 의해서 계속 규제되었지만, 그것은 병합에 이르는 과정에서도 완전히 같았다. 또 한국 국내에서의 위기는 대체로 국제관계와 연동하기 쉬웠기 때문에 일본은 그 대처에 끊임없이 고뇌하지 않으면 안되었다.[2]

이와 같은 일본의 '한국병합' 추진과정에서 예상치 못한 중대한 사건이 발생했다. 그것은 한국인 청년 安重根에게 이토 히로부미(伊藤博文)가 사살당한 1909년 10월 '안중근의 이토 저격 사건'이었다. 이 사건은 청국 영토 내 러시아의 법권지대에서 일어났다. 한국이 일본에게 외교권과 사법권을 박탈당한 상황에서 한국인이 한국이나 일본도 아닌 제3국에서 일본인을 사살했기 때문에 이 사건의 처리는 관련 국가의 치외법권 및 조약이 얽히고,

---

1) 이에 대해서는 제5장 제1절에서 서술하도록 한다.
2) 모리야마 시게노리, 김세민 옮김, 『근대한일관계사연구』, 현음사, 1994, 203쪽.

각국-특히 일본-의 정치적 의도가 개입되어 상당히 복잡한 양상을 띠고 진행되었다.

국가적 숙원이었던 불평등조약의 개정과 '한국병합'을 앞둔 일본정부는 안중근의 이토 저격 사건으로 인해 한국문제가 국제적 관심사로 부각되거나, 한국 내의 반일운동이 고양되는 것을 막으려고 고심했다. 이에 일본정부는 구라치 데츠키치(倉知鐵吉)를 滿洲 현지로 파견하여 일본의 의도대로 이 사건을 수습하도록 하였다. 그 결과 안중근 재판은 사건의 파장을 최소화하여 열강의 개입으로부터 일본의 한국에 대한 보호관계를 현상유지하려는 일본의 정치적 목적이 관철되었다. 그리고 이것은 이후 해외 거류 한국인들의 독립운동에 대한 일본 정부의 대응의 原型이 되었다고 할 수 있다.

기존의 연구에서는 '의거'라는 단어에서 드러나듯이 안중근 의거의 독립운동사적 의의와 안중근 의사의 활약상과 영웅성이 강조되어 왔다. 그 반면 안중근이 받은 재판의 성격과 그러한 재판을 전개한 일본의 정치적 의도에 대해서는 상대적으로 연구가 미흡하다. 그 이유는 의병 參謀中將이라고 해도 일개 한국 청년 안중근이 일본의 최고 국가원로인 이토를 사살했다는 사실 자체가 너무도 강렬한 나머지 그 의거의 성격 및 안중근의 생애와 사상을 조명하는 데 초점이 맞춰졌기 때문이라고 생각한다.

이 과정에서 안중근 재판은 그 성격과 정치적 의도가 너무도 명백했기 때문에 그의 독립운동과 이토의 한국침략정책을 해명하는 하나의 소재로 설명되었을 뿐, 상세한 연구가 이루어지지 못했다. 이 때문에 일본 사회 일각에서 여전히 안중근을 '테러리스트' 또는 '兇漢'으로 규정하거나 그의 이토 사살을 '한국병합'의 직접적인 계기로 인식하는 경향에3) 대한 구체적인

---

3) 中野泰雄, 「日本における安重根義士観の変遷」, 『亜細亜大學國際關係紀要』 3-2, 1994 ; 糟谷政和, 「伊藤博文·安重根-韓國倂合と日本の朝鮮支配政策 (20世紀の歷史のなかの人物)」, 『歷史地理敎育』 576, 1998 ; 신주백, 「한일 역사교과서는 安重根을 어떻게 기술해 왔는가(1945~2007)」, 안중근의사기념사업회 편, 『안중근 연구의 기초(안

검토도 이루어지지 않았다고 생각한다.[4]

따라서 이 장에서는 '안중근의 이토 저격 사건'에 대한 일본의 대응 및 일본에 의해 일방적으로 진행된 안중근 재판의 성격과 그 의도를 검토할 것이다. 이를 통해 당시 일본의 최고 국가원로였던 이토의 사망이 '한국병합'정책에 미친 영향과 일본이 이를 수습하는 과정에서 재외 한국인에 대한 사법정책을 수립한 과정을 파악할 것이다.

러일전쟁 이래 미국과 일본의 관계는 만주에 대한 門戶開放 문제를 필두로 철도건설 문제, 미국의 일본이민 제한 문제 등을 통해 다양한 갈등을 빚고 있었다. 이러한 와중에 독일은 '제1차 러일협약'과 '불일협약'을 통해 유럽에서 뿐만이 아닌, 아시아에서도 고립에 직면한 상황을 타개하고자 일본에 대한 미국과 중국의 불만을 이용하여 아시아에서 독일·미국·중국의 3국 협상을 시도하였다. 하지만 당시 이러한 독일의 의도는 필리핀의 안전과 대서양에서 미국의 역할을 중시하여 일본과의 긴장을 피하려했던 루즈벨트(Theodore Roosevelt) 정권이 일본과 '루트(Elihu Root) ─ 다카히라(高平小五郎) 협약(1908)'을 체결함에 따라 실현되지 못하였다.

그러나 미국이 이 협약으로 인하여 만주에 대한 문호개방, 기회균등의 요구를 포기한 것은 아니었다. 1909년 3월 미국에서 일본에 우호적이지 않은 태프트(William H. Taft) 정권이 들어서면서 미일관계는 또 다시 악화되기 시작하였다. 이에 따라 미국의 철도왕 해리먼(Edward Herry Harriman)이 세계철도 일주계획의 일환으로 기획하고, 청국의 펑톈(奉天)주재 미국총영사 스트레이트(Willard Straight)와 청국의 奉天巡撫 탕샤오이(唐紹儀)가 적극적으로 협력했던 만주철도 계획은[5] 이제 전과는 달리 개인적 차원이 아

중근의거 100주년 기념논문집2)』, 경인문화사, 2009 참고.

4) 안중근 재판에 대한 보다 상세한 연구사의 정리에 대해서는 한성민, 「일본정부의 安重根 재판 개입과 그 불법성」, 『史學研究』 96, 韓國史學會, 2009 참고.

5) 이 계획은 러일전쟁 이후 해리먼의 남만주철도 매수계획에서 시작되었는데, 1905

닌 미국 정부의 지원을 받아 추진하게 되었다.

　미국은 1908년 중반부터 1909년 초에 걸쳐 러시아의 재무대신 코코프초프(Vladimir N. Kokovtsov)를 비롯한 러시아의 재정그룹이 東淸鐵道를 매각하려 한다는 정보를 입수하고, 해리먼과 국제신디케이트를 통해 이를 매수하려는 계획을 세웠다. 이것은 그때까지 영·러·일 3개국 사이에 전개되어 온 만주의 철도문제가 영·미·러·일 4개국 사이의 이해관계로 새롭게 변화되었다는 것을 의미한다. 이러한 만주철도 문제에 대한 미국의 개입은 '영일동맹'과 '러일협약'에 바탕을 둔 만주의 안정에 변화를 초래하게 되었고, 그것은 특히 만주에서 많은 철도권익을 가지고 있는 일본과 러시아에 큰 영향을 불러오게 되었다.6)

　일본의 만주독점을 두려워한 러시아는 1907년 이래 일본을 견제하기 위해 다른 한편으로 미국과의 관계개선을 지향해 왔다. 이는 동아시아와 태평양에서 일본의 우위를 견제하려던 미국의 정책과도 일치했다. 일본의 만주독점이 미국과 러시아 협력의 동기가 되고 있었던 것이다.7)

　일본으로서는 미러의 연합이야 말로 가장 걱정되는 최악의 시나리오였다. 그리고 이런 사태는 실제로 주러미국대사 록힐(William W. Rockhill)이 러시아에 제휴를 제안함으로써 실현될 단계로 접어들고 있었다. 따라서 이러한 사태 전개에 대한 대처야말로 일본의 가장 시급한 과제가 될 수 밖에 없었다. 그 여파가 만주 문제로 그치지 않고 다시 한국문제로 파급될 수 있

　년의 매수계획은 일본정부와 가계약까지 맺은 상태에서 고무라의 반대로 무산되었고, 1907년의 계획은 만주로 미국자본의 침투를 모색하던 스트레이트와 미국과 제휴를 통해 만주에서 일본세력을 구축하려던 唐紹儀가 적극 협력하면서 탄력을 받았지만, 영국의 반대와 일본의 반발로 무산되었다. 이에 대해서는 최문형, 『국제관계로 본 러일전쟁과 일본의 한국병합』, 지식산업사, 2004, 372~378쪽 ; 이노우에 유이치 지음, 석화정·박양신 옮김, 『동아시아 철도 국제관계사』, 지식산업사, 2005, 265~305쪽 참고.

6) 이노우에 유이치 지음, 석화정·박양신 옮김, 위의 책, 279~280쪽.

7) 石和靜, 「러일협약과 일본의 한국병합」, 『歷史學報』 184, 역사학회, 2004, 290쪽.

기 때문이었다. 여기서 러시아를 상대로 한 일본과 미국의 경쟁이 벌어졌다. 미국과 일본의 주러대사가 저마다 이즈볼스키(A. P. Izvolkkii) 외상을 찾아가 경쟁적으로 자국과의 제휴 공작을 벌인 사태가 바로 그것이다. 따라서 그 결과는 러시아가 미일 가운데 과연 어느 쪽을 협력 대상으로 선택할 것이냐에 따라 판가름 나게 되어 있었다. 열쇠는 러시아가 쥔 셈이었다.[8]

이와 같은 상황에서 이토는 1909년 10월 만주시찰에 나섰다. 일본정부는 이에 대해 어떠한 使命도 띠지 않은 전적으로 개인 자격에 의한 시찰임을 강조하였다.[9] 하지만 그 실질적인 목적은 코코프초프와 교섭하여 미국과 러시아의 협력을 사전에 차단하는 동시에 러일 간의 협력을 이끌어 내서 한국병합에 대한 러시아의 양해를 받기 위해서였다.

이토의 만주행을 주선한 사람은 南滿洲鐵道株式會社 총재 고토 신페이(後藤新平)였다. 그는 1907년 봄부터 이토에게 만주여행을 권고해 왔는데, 1909년 8월 이토가 해외여행의 시기가 왔다며 고토의 제의에 동의했다고 한다. 이에 고토는 이토에게 만주로 가서 "현재 러시아의 동양사무의 주관자 코코프초프와 만나 극동문제, 즉 한국의 처리에 대해 미리 우리나라(일본)의 방침을 밝혀두는 것이 어떠한가"라고 했고, 이토는 코코프초프가 교섭에 동의한다면 장소는 어디라도 좋다고 하였다. 이에 고토는 주러공사 모토노 이치로(本野一郞)를 통해 코코프초프와 교섭하여 10월 하순 동청철도 시찰의 명분으로 하얼빈(哈爾濱)으로 와서 이토와 회담할 것을 약속했다고 한다.[10]

---

8) 최문형, 앞의 책, 404쪽.

9) "伊藤公ハ豫テ滿洲旅行ノ希望ヲ有セラレタル處今回賜暇ヲ得十六日門司發ノ鐵嶺丸ニテ大連ニ赴キ同地ヨリ北行合爾賓ニ至リテ更ニ南ニ引返サルル筈右ハ全然箇人ノ資格ニテノ旅行ニシテ何等ノ使命ヲモ有セラルル次第ニアランス旅行期間ハ三四週間ノ豫定ナリ"(『日本外交文書』 42-1卷, #148 「伊藤公滿洲旅行ニ關シ通報ノ件」)・#149 「伊藤公滿洲旅行ニ關シ通報ノ件」, 193쪽.

10) 小松綠, 『明治外交秘話』, 中外商業新報社, 1927(原書房, 1966 재간), 256~263쪽. 이것은 고토가 상당기간 비밀로 유지되던 이토의 만주시찰 목적을 고마츠에게 1926년 12월에 직접 이야기한 것이라고 한다.

10월 14일 이토는 만주를 향해 출발하였다. 당시 수행원은 무로다 요시
아야(室田義文, 귀족원의원)·무라다 아츠시(村田惇, 육군중장)·후루야 히사
츠나(古谷久綱, 추밀원의장 비서관)·마츠모토 나오스케(松本直亮, 육군소
좌)·모리타 지로(森泰二郞, 宮內大臣 비서관)·고야마 젠(小山善, 宮內省御用
係 의사)·쩡용팡(鄭永邦, 주일중국공사관 2등서기관, 통역)외 3인이었다.[11]
수행원의 구성을 보아도 이것은 도저히 개인자격의 여행이라고는 볼 수 없
다. 18일 따롄(大連)에 도착한 이토 일행은 20일 뤼순(旅順)을 거쳐 남만주
철도를 이용하여 22일 펑톈에 도착, 24일에는 푸순(撫順)탄광을 시찰하고
26일 오전 9시 약속장소인 하얼빈역에 도착했다. 이토는 열차 안에서 코코
프츠프와 30여 분 동안의 담화 후 러시아수비대의 사열을 받는 도중 한국
인 청년 안중근에 의해 사살되었다.[12]

이토의 사망소식은 하얼빈주재 일본총영사 가와카미 도시히코(川上俊彦)
와 펑톈주재 일본총영사 고이케 조조(小池張造)로부터 안중근의 이토 저격
당일인 1909년 10월 26일 외무성으로 보고되었다.[13] 이에 외무대신 고무라
쥬타로(小村壽太郞)는 즉시 청국주재 일본공사관을 비롯한 일본의 재외공
관에 이 소식을 알리면서 당분간 비밀로 유지하라고 훈령하였다.[14] 이것은
아직 그 대처방안이 정해지지 않은 상태에서 당시 일본의 최고 국가원로인

---

11) 『日本外交文書』 42-1卷, #149 「伊藤公滿洲旅行ニ關シ通報ノ件」, 193쪽.
12) 이토 사살의 정황에 대해서는 김정명 편, 『伊藤博文暗殺記錄』, 原書房, 1972 참고.
13) 고이케의 첫 보고는 다음과 같다. "伊藤公爵今朝哈爾賓着下車セラレントスル際五
   六名ノ韓國人ニ狙擊セラレ腹部ニ二個ノ重創ヲ受ケタリ容體危篤ナリ兇行者ハ直チ
   ニ捕縛セラレタリトノ旨只今總督ヨリ急報シ來レリ天上領事ヨリハ未タ何等ノ報告
   ナキモ醫師派遣方等ニ付本官ハ直ニ都督府ニ協議セリ"(『日本外交文書』 42-1卷, #155
   「伊藤公遭難情報ノ件」, 196쪽). 고이케의 첫보고에서는 이토가 저격당했다는 급보
   만 외무성에 접수되었으나, 곧이어 하얼빈의 川上 총영사의 보고를 통해 이토의 사
   망소식은 당일 외무성에 보고되었다(『日本外交文書』 42-1卷, #156 「伊藤公遭難情
   報ノ件(一)~(七)」, 196~197쪽).
14) 『日本外交文書』 42-1卷, #159 「伊藤公薨去ニ關シ內報ノ件」, 198쪽.

이토의 사망이 일본의 대내외에 미칠 파장을 고려한 조치였다.

하지만 이와 같은 일본정부의 조치는 현실적으로 별다른 성과를 거둘 수 없었다. 만주의 신문들은 의거 당일인 26일자로 즉시 안중근의 저격 사건과 이토 사망소식을 대서특필하였고,[15] 27일에는 급보로 한국과 일본의 언론에도 보도되었다.[16] 또 만주철도문제와 관련하여 이토의 만주시찰을 예의주시하고 있던 영국과 미국에도 실제 시차를 계산하면 다소 차이가 있지만 도쿄(東京)발 특별기사로 이미 26일에 보도되었다.[17] 이에 따라 이토 사망사건과 이후의 한국문제는 세계적인 관심사로 떠올랐고, 일본사회는 큰 충격을 받았다.

일본사회의 여론은 우선 타국에서 저격을 받아 객사한 이토에 애도를 표하는 한편,[18] "한국황제가 직접 일본에 와서 사죄할 것을 요구"했고,[19] 나아가 일본정부와 통감부에 이토의 죽음에 대한 복수를 요구하면서 의병의 완전한 '소탕'을 통한 한국의 강제 합병을 주장하였다.[20]

2. 안중근 재판을 통한 보호관계의 유지정책

이토의 사망에 대해 일본의 여론이 격앙되고 국제적으로 주목받는 상황에서 일본정부는 이 사건에 대한 처리방침의 결정을 서두르지 않으면 안되

---

15) 『滿洲日日新聞』, 1909년 10월 26일, 「大凶報!! 大悲報!!」.

16) 『東京朝日新聞』, 1909년 10월 27일, 「滿洲視察中の伊藤博文公 哈爾賓驛頭に狙擊さる」; 『東京日日新聞』, 1909년 10월 27일, 「伊藤公遭難」; 『京城新報』, 1909년 10월 27일, 「伊藤公爵暗殺さる」.; 『大韓每日申報』, 1909년 10월 27일.

17) *The New York Times*, 1909년 10월 26일, "PRINCE ITO ASSASSINATED".

18) 『大阪朝日新聞』, 1909년 10월 28일, 「藤公昔語」; 釋尾旭邦, 「噫伊藤公」, 『朝鮮』 3-8, 1910년 10월호.

19) 『京城新報』, 1909년 11월 2일, 「母國人心の憤激」.

20) 이규수, 「안중근 의거에 대한 일본 언론계의 인식」, 독립기념관 한국독립운동사연구소 편, 『안중근 의거의 국제적 영향(광복64주년 및 개관 22주년 기념학술심포지엄)』, 2009, 130~131쪽.

었다. 일본정부는 이토 사망 당일 원로·대신회의를 열어 신속하게 그 처리 방침을 결정하였다. 외무성이 이에 대해 소네 아라스케(曾禰荒助) 통감에게 보낸 전보에는 대응책의 내용이 기재되어 있지 않아 그 처리방침의 정확한 내용을 알 수 없다. 하지만 당시 긴급한 결정이라는 시간 상의 한계와 이후 일본정부의 움직임을 보면 어느 정도 추측이 가능하다.

일본정부는 우선 사건의 정확한 조사와 처리를 위해 외무성 정무국장 구라치의 현지 파견과, 이토 저격의 당사자들을 일본의 조차지인 關東都督府의 법원에서 재판한다는 처리방침을 결정하였다.[21] 이를 통해 볼 때 '안중근의 이토 저격 사건'에 대해 일본정부는 '한국병합'을 공식화한 상황에서이 사건의 파장을 고려하여 최대한 자국의 의지를 관철시킬 수 있는 일본의 법권지대에서 재판으로 처리한다는 방침을 결정한 것으로 보인다.

안중근의 이토 저격 다음날인 27일 고무라 외무대신은 하얼빈주재 가와카미 총영사에게 긴급 전보를 보냈다. 그 내용은 안중근 재판을 1907년 법률 제52호의 3조에 의거하여 관동도독부 지방법원에서 시행할 것을 결정하였으니 하얼빈 총영사관에서 예심을 열지 말고, 범인 및 연루자들을 헌병에 인도하여 뤼순의 관동도독부로 이송하라는 지시였다.[22] 그런데 이미 영사재판을 시작했을 지도 모른다고 생각했는지 재차 긴급 전문으로 "혹시 예심에 착수했다면 즉시 그것을 중지하고 속히 범인을 뤼순으로 호송하라"는 지시를 내렸다.[23] 이어 28일에는 안중근의 이토 저격 사건 조사와 그 사후처리를 위해 외무성 정무국장 구라치에게 대외비로 뤼순출장을 지시하였다.[24]

---

21) 국사편찬위원회 편, 『統監府文書』 7卷, 1999(이하 『統監府文書』) 2~3쪽.
22) "第一三號 伊藤公二付スル兇行者ノ處分二付テハ明治四十一年法律第五十二號第三條二依リ本大臣二於テ關東都督府地方法院ヲシテ之ヲ裁判セシムルコト二決シタルニ (중략) 兇行者及連類者ハ憲兵着次第之ヲ露國官憲ヨリ引取リ憲兵二引渡サルベシ"(『日本外交文書』 42-1卷, #164 「伊藤公二對スル兇行者處分二關スル件」, 199쪽).
23) 『日本外交文書』 42-1卷, #164 「伊藤公二對スル兇行者處分二關スル件」, 199쪽.
24) 『日本外交文書』 42-1卷, #168 「伊藤公遭難事情調査ノ爲旅順出張二關シ內訓ノ件」,

일본정부가 일본외교의 실무책임자이자, '한국병합' 준비의 실무자였던 구라치를 즉시 만주에 파견한 점을 보면, 당시 일본정부가 '한국병합'과 관련하여 안중근의 이토 저격 사건을 어느 정도로 심각하게 인식했는지 짐작할 수 있다.

구라치를 파견한 다음날인 29일 고무라 외무대신은 소네 통감에게 구라치의 보좌를 위해 한국사정과 한국어에 정통한 인물을 선발하여 뤼순으로 파견하라는 지침을 내렸다.[25] 이에 통감부는 통역관 고쿠부 사토루(國分哲)를 뤼순으로 파견하였다.[26] 그리고 통감부는 이와 별도로 이미 안중근의 이토 저격 당일 경성지방재판소(京城地方裁判所) 檢事正 나카가와 이치스케(中川一介)를 하얼빈으로 보내는 한편,[27] 30일에는 육군대신 데라우치 마사타케(寺內正毅)와 협의하여 러일전쟁 당시 대러시아 첩보전의 전문가이자 전 韓國駐箚憲兵隊長으로 한국사정에 정통한 아카시 모토지로(明石元二郎)를 파견하였다.[28]

통감부에서 이들을 파견한 명분은 어디까지나 구라치에 대한 보좌였다. 하지만 이들과 구라치 사이에는 상당한 갈등이 있었던 것으로 보인다. 아카시를 중심으로 한 통감부 요원들은 일본의 세력권 밖인 러시아 지역으로까지 密偵을 파견하는 등 안중근의 이토 저격 사건과 관련된 국내외의 항일운동조직에 대한 전면적인 조사를 통해 사건을 확대시키려 했다.[29] 반면 외무성과 구라치는 '한국병합' 계획이 진행 중인 상황에서 외교적인 관계를

200~201쪽.

25) 『統監府文書』 7卷, #(52) 來電 第159號, 24쪽.

26) 『統監府文書』 7卷, #53 往電 第120號, 24쪽.

27) 국사편찬위원회, 『韓國獨立運動史』 資料7卷, 1978(이하 『韓國獨立運動史』), 329쪽, 電報.

28) 『統監府文書』 7卷, #103 機密統發第1907號, 51~52쪽. 이외에도 통감부는 필요에 따라 요원을 만주로 파견하였다.

29) 『韓國獨立運動史』 資料7卷, 232~237쪽, 憲機第2624號.

고려하여 사건을 축소시키려 했다. 이러한 통감부와 일본정부 사이의 갈등
은 통감부 요원들이 당시 일본정부에서 극비로 결정한 '한국병합' 방침을
파악할 수 없었기 때문에 일어난 것이었다.

10월 31일 일본을 출발하여 11월 5일 뤼순에 도착한[30] 구라치는 자신이
직접 하얼빈에 가서 이토 사망에 대한 조사활동을 하는 것은 러시아측을
자극할 우려가 있다고 판단하였다. 이에 그는 뤼순에 체재하면서 만주 각지
의 韓人상황에 대해 조사함과 아울러 안중근에 관해서는 하얼빈 및 블라디
보스토크 주재 총영사를 지휘하여 러시아쪽의 조사내용을 보고받았다.[31]
이와 함께 통감부에서 파견한 요원들이 하얼빈 및 러시아 연해주 등지에
잠입하여 직접 조사한 내용도 보고받았다.

통감부에서 밀정으로 파견한 헌병대위 무라이(村井因憲)는 "이번 사건은
블라디보스토크 『大東共報』의 李剛, 兪鎭律, 崔在亨, 러시아 수도에 있는
李範晉, 미국인 헐버트(Homer B. Hulbert) 및 미국에서 스티븐스(Stevens,
Durham White) 저격사건의 살해자인 田明雲의 교사에서 나온 것으로 사료
된다"고 보고하였다.[32] 또 당시 법원의 통역으로 신분을 위장하고 안중근
의 심문에 참여했던 통감부의 사카이 요시아키(境喜明) 警視도 이번의 '흉
행'은 직접 한국 내지와 연계가 있다고는 할 수 없으나, "블라디보스토크

---

30) 『統監府文書』 7卷, 94쪽, #(138) 來電第1483號. 이와 관련하여 한상권은 11월 2일
   구라치가 하얼빈에서 직접 안중근을 심문했다고 서술하고 있으나(한상권, 「안중근
   의 하얼빈거사와 공판투쟁(2)-외무성관리, 통감부 파견원의 신문과 불공정한 재판
   진행에 대한 투쟁을 중심으로」, 『덕성여대논문집』 33, 덕성여대, 2004, 53쪽 ; 안중
   근기념사업회 편, 앞의 책, 29쪽), 이는 사실과 다르다. 구라치가 일본에서 4일 大
   連을 경유하여 5일 旅順에 도착했기 때문에 시간적으로 불가능하다. 무엇보다 구
   라치 자신의 구술기록에서도 자신은 직접 조사에 임하지 않았다고 밝혔으며, 다른
   기록에서도 직접 심문의 내용은 찾아볼 수 없다.
31) 『韓國獨立運動史』 資料7卷, 331~332쪽, 電報第二十八號.
32) 국가보훈처 편, 『亞洲第一義俠 安重根』 1, 1995(이하 『亞洲第一義俠 安重根』), 603
   쪽 ; 『한국독립운동사』 資料7卷, 232~255쪽, 憲機第2624號.

방면의 폭도, 프랑스 선교사,『大韓每日申報』및 안중근이 회원인 西北學會 간에 하나로 맥락이 통하고 있는 것은 의심할 여지가 없다"고 보고하였다.[33] 이처럼 통감부 요원들은 이 사건에 관계된 인물들의 계보까지 작성하면서,[34] 안중근의 이토 저격 사건을 정치적으로 확대시켜 급속하게 '한국병합'을 추진하려는 공작을 펼치고 있었다.[35]

하지만 구라치는 이러한 통감부 요원들의 보고내용과 달리 "지금까지 심문의 결과를 종합하면 안중근·禹德淳·曺道先·柳東夏 4인 외에 다른 인물들은 흉행사건과의 관계가 매우 적거나 또는 전혀 관계없는 것 같고, 조도선과 유동하도 관계가 그렇게 깊지는 않다"고 일본정부에 보고하였다.[36] 이와 같은 관점에서 구라치는 이토 사망사건은 일본에서 생각하는 것처럼 한국인들의 조직적이고 대규모적인 사건이 아닌, 블라디보스토크를 중심으로 한 일부 반일적인 한국인들이 일으킨 사건으로 규정하고, 안중근의 이토 저격 사건의 의미를 축소시켜 사건을 신속하게 종결지어야 한다고 보고했다.[37] 이에 고무라 외무대신은 사건의 확대에 노력한 통감부에 "범죄는 한국 중앙 혹은 지방 관헌이나 기타 유력자와는 관계없는 일부 불평 韓人의 행동"이라고 통보함으로써[38] 구라치의 보고를 토대로 사건을 규정하였다.

안중근의 이토 저격 사건의 진원지로서 블라디보스토크 방면의 철저한 조사에 대해서는 구라치도 대체로 동의하였다.[39] 하지만 그 조사의 목적에

---

33) 『韓國獨立運動史』 資料7卷, 「復命書」, 335~346쪽.
34) 『亞洲第一義俠 安重根』 1, 603~616쪽.
35) 倉知鐵吉, 「韓國倂合ノ經緯」, 27~28쪽 ;『統監府文書』 7卷, 31~32쪽, #(71) 往電「狙擊事件處理를 위한 協調依賴 件」 ; 51~52쪽, #(103) 機密統發第1907號「事件處理를 위해 明石駐韓憲兵隊長 旅順派遣 件」 ; 220쪽, #(230) 來電第176號「事件眞相糾明을 위한 調査員 浦鹽派遣 件」.
36) 『日本外交文書』 42-1卷, 211쪽, #180.
37) 倉知鐵吉, 「韓國倂合ノ經緯」, 26~27쪽.
38) 『統監府文書』 7卷, #139, 來電第171號, 95쪽.
39) 『韓國獨立運動史』 資料7卷, 210~212쪽, 電報.

대해서는 통감부 요원들과 다른 생각을 가지고 있었다. 구라치는 사건의 진상을 알기 위한 조사는 철저히 할 필요가 있으나, 실제 사건의 처리는 가능한 한 축소시키려 했는데, 이는 아래의 구술에 잘 나타난다.

> 11월 3일 나는 大連에 도착하여 그때부터 滿洲를 1차례 순시하였다. (중략) 러시아측과 복잡한 관계가 일어나는 것을 우려하여 하얼빈에 일부러 가지 않았지만, 長春까지의 각 지역을 돌면서 韓人의 상황 등을 조사하고 마지막으로 旅順에 도착하여 그곳에서 오랫 동안 체류하고 있었다. 나의 조사 결과, 이번 암살사건은 東京에서 일부의 사람들이 생각한 것처럼 대규모의 것이 아니라, 블라디보스토크에 있는 약간의 不逞韓人들이 계획하여 그것을 만주에서 결행한 것이었다. 즉 그 근원은 블라디보스토크에 있으며 그것도 규모가 큰 것은 아니라고 판정하였다.
>
> 따라서 (중략) 당면의 문제는 뤼순의 법정에서 적법하게 본 사건을 처리하면 충분하다고 인정하여 가능한 한 사건을 작게 취급하는 것이 필요하다고 그 뜻을 정부에 헌언하였고, 정부도 대체로 그 방침을 취할 작정이었다. 그러나 한편 한국의 京城에 있는 일부 일본인 중에서는 伊藤公 암살을 한국황제가 사주한 것이라고 하여 이것을 이유로 이참에 즉시 병합을 단행하려고 무리하게 증거를 만들려고 획책하였다.
>
> 내가 뤼순에 도착하자 즉시 한국주차군 參謀長 明石 소장이 왔다. 검사측에서도 中川一介 검사정이 왔다. 또 그밖에 한국어에 능통한 통감부의 某(境) 경시 등이 왔다. 이들은 뤼순에 체재하면서 피고 한국인을 감시하고, 합법, 비합법의 조치로 무언가 증거를 만들려고 획책하였다. 그래서 이들 한국에서 온 일파와 나 사이에 대단한 암투가 일어났다. (중략)
>
> 나는 정부가 병합의 대방침을 결정한 이상 그것을 실행함에는 가장 적당한 시기를 선택하는 것이 필요하며 무리해서 병합을 강행하는 것은 단연코 불가하다고 믿고 있었지만, 한국에서 온 일파는 전혀 병합의 廟議가 결정되었는지 어떤지 알지 못하고 유일무이 이번 기회에 병합을 실현시키려고 고심한 것에 지나지 않는다. (중략) 한국측에서 온 사람들도 도저히 그 목적을 달성할 수 없음을 깨닫고 나의 뤼순 출발을 전후해서 즉시 한국으

로 돌아갔다. 이에 伊藤公 암살사건을 이용하여 병합을 실행시키려한 계획은 종언을 고하게 되었다.[40]

위의 글에서 보는 바와 같이, 구라치와 일본정부는 안중근의 이토 저격 사건을 '한국병합'의 기회로 이용하려는 통감부 요원들의 생각과 달리 가능한 한 축소시켜 처리하려고 하였다. 당시 일본은 불평등조약 개정교섭 문제와 '한국병합'에 대한 열강의 반응에 대해 노심초사하고 있었다. 이 상황에서 극비 결정사항이었던 '한국병합' 방침과[41] 이에 대한 일본정부의 의도를 이들에게 설명할 수 없었던 구라치는 통감부 요원들의 움직임을 저지하고 '안중근의 이토 저격 사건'을 단순 살인사건으로 의미를 축소시킨 것이다. 이와 동시에 일본정부는 안중근의 이토 저격 사건의 파장을 최소화시키기 위해 일본이 법권을 가지고 있는 조차지에서의 재판을 통해 사건을 신속하게 처리하려 한 것이다.

이에 따라 일본정부의 '한국병합' 방침 및 열강에 대한 외교를 파악하지 못한 통감부의 목적은 실패로 돌아갔다. 사카이가 그 실패의 원인에 대해 구라치는 언급하지 않고 관동도독부 법원측의 비협조와 검찰의 급속한 기소처분에 불만를 제기하고 있는 것을 보면,[42] 이러한 재판공작에서 구라치는 표면에 나서지 않고 관동도독부의 법원과 검찰을 통해 일본정부의 의지를 관철시킨 것으로 판단된다. 이는 안중근 재판의 과정에서도 마찬가지였다.

요컨대, 당시 일본정부의 의도는 안중근의 이토 저격 사건으로 인한 대내외적 파장을 최소화 시키고, 일본정부의 직접적인 통제가 가능한 조차지인 관동도독부에서 재판 개입을 통해 안중근 재판을 신속하게 종결시키는 것이었다.

40) 倉知鐵吉, 「韓國倂合ノ經緯」, 27~29쪽.
41) 이에 대해서는 한성민, 앞의 글(2010) 참고.
42) 『韓國獨立運動史』 資料7卷, 471~472쪽, 高秘收第1022號의 1.

1909년 7월 6일의 각의 결정으로 이미 '한국병합' 방침을 결정한 일본정부는 그 실행을 앞두고 한국 내에서 반일세력을 제거하기 위해 소위 '暴徒大討伐作戰'을 전개하고 있었다. 대외적으로는 만주에 대한 문호개방과 철도문제를 중심으로 미국과 긴장감이 높아지던 시기였다. 이토의 만주시찰은 만주에서 철도를 매개로 예상되는 미국과 러시아의 결합을 사전에 저지하고, '한국병합'에 대한 러시아의 승인을 얻어내는 것이 목적이었다. 바로 이러한 때에 안중근은 한국침략의 중심인물인 이토를 사살하였다.

안중근의 이토 저격 사건으로 말미암아 우선 한국에서는 안중근이 민족영웅으로 추앙될 수 있고, 그 결과 비슷한 사건의 연속과[43] '폭도대토벌작전' 이래 감소추세에 있던 한국의 의병투쟁이 고양될 위험이 있었다. 일본 내에서는 '한국병합'에 대한 민간의 강경 여론이 격화될 것이고, 대외적으로는 일본의 한국침략 문제가 국제적으로 주목받게 될 우려가 있었다. 이렇게 되면 그동안 일본정부가 치밀하게 준비해 온 '한국병합'은 한국사회의 전면적인 반발에 직면할 수도 있고, 다른 열강이 개입하여 제2의 '3국간섭'으로 좌절되거나, 일본 국내의 강경 여론에 밀려 일본정부의 의도와는 다른 방향에서 민간 주도로 추진될 수 있는 문제였다. 이러한 우려에서 일본정부는 통감부를 통해 안중근의 이토 저격 사건 이후 지역별, 계층별, 사회단체별 한국사회의 동향에 대해 연일 동태를 파악하는[44] 한편, 재외 공관들을 통해 열강의 반응을 살피면서 그 대응책에 부심하였다.[45]

---

43) 검사는 안중근을 사형에 처하는 이유의 하나로 이토 암살사건이 李在明의 李完用 암살미수 사건처럼 다른 한국의 사이비 정치범의 표본이 될 수 있다는 점을 내세웠다(『滿洲日日新聞』, 1910년 2월 12일, 「安重根事件公判速記錄」).

44) 松田利彦, 「이토 히로부미 살해사건의 파문－경찰 자료로 보는 한국인 사회의 상황」, 이성환·이토 유키오 편, 『한국과 이토 히로부미』, 선인, 2009, 332~336쪽, <표 10-2> 참고.

45) 『日本外交文書』 42-1卷, #170 「伊藤公爵暗殺ニ關スル米國ノ興論報告ノ件」, 201~202쪽·#173 「伊藤公薨去ト日本政策ノ關係ニ付新聞切拔送付ノ件」, 204~207쪽·#179 「伊藤公薨去ニ關スル佛國輿論趨勢報告ノ件」, 209~211쪽.

실제로 안중근의 이토 저격 사건은 한국에서 의병운동에 일정한 영향을 주었다.[46] 10월 27일 서울에서 무장한 군중이 서대문 밖의 驛舍를 파괴하고, 시내의 일본인 상점을 공격하였다. 당시 한국 주재 러시아 군사요원 비류코프(Biryukov)는 하얼빈 의거 이후 全羅南道에서 게릴라 활동이 눈에 띄게 활성화되었다고 하면서 이에 따라 앞으로의 계획을 토의하기 위해 大邱에서 일본군 진압부대장 회의가 열렸다고 본국에 보고하였다[47] 또 12월에는 안중근 의거에 자극받은 李在明의 李完用 처단 시도가 있었다.

반면 일본사회의 여론은 급속하게 '한국병합' 주장으로 경사되어 갔다. 당시 일본사회의 여론은 "이번 기회에 일거에 조선문제를 해결하고, 한일 간의 미지근하고 애매한 관계를 타파하여 당당하고 명쾌하게 신국면을 타개함으로써 한일 양국의 영구적 평화를 구축하라"고 외쳤다.[48] 또 열강은 일본의 우려 그대로 한국에 대한 일본의 정책 변화를 타진하였다. 이에 일본정부는 '한국병합' 방침을 그 이전에 이미 결정했음에도, 이토의 한국통치체제는 폐지되지 않고 그대로 남아있을 것이며, 한국과 일본의 통합은 먼 미래에야 이루어질 것이라는 점을 외국 대표들과 기자들에게 확신시키려고 노력하였다.[49]

일본정부는 안중근의 이토 저격 사건을 처리하는 과정에서 당면한 '한국

---

46) 『東京日日新聞』, 1909년 10월 31일, 「果然韓國に暴徒蜂起す」.
47) 박 벨라 보리소브나, 「안중근 의거에 대한 조선과 해외의 반응 − 러시아, 조선 및 일본 사료를 중심으로」, 안중근기념사업회 편, 앞의 책, 342~343쪽.
48) 『朝鮮』 4-4, 1909, 「伊藤公の橫死と朝鮮問題」, 4쪽 ; 倉知鐵吉, 「韓國倂合ノ經緯」, 27쪽.
49) *The NewYork Times*, 1909년 10월 28일, "ATTITUDE OF JAPAN TO KOREA UNCHANGED". 이와 관련하여 이토의 암살소식이 가츠라 총리대신에게 보고되었을 때, 마침 그는 주일영국대사 맥도널드(McDonald)와 동석하고 있었다. 이때 가츠라는 즉석에서 "(일본의) 대한국정책은 변하지 않는다"라고 맥도널드에게 단언하였다(奈良岡聰智, 「영국에서 본 이토 히로부미와 한국통치」, 이성환·이토 유키오 편역, 앞의 책, 119~120쪽).

병합'에 대한 자신들의 의도를 은폐시켜 열강의 개입을 회피하고, 한국인들의 독립의지가 확산되는 것을 방지함과 아울러 '한국병합'을 앞두고 국내 여론이 일본정부의 의도와는 다르게 자극받는 것을 사전에 저지하고자 하였다. 따라서 일본정부는 '한국병합'의 계획수립 단계에서부터 이에 관한 모든 사항 및 당시 일본 외교의 주안점을 모두 파악하고 있는 외무성 정무국장 구라치를 만주에 파견해서 이를 조용히 해결하려고 하였다.

재판에 앞서 관동도독부 검찰의 안중근에 대한 조사는 2시기로 구분된다. 미조부치 다카오(溝淵孝雄) 검사가 10월 30일부터 11월 26일까지 약 한 달간 7차례 진행한 것이 전기이고, 12월 20일 이후 4차례 더 조사를 진행한 것을 후기라고 할 수 있다.[50]

전기의 조사에서 미조부치 검사는 안중근을 '동양의 義士', '충군애국의 士'라고 호칭하면서 정치범으로 깍듯이 예우하였다. 이 시기 심문내용도 한국에 대한 일본의 역할을 통감제도를 중심으로 한국독립불능론, 한국의 동양화근론, 문명개화론 등을 거론하여 안중근과 치열한 이념논쟁을 전개하였다.[51] 그러나 12월 중순경부터 검찰의 태도가 돌변하였다. 미조부치는 안중근에게 '압박도 가하고 혹은 억설도 하고 또 능욕하고 모멸도 하였다'.[52]

이것은 구라치가 재판에 개입한 결과였다. 이후 검사의 심문과 재판과정은 오로지 안중근이 이토를 오해하여 개인적인 감정에서 살해한 반인도적인 범죄로 맞춰졌다.[53] 특히 관동도독부 법원은 재판이 시작되기 직전까지

---

50) 관동도독부 검찰관의 조사 외에 통감부에서 파견한 사카이 경시도 11월 26일부터 12월 11일까지 안중근을 11차례 조사하였는데, 이 조사는 구라치와는 다른 목적에서 즉 사건을 확대시켜 급속한 '한국병합'을 추진하려는 통감부의 아카시 모토지로(明石元二郞)가 지휘하였다.

51) 이에 대해서는 한상권, 앞의 논문(2004a·2004b) 참고.

52) 안중근, 「안응칠역사 - 안중근 의사 자서전」(외솔회, 1974, 『나라사랑』 34 수록, 이하 「안응칠역사」), 215쪽.

53) 『韓國獨立運動史』 資料6卷, 234~235쪽, #37 「被告人 安應七 第8回 訊問調書」 ; 284쪽, #39 「被告人 安應七 第10回 訊問調書」 ; 307쪽, #44 「被告人 安應七 第11回

도 안중근으로부터 "이토 사살은 오해에서 비롯된 것"이라는 한마디를 듣기 위해 무사 석방을 보장하면서까지 집요하게 회유하려 하였다.[54]

　그렇다면 구라치의 압력을 받은 법원은 왜 이렇게 안중근의 '이토 오해론'에 집착했던 것일까. 일본은 한국에 통감부를 설치한 이래 한국개혁에 대한 보고서를 작성해서 서구의 공사관에 배포하고 있었다.[55] 또 당시 미국 예일대학의 교수로 저명한 학자였던 조지 래드(George T. Ladd)를 한국으로 불러 이토의 통감정치를 홍보하는 글을 쓰도록 하기도 했다.[56] 이를 통해 일본은 한국에 대한 문명적 개혁과 지도를 국제사회에 홍보하는데 노력하고 있었다. 이와 같은 상황에서 안중근의 이토 저격 사건이 발생한 것이다. 의거가 사실 그대로 알려지면 한국에서 반일운동의 기폭제가 될 수 있고, 국제사회에서는 통감통치에 대한 허구성이 폭로되는 계기가 될 수 있었다.

　하지만 안중근이 스스로 이토를 오해하여 저격한 것이라고 공개적으로 인정한다면 이것은 오히려 고양되는 한국의 반일운동을 저하시키고 국제사회에서 일본의 한국통치에 대한 정당성을 더욱 홍보할 수 있는 동전의 양면과 같았다. 이 때문에 일본은 안중근의 이토 저격 사건을 정치적 사건이 아닌 단순 살인사건으로 규정한 데 이어 '안중근의 이토 오해론'을 재판의 전과정에서 집요하게 추궁했던 것이다. 그러나 이러한 일본정부와 법원의

訊問調書」.

54) 『대한매일신보』, 1910년 2월 26일, 「안씨정색」.

55) 통감부에서 1907년부터(1906년 내용) 영문으로 발간한 *Annual Report on Reforms and Progress in Chosen*이 그것인데, 1923년부터는 *Annual Report on Administration in Chosen*으로 명칭이 바뀌었고, 1938년에 폐간되었다(안종철, 「'韓國倂合' 전후 미일 간 미국의 한반도 治外法權 廢止交涉과 妥結」, 『法史學硏究』 36, 한국법사학회, 2007, 41쪽).

56) 래드는 문명개화론적 관점에서 이토 히로부미의 행정개혁에 대해 철저히 옹호하면서 일본에 의한 개혁은 한국을 밝은 길로 인도할 것이라고 영어권 독자들에게 호소했다. 이는 일본에게 엄청난 힘이 되었다(안종철, 위의 글, 44~45쪽).

회유 노력은 결국 좌절되었다.

이에 따라 재판은 안중근의 정치적 발언을 완전히 봉쇄하고 일본정부의 입장만을 확인하는 방향으로 진행되었다. 1910년 2월 9일 열린 제3회 공판에서 안중근은 "이토는 한국의 역적일 뿐만 아니라 일본에도 대역적"이라고 발언하였다. 이에 재판장은 공안방해라며 방청을 금지시키고 폐정과 함께 재판공개를 정지하였으며 정치상 의견개진은 불필요하므로 제한한다며 그것을 서면으로 제출할 것을 요구하였다.[57] 그럼에도 불구하고 관선변호사들은 아무런 문제제기도 하지 않았다. 변론도 일본법률 적용에 대한 불법성을 형식적으로 제기하였지만, 대체로 검사의 논고를 반복하는 수준이었다. 이들은 검사와 마찬가지로 안중근의 이토 사살은 오해에서 비롯된 범행임을 강조하였다.[58] 이에 따라 안중근은 일본정부가 의도한 검사의 논고 그대로 2월 14일 사형 판결을 선고받아 3월 26일 집행되었다.

이와 같은 재판에 대해 안중근은 "나는 당당한 대한국의 국민인데 어찌하여 오늘 일본 감옥에 갇히고 더구나 일본 법률로 재판을 받게 되니 이것은 무슨 까닭인가? 내가 언제 일본에 귀화했던가. 판사도 일본인이요, 검사도 일본인, 변호사도 일본인이며, 통역관도 일본인, 방청인도 일본인이다. 이것은 벙어리 연설이요, 귀머거리 방청과 같은 것이다'라고 비판하였다.[59] 영국의 신문 『더 그래피(The Graphie)』는 "세계적인 재판의 승리자는 안중근이었다. 그는 영웅의 월계관을 쓰고 자랑스럽게 법정을 떠났다. 그의 입을 통해 이토는 한낱 파렴치한 독재자로 전락되었다'라고 보도하였다.[60]

이처럼 일본정부는 이토 사망의 여파로 그동안 치밀하게 준비해 온 '한

---

57) 『대한매일신보』, 1910년 2월 18일, 「安重根의 公判(제3일 오후)」.
58) 관선변호인들의 변론내용에 대해서는 한성민, 앞의 글(2009), 253~255쪽.
59) 안중근, 「안응칠역사」, 127쪽.
60) The Graphie, "A JAPANESE CAUSE CELEBRE"(金宇鍾 主編, 『安重根和哈爾賓』, 黑龍江省 朝鮮民族出版社, 2005, 111쪽 수록).

국병합' 계획이 국제적인 관심사로 부각되는 것을 피하려 했다. 안중근의
이토 저격 사건은 급속한 '한국병합'의 계기가 된 것이 아니라, 오히려 일본
정부에게 그들이 비밀리에 추진해온 '한국병합' 계획의 성패를 우려할 정도
의 직접적인 타격을 준 것이었다. 즉 일본정부가 안중근 재판에 개입한 의
도는 의거의 파장을 최소화하고 보호관계를 현상유지하고자 함이었다.

제2절 안중근 재판과 재외 한국인 사법처리 원칙의 수립

1. 안중근 재판과정에서 외무성 관료의 활동

   안중근의 이토 저격 사건이 일어난 하얼빈은 청국의 영토였다. 하지만
하얼빈은 동청철도를 부설한 러시아가 철도 수용지로 청국으로부터 조차한
러시아의 법권지대였다. 따라서 안중근에 대한 체포 및 수사권은 러시아에
있었다.
   의거 직후 러시아 관헌에 체포된 안중근은 당일 일본관헌의 입회 하에
러시아의 國境地方裁判所 제8구 始審裁判所(1차 심리를 담당) 판사로부터
조사받았다. 심문에서 안중근은 자신은 한국인이며, 이토가 한국인들에게
압제를 가하고 많은 동지들을 처형했기 때문에 그에 대한 응징으로 살해했
다고 진술하였다. 즉 정치적 목적에서 이토를 사살했다는 것이다. 이에 시
심재판소의 판사는 본인의 자백과 목격자들의 증언에 의해 범행의 증거가
충분하므로 증거인멸 및 도주우려 등의 刑忌避方法을 차단시킨다는 이유에
서 안중근의 입감을 결정했다.[61]

----

61) 『韓國獨立運動史』 資料7卷, 327~329쪽, 「被告審問調書」・「決定書」.

　러일전쟁이 발발한 뒤 한국은 일본의 강요에 의해 1904년 5월 「勅宣書」
를 발표하여 기존의 한러 두 나라 사이에 체결된 조약과 협정을 모두 폐기
한다고 선언하였다. 또 이와 동시에 주러공사관의 폐쇄와 公使 이범진의 소
환을 결정하였다.[62] 이에 따라 한국과 러시아의 외교관계는 '을사조약' 이
전에 이미 단절되었다.

　그런데 당시 하얼빈이 러시아의 조차지였지만 청국의 영토라는 사실은 변
함이 없었고, 하얼빈 조차 이전에 청국과 치외법권을 협정한 국가는 하얼빈
및 동청철도지대의 조차 이후에도 여전히 이 지역에서 치외법권을 향유하고
있었다. 이에 일본은 1906년 후반 이래 러시아의 외교정책이 유럽 중심으로
전환되어 아시아에서 러일 간에 유화국면이 조성되자[63] '韓淸通商條約'
(1899)의 치외법권 규정을[64] 근거로 동청철도 조차지에서 한국인의 치외법
권을 주장하였다. 이러한 일본의 요구에 러시아는 동청철도 民政處의 명의
로 "이후 한국인이 범죄를 일으킬 경우 그를 가까운 일본영사관으로 인도할
것"을 약속하였다.[65] 하지만 이것은 정부 간의 실질적인 '犯人引渡協定'이

---

62) 『高宗實錄』 卷44, 光武 8년(1904) 5월 18일.
63) 당시의 러일관계에 대해서는 최덕규, 「러일전쟁과 러일협상(1905~1910) - 러일전쟁
　　이후 러시아의 동아시아정책을 중심으로-」, 『아시아문화』 21, 한림대학교 아시아
　　문화연구소, 2004 참고.
64) '한청통상조약'의 제5조는 한국과 청국 간의 쌍무적인 치외법권을 인정하고 있다.
　　이에 대해서는 정태섭·한성민, 「乙巳條約 이후 韓·淸 간 治外法權 연구(1906~1910)」,
　　『한국근현대사연구』 46, 한국근현대사학회, 2008 참고.
65) 국사편찬위원회 편, 『間島·沿海州 關係(韓國近代史資料集成9)』 1卷, 2004, 1~3쪽,
　　#(1) 「韓國臣民ノ治外法權享有ニ關スル件」. 신운용은 이와 같은 동청철도 민정처
　　의 훈령을 근거로 러시아의 안중근 인도가 '김재동·서재근 사건'의 선례에 따른 것
　　으로 보았다(신운용, 「일제의 국외한인에 대한 사법권침탈과 안중근 재판」, 『한국
　　사연구』 146, 한국사연구회, 2009, 221~222쪽). 하지만 이 훈령은 지방기관의 선언
　　적 차원의 것으로 정부 차원의 공식 약속이 아니었다. 또 안중근은 정치범이었기
　　때문에 '김재동·서재근 사건'과는 성격이 다르다. 일본사회의 비난 여론이 러시아
　　에서 안중근과 한국으로 옮겨간 상황에서 러시아가 안중근을 인도하지 않았다면
　　일본사회의 비난 여론은 다시 러시아로 향했을 것이다. 의거 당일 즉각적으로 코코

아니었기 때문에[66] 러시아가 일본에 안중근을 인도할 의무는 없었다.[67]

특히 안중근은 정치범이었다. 지금과 마찬가지로 정치범은 본국으로 송환하지 않는 것이 당시의 국제적 관례였다.[68] 따라서 이러한 국제적 관례에 따라 안중근이 재판받는다면 당연히 러시아의 국경재판소에서 시행되었어야 했다. 시심재판소 판사가 안중근을 일본영사관에 인도하지 않고 입감하기로 결정한 것은 국경재판소 재판을 염두에 둔 조치였다고 판단된다.

그러나 러시아정부는 안중근의 이토 저격 당일 총리대신과 재무대신의 명의로 일본정부에 공식적인 弔電을 보냈고,[69] 안중근의 국적이 확인되자 하얼빈에 체재 중이던 재무대신 코코프초프(Vladimir N. Kokovtsov)는 즉시(26일) 안중근을 일본총영사관으로 인도하였다.[70] 그 이유는 당시 이토 사망에 대해 러시아의 경호책임을 비난하는 일본의 여론을 의식하고, 또 극동

프초프에 의해 안중근이 일본에 인도되었다는 것은 러시아의 정치적 선택이었다는 점을 말해 준다.

66) 러일 간의 '범인인도협정'은 1911년 9월에 가서야 체결되었다(박종효 편역, 『러시아 國立文書保管所 所藏 韓國關聯文書 要約集』, 472쪽, 「1911년 9월 16일(29)에 체결」).

67) 국경지대에서 한인 의병활동에 대한 일본의 불만에도 불구하고 1908년 러시아의 남우수리지방 국경행정관이 한인 의병조직에 대해 "관심도 갖지 말고, 처벌도 하지 말며, 격려도 하지말라"고 연해주 주지사에게 지시하였다(박종효 편역, 『러시아 國立文書保管所 所藏 韓國關聯文書 要約集』, 339쪽, 「1908년 4월 19일(5. 3) 플루그가 스미르노프에게 보낸 전문」). 이것을 보면, 의병이 정치적 목적을 가지고 있어서 일반 범죄자와 성격이 다르긴 하지만 러시아가 한국인 범죄자의 인도에 그다지 협조적이지는 않았던 것 같다. 또 안중근 의거 이전까지 러시아는 하얼빈에서 사법권 행사의 권리를 강하게 주장하고 있었다.(許世楷, 「伊藤博文暗殺事件－韓國倂合の過程における一悲劇」, 我妻榮 外, 『日本政治裁判史錄』明治·後, 第一法規出版株式會社, 1969, 536~537쪽).

68) 『京城新報』, 1909년 10월 29일, 「犯人の所管問題」.

69) 『日本外交文書』 42-1卷, #157 「伊藤公薨去ニ關シ露國當局弔意表彰ノ件」, 197쪽.

70) 박종효 편역, 『러시아 國立文書保管所 所藏 韓國關聯文書 要約集』, 332쪽, 「1909년 10월 13일(26) 하얼삔에서 재상이 보낸 전문」; 『한국독립운동사』 資料7卷, 330쪽, 電報 第160號(暗號) ; 『亞洲第一義俠安重根』 1, 6쪽, 號外第2號.

에서 일본과의 관계개선을 중요시한 러시아 정부의 외교정책상 안중근의
인도문제로 일본과 갈등을 피하려한 것이었다.

한국은 청국과 '한청통상조약'에서 쌍무적인 치외법권을 확보하고 있었
으므로 청국 영토 내에서 한국인이 피고가 될 경우 그 재판권은 한국에게
있었다. 그러나 당시 한국은 안중근에 대한 재판권을 행사할 수 없었다. 일
본의 강압에 의해 한국은 1905년 11월 '을사조약'을 체결하여 외교권을 빼
앗겼고, 이어 1909년 7월에는 '己酉覺書'(司法權 및 監獄 사무에 관한 이관
協約)에 의해 사법권까지 탈취당했다. 이에 따라 안중근에 대한 재판권은
일본이 한국을 대신하여 행사하게 된 것이다.

안중근의 신병을 인수한 하얼빈주재 일본 총영사관은 예심을 열지 말고
안중근을 관동도독부 지방법원으로 이송하라는 일본정부의 훈령에 따라 11
월 3일 그를 관동도독부로 이송하였다.[71] 그 근거는 아래의 1908년 4월의
법률 제52호(10월 1일 시행)의 제3조였다.

> 제3조. 滿洲에 주재하는 領事館의 관할에 속한 刑事事件은 外務大臣이
> 國交上 필요하다고 인정할 경우, 그 사건을 關東都督府 지방법원에서 그것
> 을 재판하도록 할 수 있다.[72]

위 조문은 재판의 대상을 명확하게 규정하고 있지 않기 때문에 한국이
일본에게 외교권과 사법권을 빼앗긴 상황에서 안중근의 재판 관할지 이관
에도 적용할 수 있는 것처럼 보인다. 하지만 영사재판은 기본적으로 자국의
국민이 어디에 있거나 자국법을 적용받는 屬人主義에 근거한 법권이다. 위
'영사관의 관할에 속한 형사재판' 즉 영사재판은 일본인에 대한 일본의 영

---

71) 『한국독립운동사』 資料7卷, 332~333쪽, 「電報」·「電報第1號」.
72) 「明治四十一年 法律第五十二號·滿洲二於ケル領事裁判二關スル件」, 日本國立公文書
    館 소장 문서 A03020745800).

사재판과 한국으로부터 강제 위임받은 한국인에 대한 영사재판을 구분해야
한다. 따라서 위 조항은 일본 憲法으로 규정된 일본 국적의 일본인에게만
적용되는 것이었다.

한국이 강압에 의해 일본에 위임한 것은 외교의 대리와 사법권의 대리이
지 법권 자체 또는 주권의 양도가 아니었다. 관동도독부는 일본 헌법의 시
행지역이 아니기 때문에[73] 일본 본토와는 구분되지만, 일본의 행정권과 사
법권이 직접적으로 행사되는 일본의 조차지였다. 또 한국의 사법권이 일본
에 장악되어 있었다고 해도 統監府裁判所와[74] 관동도독부의 재판소, 일본
본토의 재판소는 서로 계통을 달리하여 존재하고 있었다.[75]

한국 국적의 안중근에 대한 재판관할지를 일본의 조차지인 관동도독부로
이관하는 것은 영사재판의 법적 근거인 속인주의에 어긋나며, 애초에 한국
국적의 안중근에게 위 조항이 적용될 이유가 없었다.

이 때문인지 구라치는 11월 12일 일본의 國籍法에서 규정한 '日本'의 범
위에 關東州가 포함되는지 이시이 기쿠지로(石井菊次郎) 외무차관에게 문
의하였고,[76] 이에 대해 이시이는 아직 그 범위에 대한 해석이 일정하지 않
기 때문에 경우에 따라, 그리고 제반의 사정을 참작하여 결정해야 한다고

---

73) 문준영, 「제6장 이토 히로부미의 한국사법정책과 그 귀결」, 이성환·이토 유키오
    편, 앞의 책, 192쪽.
74) 통감부는 일본 천황의 칙령으로 발포된 「統監府裁判所令」, 「統監府裁判所事務取扱
    令」, 「韓國人에 係한 司法에 關한 件」, 「韓國에 在한 犯罪卽決令」 등 일련의 재판기
    관 관련 법규를 1909년 11월 1일 한국의 '內閣告示' 형태로 반포하고, 당일부터 실시
    하였다(大韓民國國會圖書館, 『韓末近代法令資料集』 IX, 1972, 1~11쪽). 이에 따라 한
    국 법부의 업무는 모두 통감부 사법청으로 이관되고, 각급 재판소 사무 역시 통감부
    재판소로 인계되었다(도면회, 『한국 근대 형사재판제도사』, 푸른역사, 2014, 447쪽).
75) 통감부시기 일본의 한국사법정책에 대해서는 도면회, 「1910년대 식민지 조선의 형
    사법과 조선인의 법적지위」, 서울대 한국문화연구소 편, 『한국 근대사회와 문화』
    II, 서울대출판부, 2005 및 문준영, 앞의 글 참고.
76) 『亞洲第一義俠安重根』 1卷, 第12號, 135쪽.

회답하였다.[77] 이는 일본정부가 일본법률 제52호를 근거로 안중근의 재판
관할지를 관동도독부로 결정하였지만, 실제로는 당시 일본정부에서는 아직
까지 일본 법권의 범위에 대한 명확한 기준이나 구분이 없었다는 것을 의
미한다.

따라서 러시아가 포기한 안중근에 대한 재판권을 일본이 한국을 대신하여
행사하더라도, 그 재판은 하얼빈주재 일본총영사관에서 행해져야 했다. 만약
사안의 성격상 영사관의 영사재판으로는 감당할 수 없는 성격이라면, 안중근
은 한국의 법권지역으로 이송되어 통감부재판소에서 재판받아야 했다. 그러
나 일본정부는 자신들이 한국에 강요하여 체결한 조약의 규정까지 무시하고
일본의 조차지인 관동도독부로 안중근을 이송하여 재판을 진행하였다.

안중근은 1910년 2월 7일에서 14일까지 6차례 공판받았다. 재판의 시작에
서 사형언도까지 불과 1주일 만에 일사천리로 진행된 것이다.[78] 당시 안중근
의 변호를 신청한 변호사는 러시아인 2명, 영국인 1명, 스페인인 1명, 한국인
2명, 일본인(본토 거주자) 1명으로 모두 6명이었다. 법원은 이들을 모두 허가
할 방침이었고, 이 중에서 영국인 변호사 더글러스(G. C. Douglas)와 러시아
인 변호사 미하일로프(Konstantin Petrovich Mikhailov)의 2명에 대해서는 이
미 허가된 상태였다.[79] 하지만 외국변호사들을 통해 안중근 재판에 국제적인
관심이 높아지고, 이에 따른 재판의 향방에 우려를 갖게 된 일본정부는 법원
에 압력을 가하여 이를 철회토록 하였다. 그 결과 히라이시 우지토(平石氏人)
고등법원장이 도쿄에 가서 정부와 장시간 업무협의를 마치고 1910년 1월 하
순 뤼순으로 돌아온 직후 일체의 외부 변호사 선임은 갑자기 불허되었고, 일
본인 관선변호사만이 선임되었다.[80] 법원이 제시한 관선변호인 선임의 근거

---

77) 『亞洲第一義俠安重根』 1卷, 第8號, 151쪽.
78) 안중근의 재판과정에 대해서는 한상권, 앞의 글(2004a)·(2004b) 참고.
79) 『韓國獨立運動史』 資料7卷, 517쪽, 「報告書」 ; 521쪽, 電報2號(暗號) ; 『大韓每日申
報』, 1909년 12월 16일, 「日士辯護」 ; 1910년 1월 7일, 「安氏護安」.

는 아래의 「勅令 第253號 關東州裁判事務取扱令」 제15조였다.

　　제15조. 법원 또는 재판장이 직권으로 변호사를 소송승계인, 소송대리인
　　또는 변호인으로 선정하거나 또는 선임해야 할 경우에는 변호사가 아닌 자
　　도 선임할 수 있다.[81]

　재판장이 직권으로 변호인을 선임할 수 있다는 위 조문을 근거로 법원은
안중근의 변호를 신청한 변호인들을 모두 불허하고, 관동주 거류 변호사로
한정하여 뤼순 거류 가마다 세이치(鎌田正治)와 따렌 거류 미즈노 기치타로
(水野吉太郎)를 관선변호인으로 선임하였다.[82]
　하지만 近代法은 재판에서 피고인이 변호인으로부터 조력받을 권리를 기
본적인 권리로 규정하고 있다. 따라서 위 「관동주재판사무취급령」의 제15
조는 일상적인 재판장의 직권에 의한 변호인의 선임을 허가한 것이 아니라,
피의자가 스스로 변호인을 선임할 능력이 되지 않을 때 재판장이 관선변호
인을 선임할 수 있다는 것으로 파악해야 마땅하다. 그럼에도 법원은 이 규
정을 무리하게 일본정부의 의도대로 해석해버렸다. 그 결과 안중근은 피의
자로서 변호인의 조력을 받을 기본적인 권리까지도 박탈당한 채 불공정한
재판을 받을 수밖에 없게 되었다.
　구라치의 재판개입은 안중근이 관동도독부의 지방법원으로 이송되어 오
면서 본격화되었다. 당시 그는 관동도독부 법원의 관리도 아니었고, 재판을
주재하는 법관이 아니었음에도 불구하고 1909년 11월 7일 외무성으로 안중
근에게 한국법률과 일본법률 중 어느 것을 적용해야 할 것인가를 문의하였
다.[83] 이에 다음날 이시이 외무차관은 외국에서 한국인의 법적 지위는 일

---

80) 『대한매일신보』, 1910년 1월 27일, 「旅順情報」 ; 2월 8일, 「旅順通信(一)」.
81) 「勅令 第253號 關東州裁判事務取扱令(1908년 9월 22일)」, 日本公文書館 소장 문서
　　A03020768300.
82) 『大韓每日申報』, 1910년 2월 8일, 「旅順通信(一)」.

본인과 동일하기 때문에 마땅히 일본법률을 적용해야 한다고 회답하였
다.[84] 이어 30일 구라치는 극비문서로 고무라 외무대신에게 전보를 보냈는
데, 이것은 당시 구라치로 대표되는 일본정부가 안중근 재판에 직접적으로
개입하고 있었음을 잘 보여준다. 그 내용은 다음과 같다.

제34호 極秘
  안중근의 (중략) 흉행은 私利에서 나온 것이 아님이 명백하므로 법원에
서는 혹시 그 형을 無期徒刑(무기징역)으로 해야 한다는 주장이 나오지 않
으리라고 보장하기 어렵습니다. (중략) 이는 전적으로 刑의 적용문제에 속
하기 때문에 행정부에서 이에 간섭하는 모습을 피해야 함은 물론이라고 하
겠으나, 안중근을 사형에 처할 것인가 아닌가 하는 문제는 사안이 중대하
기 때문에 그 利害 또한 고려해야 합니다. 정부에서 이에 관하여 어떠한 희
망이 있다면 현재 本官과 법원 당국 간의 관계가 양호함을 기회로 하여 법
원 내의 議論이 아직 결정되지 않았고, 安(안중근), 禹(덕순)의 죄상이 확정
되지 않은 이때에 미리 희망을 본관을 경유하여 법원 측에 전달하는 것이
좋을 것이라고 생각합니다. 이에 대해 만약 정부의 희망사항이 있다면 속
히 알려주기 바랍니다.[85]

83) 『日本外交文書』 42-1卷, #176 「兇徒ノ處罰ニ關スル外務本省ノ意見問合ノ件」, 208쪽.
84) "淸國ニ於ケル韓國人ハ韓國カ日本ノ保護國トナリタル結果帝國ノ法權ノ下ニ立ツニ
   至リタルモノナルカ故ニ其犯罪ハ刑法第一條ニ所謂帝國內ニ於ケル犯罪ト看做シ當
   然帝國刑法ヲ適用スヘキ儀ト思考ス (중략) 帝國ノ法權ノ下ニ立ツ韓國人モ帝國臣
   民ト同一ノ地位ニ在ルモノナルカ故ニ等ク右ノ解釋ニ依リ差支ナカルヘク從テ淸國
   ニ於ケル韓人ハ刑法第三條ニ列記セル犯罪ニ限ラス其他一切ノ犯罪ニ付帝國刑法ノ
   適用ヲ受クルモノト解ス"(『日本外交文書』 42-1卷, #178 「淸國ニ於ケル韓人ノ刑法
   上ノ地位ニ關シ回訓ノ件」, 209쪽).
85) 『日本外交文書』 42-1卷, #181 「安重根ノ處罰ニ關スル我政府ノ內意問合ノ件」, 211~
   212쪽. 『韓國獨立運動史』 資料7卷, 476~477쪽에 이와 동일한 문서인 電報第34號
   (極秘)가 있는데, 구라치가 보고한 날짜를 13일로 기록하고 있다. 이 글에서는 일본
   이 공식적으로 간행한 『日本外交文書』의 날짜를 따랐다.

위 내용에 따르면 구라치는 안중근은 정치범이며, 자신은 행정관료이기 때문에 사법권에 간섭할 수 없다는 점을 스스로 고백하고 있다. 그럼에도 그는 행정권과 사법권의 분립에 대한 인식이 무색하게 법원의 분위기가 안중근의 형역을 사형이 아닌 무기징역으로 할 가능성을 우려하여 그 형량이 확정되기 전에 정부에서 먼저 안중근의 형량에 대해 법원에 압력을 행사해 달라고 요청하였다. 이전의 大津事件에서[86] 일본정부는 재판개입에 실패한 경험이 있었기 때문에 구라치는 재판이 시작되기 전에 일본정부의 확고한 의지를 관동도독부 법원에 관철시키려 한 것으로 보인다. 이에 대해 12월 2일 고무라는 "안중근의 범행은 극히 중대하므로 懲惡의 정신에 의거하여 極刑에 처하는 것이 타당하다"고 회답하였다.[87] 이것은 법원이 판단해야 할 안중근의 형량을 일본정부에서 결정했음을 명백히 보여준다.

안중근을 극형에 처해야 한다는 일본정부의 입장은 곧바로 법원에 대한 구라치의 직접적인 압력으로 나타났다. 재판도 하기 전에 형량을 미리 정부가 결정하여 법원에 강요하는 것은 사법기관으로서 법원의 존립근거를 허무는 행위였기 때문에 이에 대해 법원도 매우 반발하였다. 관동도독부 사법부의 책임자였던 히라이시 고등법원장은 구라치에게 곤란함을 역설하였고, 법원 내의 젊은 직원들도 공개적으로 사법권의 독립을 주장할 정도였다.[88]

---

86) 1891년 일본순사 津田三藏가 일본을 방문 중이던 러시아 황태자 니콜라이의 머리를 군도로 내리쳐 상처를 입힌 사건으로 당시 일본정부는 津田를 사형에 처하려고 재판부에 압력을 가했으나, 당시의 재판부는 津田의 행동은 확고한 정치적 신념에서 비롯된 것이라고 하여 무기형을 언도하였다. 이 사건은 근대 일본에서 사법권의 독립을 확립한 사건으로 평가받고 있다. 이에 대해서는 田中時彦, 「大津事件－司法權の獨立」, 我妻榮 편, 앞의 책, 143~175쪽 참고.

87) "政府ニ於テハ安重根ノ犯行ハ極メテ重大ナルヲ以テ懲惡ノ精神ニ據リ極刑ニ處セラルルコト相當ナリト思考ス"(『日本外交文書』 42-1卷, #182 「安重根ニ對スル課刑ニ關スル件」, 212쪽) ; 『韓國獨立運動史』 資料7卷, 477쪽, 電報.

88) 『韓國獨立運動史』 資料7卷, 電報第37號, 477~478쪽 ; 『日本外交文書』 42-1卷, #183 「安重根ノ裁判ニ關シ高等法院長トノ打合報告ノ件(一), (二)」, 212~213쪽.

　하지만 결국 법원장은 구라치를 통한 일본정부의 강한 압력에 굴복하여 일본정부의 뜻대로 재판할 것에 동의하였다.[89] 그럼에도 법원 내의 사법권 독립요구에 불안함을 느낀 것인지, 일본정부는 히라이시 고등법원장을 직접 도쿄로 소환하였다. 그리고 그에게 안중근 재판을 신속히 진행시키라고 지시함으로써 다시 한번 정부차원에서 안중근에 대한 사형을 보장받았다.[90] 이에 따라 안중근 재판은 사법의 이름을 빌려 일본정부의 의도를 관철시키는 요식행위로 진행되었다.[91]

　일본은 한국을 강압하여 '을사조약' 이래 여러 차례 조약 및 협정을 체결하여 한국의 국권을 하나 하나 강탈하였고, 사법권은 그 중요한 대상 중에 하나였다. 당시 일본이 한국에 강압한 조약과 협정을 내용 그대로 인정한다고 하더라도 안중근의 재판과 그에게 적용될 법률은 한국법률이어야 했다.

　한국은 이미 일본에게 대부분의 국권을 박탈당했지만 어쨌든 여전히 하나의 국가로 존재하고 있었고, '정미조약'과 '기유각서'로 일본에게 전반적인 사법권을 박탈당했어도 한국법률 자체가 폐지된 것은 아니었다. 일본은 '을사조약' 체결 당시 한국이 과거 각국과 맺은 조약을 계속 준수할 것이며[92] 한국의 대외관계 및 외교사무를 행사한다고 하더라도 한국과 청국의 관계는 기존 '한청통상조약'의 규정대로 유지될 것임을 확인하였다.[93] 이것은 청국에서 범죄를 일으킨 한국인에게 한국법률에 따라 영사재판한다는 점을 확인한 것이다. 이후 한국의 사법사무가 일본에게 위임된 '기유각서'의 제3조는 한국인에 대한 법률 적용을 다음과 같이 규정하고 있다.

---

89) 『日本外交文書』 42-1卷, #183 「安重根ノ裁判ニ關シ高等法院長トノ打合報告ノ件 (一), (二)」, 213쪽 ; 『韓國獨立運動史』 資料7卷, 電報第39號 極秘, 478쪽.
90) 『대한매일신보』, 1910년 1월 27일, 「旅順情報」 ; 한상권, 앞의 글(2004b), 47쪽.
91) 안중근 재판의 불법성에 대한 구체적인 내용은 한성민, 앞의 글(2009) 참고.
92) 中央研究院 近代史研究所 편, 1972, 『淸季中日韓關係史料』 9卷, 6150~6152쪽, #4245 「外務部收日使內田康哉照會」(光緖31년 10월 30일).
93) 정태섭·한성민, 앞의 글(2008), 56쪽.

제3조. 한국에 있는 일본 재판소는 협약 또는 법령에 특별한 규정이 있는 사람을 제외하고 한국 신하와 백성들에 대하여 한국의 법규를 적용한다.[94]

즉, 한국의 사법 및 감옥에 관한 사무를 일본정부에 위탁했기 때문에 한국인이 한국에 있는 일본 재판소에서 재판을 받더라도 특별한 규정이 없으면 한국법률을 적용한다는 것이다. 이에 따라 일본은 한국에 통감부재판소를 설치하고, 「勅令 第238號 韓國人에 係하는 司法에 관한 건」(1909. 10. 16) 제2조에서 위 조항을 다시 한번 확인하고 있는데, 그 내용은 아래와 같다.

제1조. 통감부재판소는 本令 기타의 法令에 특별히 규정되어 있는 경우를 제외하고는 한국인에 대하여 한국법규를 적용함.
제2조. 한국인과 한국인이 아닌 자 사이의 民事事件에 대해서는 위 조항의 변경으로써 일본법규를 적용함. 단 한국인에 대한 재판의 집행은 한국법규에 의함.[95]

---

94) "韓國政府及日本國政府는 韓國司法及監獄事務를 改善ᄒᆞ고 韓國臣民並在韓國外國臣民及人民의 生命財產保護를 確實케ᄒᆞᆯ 目的과 韓國財政의 基礎를 鞏固케ᄒᆞᆯ 目的으로써 左開條款을 約定홈. 第一條, 韓國의 司法及監獄事務가 完備홈으로 認ᄒᆞᆯ 時ᄭᆞ지는 韓國政府ᄂᆞᆫ 司法及監獄事務를 日本國政府에 委託홈. 第二條, 日本國政府ᄂᆞᆫ 一定ᄒᆞᆫ 資格을 有ᄒᆞᆫ 日本人及韓國人을 在韓國日本裁判所及監獄의 官吏에 任用홈. 第三條, 在韓國日本裁判所ᄂᆞᆫ 協約 又ᄂᆞᆫ 法令에 特別ᄒᆞᆫ 規定이 有ᄒᆞᆫ 者에ᄂᆞᆫ 韓國臣民을 對ᄒᆞ야ᄂᆞᆫ 韓國法規를 適用홈. 第四條, 韓國地方官廳及公吏ᄂᆞᆫ 各其職務를 應ᄒᆞ야 司法及監獄事務에ᄂᆞᆫ 在韓國日本當該官廳의 指揮命令을 承ᄒᆞ고 又ᄂᆞᆫ 此를 補助홈. 日本國政府ᄂᆞᆫ 韓國司法及監獄에 關ᄒᆞᆫ 一切經費를 負擔홈. 右上各其本國政府의 委任을 承ᄒᆞ야 覺書 韓日文 各二度를 作成ᄒᆞ야 此를 交換ᄒᆞ고 後日의 證據로ᄒᆞ기 爲ᄒᆞ야 記名調印홈이라. 隆熙三年七月十二日 內閣總理大臣 李完用 明治四十二年七月十二日 統監 子爵 曾禰荒助"(『純宗實錄』卷3, 隆熙 2년(1909) 7월 12일, 「司法及監獄事務委託於日本政府約定書」).

95) "勅令 第二百三十八號(明治四十二年十月十六日) 韓國人에 係한 司法에 關한 件. 第一條 統監府裁判所ᄂᆞᆫ 本令 其他 法令에 特別ᄒᆞᆫ 規定이 有ᄒᆞᆫ 境遇를 除ᄒᆞᆫ 外에 韓國人에 對ᄒᆞ야ᄂᆞᆫ 韓國法規를 適用홈. 第二條 韓國人과 韓國人이 아닌 者의 間의 民事事件에 對ᄒᆞ야ᄂᆞᆫ 左의 變更으로써 日本法規를 適用홈. 但 韓國人에 對ᄒᆞᆫ 裁

위 법령은 '기유각서'의 특별규정 조항을 한국인과 외국인 간의 민사사
건으로 특정하여 일본법률을 적용하는데, 그 나마도 한국인에 대한 재판의
집행은 한국법률에 의한다고 규정하였다. 한국인에게는 한국법률을 적용한
다는 원칙은 일본이 강요한 조약과 협약에서도 계속적으로 관철되고 있었
던 것이다.

또 위에서 살펴본 바와 같이 일본정부와 관동도독부의 법원은 외국에서
한국인의 법적 지위는 일본인과 동일하기 때문에 일본형법의 적용을 받아
야 한다고 했다. 하지만 이것은 전혀 사실과 다르다. 외국에서 한국인의 법
적 지위가 일본인과 동일하다는 것을 일본 내각이 확정지은 시기는 '한국병
합' 직전인 1910년 7월 8일이었다.[96] 그리고 이러한 결정도 한국과 일본의
실제 법체계와 재판소가 '한국병합' 이후까지도 한동안 통합 정비되지 않았
기 때문에 한국인과 일본인에게는 각각 다른 법률이 적용되었다. 실제로
1918년 6월 「共通法」이 시행되기 전까지는 일본인이 본토에서 '형법' 상의
죄를 범하고 식민지 조선으로 건너와도 조선총독부 재판소는 이를 처벌할
수 없었고, 조선인이[97] 식민지 조선에서 범한 「朝鮮刑事令」 상의 범죄도
역시 일본 본토에서는 이를 처벌할 수 없었다.[98]

判의 執行은 韓國法規에 依홈. 一, 原告 又는 被告가 口頭辯論의 期日에 出頭치 아
니혼 境遇에 在ᄒ야는 裁判所에서 適當홈으로 思料혼 時에 限ᄒ야 申陳에 依ᄒ
거느 又는 職權으로뼈 闕席判決을 行홈을 得홈. 二, 民事訴訟法 第百十一條 第二
項 第三項 第二百十條 第二百四十六條 乃至 第二百四十八條 第二編 第二章 第二
節 第四百二十八條 及 第四百二十九條의 規定은 此를 適用치 아니홈. 第三條 檢事
又는 司法警察官은 統監의 許可를 受ᄒ야 韓國의 親任官 又는 勅任官을 逮補홈을
得홈 但 急速을 要ᄒ는 時는 直히 此를 遑捕ᄒ고 報告홈이 可홈. 第四條 假出獄
에 關혼 規定은 韓國法規에 依ᄒ야 處刑혼 者에게 亦 此를 適用홈. 附則 本令은
明治四十二年 十一月 一日로붓터 此를 施行홈"(『官報』, 1909년 11월 1일 號外).
96) 山本四郞 편, 『寺內正毅關係文書』 首相以前, 京都女子大學, 1984, 「朝鮮施政方針及
施設經營」, 180~181쪽.
97) '한국병합' 후 일본정부는 기존의 국가로서의 한국을 폐멸시키고 지역명인 '朝鮮'
으로 변경하였다.

따라서 모든 재판절차가 일본에 의해 진행된다고 하더라도 국가로서의 한국이 존재하고, 한국법률이 시행되고 있던 당시의 안중근 재판에서 그에게 적용되어야 할 법률은 일본법률이 아닌 한국법률이어야 했다.

2. 재외 한국인 사법처리 원칙 수립

일본정부는 한국인인 안중근에게 일본법률을 적용시켜 일본의 조차지인 관동도독부 법원에서 재판을 강행하여 자국의 정치적 의도대로 안중근을 사형시켰다. 당시 관동도독부 법원이 「판결문」에서 제시한 재판의 근거는 아래와 같다.

判決文(1910년 2월 14일)
(상략) 본건에 관해 본 법원이 법률상 정당한 관할권을 가진 것을 설명하지 않으면 안 된다. 본건의 범죄지와 피고인의 체포지는 모두 청국의 영토라 할지나 러시아 동청철도의 부속지로서 러시아 정부의 행정 치하에 있다. 그러나 본건 기록에 첨부된 러시아 정부가 회송한 同國 국경지방재판소 刑事訴訟記錄에 의하면 러시아 관헌은 피고를 체포한 후 곧 피고를 심문하고 신속히 증거를 수집한 뒤, 그날 피고 등은 모두 한국에 국적을 가지고 있는 것이 명백하다 하여 러시아의 재판에 회부하지 못할 것으로 결정하였다. 그리고 메이지38년(1905) 11월 17일 체결한 한일협약 제1조에 의하면 일본국 정부는 在東京 외무성을 통해 今後 한국의 외국에 대한 관계와 사무를 감리, 지휘할 것이며 일본국의 외교 대표자와 領事는 외국에서 한국의 臣民과 이익을 보호한다고 하였다. (중략) 한일협약 제1조의 취지는 일본정부가 그 신민에 대해 가진 公權 作用으로 한국 신민도 동일하게 보호하는 것으로 해석해야 할 것이므로 공권 작용의 일부에 속하는 형사법의

---

98) 도면회, 앞의 글(2005), 170~174쪽.

적용에서 한국 신민을 일본 신민과 동등한 지위에 두고 그 범죄에 일본형
법을 적용, 처단함은 협약의 本旨에 가장 합당한 것이라 말하지 않을 수 없
다. 따라서 본 법원은 본건의 범죄에는 일본형법의 규정을 적용할 것이며
한국법을 적용할 수 없는 것으로 판정한다.[99)]

위 판결문에서 관동도독부의 법원이 안중근 재판의 관할권에 대해 제시
한 가장 중요한 근거는 '을사조약'의 해석상 해외에서 한국인의 법적 지위
는 일본인과 동일하기 때문에 일본법률을 적용시킨다는 논리였다. 하지만
앞에서 살펴본 바와 같이 '을사조약'에 의해 한국인에 대한 일본의 관할권
을 인정한다고 하더라도, 외국에서 한국인과 일본인의 법적 지위가 동일하
다고 해석될 여지는 전혀 없었다. 당시 한국과 일본의 법률에서는 오히려
한국인과 일본인의 법적 지위가 다르다는 것을 대변한다.

이와 관련하여 이토는 1908년 중반 대한제국의 각 재판소로 부임하는 일
본인 사법관에 대한 훈시에서 러시아나 청국에 귀화한 조선인이라고 주장
할지라도 그들의 치외법권의 특전을 인정하지 않고, 모두 한국인으로 취급
하여 재판해야 한다고 지시한 적이 있다.[100)] 이 때문에 외국에 체류하는 한
국인에 대한 법적 지위를 이해하는데 오해의 소지가 있다. 그러나 이는 당
시 한국에 國籍法이 없는 점을 이용하여 이토가 일방적으로 지시한 것이고,
그나마도 외국 국적의 한국인이 한국에 입국했을 때에 한정된 것이었다.

그리고 간과할 수 없는 부분이 일본의 안중근 재판은 위에 인용된 판결
문에서 보이듯이 러시아의 협조가 있었기에 가능했다는 점이다. 러시아의
재판권 포기는 이토 사망이라는 사안의 중대성에서 나온 조치로, 이전의 러
시아의 태도와 비교하면 상당히 예외적인 케이스였다. 이후에 '안중근의 이

99) 『統監府文書』 7卷, (350) 「安重根·禹德淳·曹道先·劉東夏 被告에 대한 判決文」, 398~
405쪽.
100) 남기정 역, 『일본의 사법부 침략 실화』, 육법사, 1978, 96~97쪽.

토 저격 사건'과 비슷한 사건이 발생할 경우 그때마다 러시아의 협조가 있을 것이라고 보장할 수는 없었다. 또한 당시 일본은 일본의 법권지역이 아닌 곳에서 한국의 독립운동가를 처벌할 수 있는 근거가 박약했다.

안중근에 대한 재판은 외국에서 한국인의 법적 지위를 확정하지 않은 상태에서 사건의 정치성, 法域과 적용법률의 문제, 치외법권의 문제 등에서 기존에 선례가 없었던 사안이 발생한 것이었다. 이 때문에 러시아의 협조를 받았음에도 실제 안중근을 재판하기까지 구라치는 관련 근거를 계속해서 일본정부에 문의해야 했다. 그 문의에 대해 일본정부는 자국의 의도대로 재판을 실행하기 위해서 자의적인 법률해석에 따른 결정을 해야 했다. 그것은 이전에 일본이 한국에 강요한 조약과 법률을 어기는 것이었으며, 일본의 근대화의 지표였던 사법부의 독립성도 침해하는 것이었다.

따라서 일본정부는 외국에서 한국인의 독립운동을 일본의 의도대로 신속하게 처리할 수 있는 방침을 마련해야 했고, 그 기본 방침이 "외국에서 한국인의 법적 지위는 일본인과 동일하다"는 원칙이었다. 이에 따라 일본정부는 1910년 7월 8일 각의에서 구체적인 '한국병합'의 방침을 확정지은 것과 동시에 '朝鮮人의 國法上 지위'에 관한 규정을 아래와 같이 확정하였다.

① 조선인은 특히 법령 또는 조약으로 별도의 취급을 할 것을 정한 경우 이외에 오로지 內地人(일본인)과 동일한 지위를 갖는다.
② 간도 거주자에 대해서는 前項 조약의 결과로 현재와 같은 지위를 가지는 것으로 간주한다.
③ 외국에 귀화하여 현재 이중 국적을 가진 자에 대해서는 추후 國籍法이 조선에 행해질 때까지 우리 측 이해관계에서는 일본 신민으로 간주한다.[101]

---

101) 「韓國倂合ニ關シ各種ノ意見」, 『韓國倂合ニ關スル書類』, 日本國立公文書館 소장문서, 2A.1.<別>139 ; 『寺內正毅關係文書』, 「朝鮮施政方針及施設經營」, 180~181쪽.

①항은 한일 양국이 평화적인 합의에 의해 하나의 나라가 되며, 이에 따라 한국인과 일본인은 동일한 지위를 갖는다는 것이 '한국병합'에 대한 일본의 기본 입장이었다. 하지만 "특히 법령 또는 조약으로 별도의 취급을 할 것을 정한 경우"라는 예외규정을 만들어 두었다. 그리고 그 예외규정으로 작동한 것이 1912년에 제정된 「조선형사령」이었다.

②항은 1909년 일본과 청국이 체결한 '間島에 관한 淸日協約'에 의하여 용정촌(龍井村)·국자가(局子街)·두도구(頭道溝)·백초구(百草溝) 등[102] 상업지역의 조선인은 일본인으로 취급하여 재판하지만, 그 이외의 지역에 거주하는 조선인은 청국 법률 관할에 속하게 한다는 것이다. 이점에서 상업지역 이외의 간도 거주 한국인은 일본의 사법제도 영역 밖에 존재하면서 독립운동을 할 수 있는 여지가 있었다고 할 수 있다.

③항은 조선인 중 미국 또는 러시아에 귀화하여 독립운동에 참여한 경우 이들이 조선에 들어와 외국인으로서의 권리와 의무를 행사할 때는 형사 처벌하기 어렵기 때문에 모든 조선인의 외국 귀화를 인정하지 않겠다고 일방적으로 원칙을 정한 것이다.

이에 따라 간도 지역의 영사재판에서는 한국인과 일본인이 모두 동일한 법률 적용을 받도록 하여 한국인 형사 범죄인은 「조선형사령」이 아니라 「일본 형법」에 의해 재판하도록 하였다. 이로써 한국인은 외국에서는 일본인과 거의 동일한 법적 지위를 가지게 되었으나, 일단 조선 내로 들어오게 되면 조선인으로서 차별적 지위를 가지게 되었다. 즉 한국인은 일본제국 외부에서는 일본인이지만 일본제국 내부에서는 식민지 조선인으로 구별되는 이중적인 법적 지위를 가지게 된 것이다.[103]

---

102) 위 지명들은 현재 중국의 지명에서 각각 롱징춘(龍井村), 쥐쯔지에(局子街), 터우다오거우(頭道溝), 바이차오거우(百草溝) 등으로 호칭되고 있으나, 間島 지역의 역사성을 고려하여 이 책에서는 한국의 호칭으로 표기하였다.

103) 도면회, 앞의 책, 479~480쪽.

하지만 위의 규정에 의해 외국에서 한국인과 일본인의 법적 지위가 실제로 동일한 법적 지위를 갖는 것은 아니었다. 외국에서도 여전히 한국인은 불완전한 일본인이었다. 일본정부는 외국에서 조선인은 일본 형법의 적용을 받지만, 그 소송절차는 「조선형사령」이 정한 바에 따르도록 했기 때문이다. 그렇게 한 주된 이유는 「조선형사령」 제12조의 규정 때문인데, 그 내용은 아래와 같다.

> 제12조. 檢事는 刑事訴訟法에 규정된 외의 사건이 禁錮 이상의 刑에 해당하여 신속한 처분을 필요로 하는 것이라고 판단될 때는 公訴의 제기 전에 한해 押收, 搜索, 檢證 및 被疑者의 拘引, 피의자 또는 증인의 訊問, 鑑定, 通譯 또는 飜譯의 처분을 할 수 있다.
> 위 규정에 의해 검사에게 허가된 처분은 司法警察官 역시 그 처분을 할 수 있다.[104]

위 조항은 사건에 대한 압수, 수색, 검증 및 피의자의 구인과 피의자 또는 는 증인의 심문 등의 사법권한을 검사 뿐만 아니라 사법경찰관에게까지도 광범위하게 부여하고 있다. 반면 일본 '형법'에서는 사법경찰관에게 위의 권한 중 어떠한 것도 허가되지 않았다. 그리고 검사라고 하더라도 독자적인 판단으로 즉각적으로 피의자를 구인할 수 있는 경우는 ① 피고인의 주거가 일정하지 않을 때, ② 피고인이 증거인멸의 우려가 있을 때, ③ 피고인이 도주 또는 도주의 우려가 있을 때의 3가지 경우로 엄격하게 규정하고 있다. 이외에 검사가 피의자를 구인할 때는 피고사건, 피고인의 이름 및 주소를 정확히 기재하고 이에 대한 판사의 허가를 받아 句引狀을 발부해야 했다.[105] 하지만 피의자가 식민지 조선인일 때는 위의 「일본형법」 상의 규정과 절

---

104) 野村調太郎 編著, 『朝鮮民刑事令』, 松山房, 1937, 「第四編 刑事」, 7쪽.
105) 野村調太郎 編著, 『朝鮮民刑事令』, 「第四編 刑事」, 7~14쪽.

차가 모두 무시되는 것이다. 이것은 한국인의 인권유린을 의미하는 것이고, 검사와 사법경찰관의 독자적인 판단 만으로 자의적이고 신속한 처벌이 집행된다는 것을 의미한다.

이 결과 일본의 재외공관과 조차지의 법원은 「일본형법」에 의해 일본의 법권이 통하는 지역이면 어디에서나 조선인을 처벌할 수 있으면서도, 실제 소송과정에서는 「조선형사령」에 의해 수사단계에서부터 광범위하고 자의적인 권한을 행사할 수 있게 되었다. 즉 외국에 체류하는 한국인 독립운동가들에 대해 일본의 의도대로 신속하게 처벌할 수 있는 규정을 만든 것이다. 이처럼 안중근 재판은 일본정부에게 타국에서 활동하는 한국인 독립운동가 처벌에 대한 방침을 고민하게 만든 계기였을 뿐만 아니라, 하나의 중요한 선례가 되었던 것이다.

요컨대 일본정부는 이토 사망의 여파로 그동안 치밀하게 준비해 온 '한국병합' 계획이 국제적인 관심사로 부각되는 것을 피하려 했다. 안중근의 이토 저격 사건은 급속한 '한국병합'의 계기가 된 것이 아니라, 오히려 일본정부에게 그들이 비밀리에 추진해온 '한국병합' 계획의 성패를 우려할 정도의 직접적인 타격을 준 것이었다. 이 때문에 일본정부는 안중근 재판에 적극적으로 개입하였다. 안중근의 이토 저격 사건의 파장을 최소화하여 '한국병합'의 실행까지 보호관계를 현상유지하려고 하였다. 그리고 이 사건은 일본정부에게 이후 재외 한국인 독립운동가의 활동에 대한 대응과 처벌 방침을 고민하게 만든 계기이자, 중요한 선례가 되었다.

제 5 장
'韓國倂合' 계획의 수립과 실행

제1절 외무성 중심의 '한국병합' 계획 수립

1. '한국병합' 준비를 위한 신임 외무성 政務局長의 발탁

1909년 3월 이토 히로부미(伊藤博文)가 통감 사임을 표명하자, 일본정부는 후임 통감의 선정을 논의하면서 대한정책을 통감에게 일임하였던 기존의 방침을 정부 주도로 변경하였다. 이 과정에서 외무대신 고무라 쥬타로(小村壽太郎)는 '한국병합'에 대해 이토의 동의를 얻은 뒤 구라치 데츠키치(倉知鐵吉)에게 '한국병합'을 목표로 한 대한정책의 방침을 수립할 것을 지시하였다.[1] 이에 따라 그는 「對韓政策의 基本方針」과 그 실행방안으로 「對韓施設大綱」을 입안하였다. 7월 6일 각의에서 통과됨에 따라 이것은 일본정부의 공식적인 한국정책으로 채택되었다.[2]

구라치는 이 문서에서 당시 일반적으로 사용하지 않던 '倂合'이라는 단어를 사용하여 '한국이 완전히 폐멸하여 일본 영토의 일부가 되는 것'이라고 '한국병합'의 개념을 정의하였다.[3] 이 방침은 일본정부가 최초로 '한국병합'을 공식화한 문서였다. 그리고 이 방침이 각의에서 통과되었다는 것은 일본정부 전체가 '한국병합'의 성격에 대해 '한국이 폐멸하여 일본의 영토의 일부로 편입'하는 것으로 이해하고 동의했다는 의미이기도 하다. 또한

---

1) 倉知鐵吉, 「韓國倂合ノ經緯」, 2~3쪽.
2) 日本外務省 편, 『日本外交文書』42-1卷, #144 「對韓政策確定ノ件」, 179~180쪽 ; 倉知鐵吉, 「韓國倂合ノ經緯」, 10쪽.
3) 한성민, 「구라치 데츠키치(倉知鐵吉)의 '韓國倂合' 계획 입안과 활동」, 『한국근현대사연구』 54, 한국근현대사학회, 2010, 84~85쪽.

앞으로 일본정부의 각 부서에서 '한국병합' 정책은 이 방침을 기준으로 통일적으로 실행될 것임을 의미하며, '한국병합'이 실행단계에 접어들었음을 시사한다.

이후 1910년에 접어들어 일본정부는 '한국병합'을 전제로 '제2차 러일협약'의 교섭과 영국·미국 등 열강과의 교섭을 무난하게 마무리하였다. 이에 일본정부는 '불평등조약 개정문제'에 대한 부담없이 '한국병합'의 실행을 결정하고, 그것을 실행할 적임자로 데라우치 마사타케(寺內正毅)를 陸軍大臣 겸임의 제3대 통감으로 임명하였다. 그 직후 데라우치와 일본정부는 '한국병합'의 실행을 구체적으로 준비할 내각의 비밀조직으로 관련부처의 관료들로 구성된 併合準備委員會를 조직하였다. 이때 구라치는 통감부 외무부장 고마츠 미도리(小松綠)와 함께 위원회의 主任으로 발탁되어 '한국병합'의 실행방안인 「併合實行方法細目」의 입안에 참여하였다.

따라서 이 장에서는 첫째 구라치가 외무성 정무국장으로 발탁된 배경과 이후 그가 최초의 '한국병합' 계획인 「대한정책의 기본방침」을 수립하는 과정을 검토할 것이다. 그리고 그 실행방안으로 입안된 「대한시설대강」과 그 이전 일본의 한국정책에 대한 실행지침이었던 「對韓施設綱領」과의 차이를 검토하여 일본의 '한국병합' 정책이 일관된 국가정책으로 추진되었음을 분석할 것이다. 둘째 일본정부가 '한국병합'을 구체적으로 실행하기 위해 비밀리한 조직한 병합준비위원회의 활동과 역할을 파악할 것이다. 셋째 병합준비위원회가 조직되기 전에 고무라의 지시로 구라치가 작성한 「對韓細目要綱基礎案」, 데라우치의 지시로 아키야마 마사노스케(秋山雅之助)가 작성한 「韓國施政에 關한 件·韓國合倂에 關한 件」 및 수상 가츠라 다로(桂太郎)의 「韓國倂合方針의 大綱」 등의 내용을 비교·검토할 것이다. 그리고 이를 토대로 입안된 「병합실행방법세목」은 그동안 일본정부에서 한국의 국권 강탈을 위해 준비한 '한국병합'을 위한 마스터플랜(Masterplan)이자, 한국에 대한 식민통치의 원안이었다는 것을 분석할 것이다.

구라치는 츠즈키 게이로쿠(都築馨六)와 함께 제2회 만국평화회의에서 일본정부와 이토의 기대에 부응하여 한국의 평화회의 참가 저지와 '불일협약'의 조속한 타결이라는 당면과제를 효과적으로 수행하였다. 이토는 그것을 토대로 한국에서 일본의 지배권을 한층 더 강화시킬 수 있었다. 구라치는 이때의 능력을 인정받아 외무성에서 그의 위상은 더욱 높아졌고, 1908년 6월 일본외교의 실무책임자인 외무성 政務局長으로 발탁되었다.

구라치가 정무국장에 발탁된 것은 외무성에서도 매우 이례적인 것이었다. 이에 대해 일본의 근대 인물을 평한 『明治大正人傑傳』에서는 구라치에 대해 다음과 같이 평하고 있다.

> 倉知鐵吉은 霞ヶ關에서 하나의 이채로운 (인물)로 칭해진다. (정무국장) 이전까지 현저한 공적, 풍부한 경험이 없음에도 비교적 고속 출세한 사람이다. (중략) 그는 山縣에게도 눈에 띠었지만, 본래 井上 계열의 한사람으로 故 伊藤의 마음에 들어 일찍이 통감부의 서기관을 역임한 적이 있다. (중략) 외무성으로 옮겨 처음 2년 간 독일공사관에서 서기관을 역임한 것 외에 나가서 交際官을 한 적이 없다. 本省에 있으면서 외교의 機務에 참여하였고, 山座圓次郎이 영국으로 전임되자, 그 뒤를 이어 오랫동안 정무국장을 역임하였다. 그의 두뇌는 명석하고 치밀해서 사무에 재능이 있었다. 특히 상식이 풍부하여 일을 행함에 모든 것을 상식으로부터 판단하기 때문에 건실한 점이 있다.[4]

위 글에서 보이듯이 구라치는 외교관으로서 눈에 띠는 뚜렷한 대외활동이나 공적이 없을 뿐만 아니라, 외교관의 기본적인 경력이라고 할 수 있는 재외공관에서의 근무 경력도 거의 없었다. 그의 대외공관 주재는 외무성에 임관한 초기 독일주재 일본공사관의 서기관으로 2년 간 근무한 것이 유일

---

4) 鵜崎鷺城, 『明治大正人傑傳』, 成輝堂書店, 1927, 111쪽, 「霞ヶ關の外交家 倉知・坂田・阿部・田村」.

하다. 하지만 이것도 그가 베를린대학에서 경제학을 배웠다고 하는 것을 보면 외교관으로의 근무 보다 실질적으로는 독일유학이 목적이었던 것 같다.

근대 일본의 외교 특히 메이지시대의 일본외교는 영국 및 미국의 후원과 지도 아래 발전하였고, 외무성의 주요 인물들도 거의 예외없이 영국이나 미국 주재 공관에서의 근무경력을 가지고 있었다.5) 이와 같은 근대 일본외교의 특징과 비교하면 구라치의 정무국장 발탁은 상당히 이례적인 것이라고 할 수 있다.

그렇다면 이것은 무엇을 의미하는 것일까. 위 글에서는 구라치의 입신배경에 대해 이토, 이노우에 가오루(井上馨), 야마가타 아리토모(山縣有朋) 등 국가원로들의 후원과 함께 그의 두뇌가 명석하고 치밀하다는 점을 들고 있다. 특히 그에 대한 인물평은 다른 곳에서도 공통적으로 나타나는데, 당시의 시사잡지 『太陽』에서는 구라치에 대해 사교계에 나가는 것을 좋아하지 않았으며 두뇌가 명석하고 신경이 예민하며 관찰력이 뛰어나다고 평가하고 있다.6) 이러한 그의 자질에서 구라치는 정책 기획에 재능을 나타냈고, 대외공관의 주재보다는 외무성에 있으면서 기무에 참여했던 것이다. 즉 그는 외교현장형이기 보다는 기획관리형 인물이었다. 이와 같은 구라치의 모습은 이미 앞에서 살펴 본 '안중근의 이토 저격 사건'에 대한 사후처리 과정에서도 잘 나타난다.

이 시기는 앞에서 살펴보았듯이 한국에 대한 일본의 지배권이 완전히 확립되지 않은 상황에서 滿洲의 문호개방 및 철도부설의 문제로 미국을 중심으로 한 열강의 개입이 시작되고, 미국 본토에서는 일본인 이민문제로 미일 간의 긴장감이 조성되던 시기였다. 1908년 초 프랑스에서는 미일관계에 대

---

5) 이와 같은 근대 일본외교의 특징에 대해서는 內山正熊, 「霞ケ關正統外交の成立」, 日本國際政治學會 편, 『日本外交史の諸問題』 Ⅱ, 有斐閣, 1965 및 千葉功, 『舊外交の形成』, 勁草書房, 2008 참고.
6) 金子範二, 「外務次官と局長」, 『太陽』 增刊號(17-9), 1911, 215쪽.

한 비관적 전망에서 미국과 일본이 전쟁을 피하지 못할 것이라는 소문이
돌아 주식시장에서 일본 공채가 폭락할 정도였다.[7] 이러한 미일 대립의 여
파로 그동안 일본외교의 중심축이었던 영일동맹은 약화되어 갔던 반면, 국
제사회에서 일본이 8대 열강의 일원으로 인정받으면서 '불일협약', '러일협
약'의 체결로 일본의 외교 자체가 다각화되어 가는 시기이기도 했다.[8]

또 일본 내부적으로는 일본과 서양 열강 간 기존의 不平等條約 만료(1911)
를 앞두고, 외무성을 중심으로 관련부처가 하나가 되어 불평등조약의 개정
을 위해 고심하던 시기이기도 했다. 당시의 정세는 이토의 표현을 빌리면
"최근의 世界 추세를 숙고하여 그것이 제국에 미치는 영향이 어떨 것인가
를 고려하면 참으로 우려를 금할 수 없다"는[9] 어려운 시기였다.

따라서 이 시기 일본 외무성은 '한국병합'과 관련하여 복잡해진 열강과
의 외교관계를 조율하면서 일본외교의 새로운 대안을 모색해야 했는데, 이
러한 문제를 해결할 일본외교의 실무책임자로 외교현장의 외교관 보다는
기획관리형인 구라치를 선택한 것이다. 이후 구라치는 이토 및 외무대신 고
무라와 의견교환을 통해 열강과의 이해관계 조정[10] 및 일본의 '한국병합'
계획을 실무적으로 수립해 나갔다.

---

7) 『日本外交文書』 41-1卷, #107 「日米關係ニ關スル佛國ノ悲觀的輿論ニ對スル施策ニ
　關スル件」, 150쪽.
8) 千葉功, 『舊外交の形成』, 勁草書房, 2008, 173~180쪽.
9) 이토는 이처럼 일본을 둘러싼 세계정세에 대한 고민을 토로하는 동시에 당시 일본
　외교의 주안점을 정리하여 하야시 외무대신에게 자신의 의견을 개진하였다(『日本外
　交文書』 40-3卷, #2199 「日本ニ對スル英獨米諸國ノ態度ニ關シ意見提出ノ件」, 789~
　791쪽).
10) 이와 관련하여 『朝鮮功勞者銘鑑』에서는 구라치에 대해 1908년 외무성 정무국장으
　로 발탁되어 일영동맹조약을 비롯하여 불일·러일·미일조약의 개정에 위대한 공적
　을 쌓았다고 기록하고 있다(朝鮮功勞者銘鑑刊行會, 『朝鮮功勞者銘鑑』, 624쪽).

2. 「대한정책의 기본방침」 수립과 '併合'의 어휘 안출

이토는 당시 일본정부 내에서 최고 국가원로이자 한국문제에 대한 최고 권위자였다. 따라서 이토의 통감 재임 중에는 일본의 한국정책은 모두 그에게 일임되었다. 하지만 이토는 1909년 1~2월에 걸친 純宗皇帝의 지방순행을 마치고 이를 天皇에게 보고한 뒤 3월 통감 사임을 표명하였다.[11] 이에 일본정부는 후임 통감 선정을 논의하면서 기존의 방침을 바꾸어 한국정책을 정부 주도로 수립할 필요성을 느끼게 되었다.

그동안 일본정부가 한국정책을 이토에게 일임했던 것은 통감이 이토였기 때문에 가능한 일이었다. 1889년 이토가 국가원로로 勅諚된 이래 일본의 국가정책은 그의 영향이 미치지 않은 것이 없을 정도였다. 무엇보다 대외정책에 대한 영향력이 강하여 메이지시대 일본이 외국과 체결한 조약의 대부분은 이토의 검토 하에 체결되었다고 해도 과언이 아니며 한국문제도 마찬

---

11) 小松綠, 『朝鮮併合之裏面』, 中外新論社, 1920(이하 小松綠, 『朝鮮併合之裏面』), 57쪽 ; 倉知鐵吉, 「韓國併合ノ經緯」, 日本外務省 調査部 第四課, 1939(日本 外務省 外交 史料館 소장 外交文書, #N.2.1.0.4-1, 이하 倉知鐵吉, 「韓國併合ノ經緯」), 2쪽. 이토의 통감 사임 배경에 대해 일본학계에서는 다양한 의견이 제시되었는데, 그 대체적인 견해는 이토의 보호정치가 한국인의 환영을 받지 못하고, 역으로 조선의 저항, 특히 의병운동을 야기하였기 때문에 스스로 조선통치에 의욕을 잃었다는 점(森山茂德, 김세민 옮김, 『近代韓日關係史研究』, 현음사, 1994, 239쪽), 즉 한국인을 위무, 회유하는 것으로 그들로부터 결코 마음으로부터의 복종을 얻을 수 없었기에 지배의 합의 혹은 지배의 정당성 획득에 자신을 잃었다는 것이다(운노 후쿠쥬 지음·정재정 옮김, 『한국병합사연구』, 논형, 2008, 420쪽). 또 이와 더불어 이토의 '한국본위'의 자치육성정책으로 인해 '합병'이 늦어지고 있다는 우치다 요헤이(內田良平) 등의 우익세력을 중심으로 한 '반이토운동'에 직면하여 이토는 마침내 '병합'에 동의하고 통감을 사임했다는 것이다(黑龍會 편, 『日韓合邦秘史』 下, 黑龍會出版部, 1930, 70~76쪽). 즉 이토의 한국정책이 한국인들로부터 지지를 받지 못한 것이 그의 사임배경의 가장 큰 요인이라는 것인데 이에 대해서는 앞으로 더욱 면밀한 검토가 요구된다.

가지였다.

이토의 이와 같은 권위는 樞密院의 기능으로 뒷받침되었다. 추밀원은 천황과 내각에 대한 자문기구로 1888년 창설되었는데, 이토는 초대의장을 비롯하여 모두 4차례 의장을 역임하였다. 메이지시대 추밀원은 단순한 자문기구가 아니라 국가정책의 최종 심의기구였고, 그 안에서도 이른바 국가원로의 영향력이 강했다. 이 시기 공식적인 국가원로는 6명이었으며,[12] 이 중 최고의 국가원로가 이토였다.

메이지시대 이토는 정부 안에서건 천황 앞에서건 거리낌없이 자유롭게 행동할 수 있던 유일한 인물이었다.[13] 즉 당시 이토의 위상에 비추어 볼 때, 일본정부의 내각에서 한국문제에 대한 어떠한 결정을 내리더라도, 이토는 그것이 자신의 판단과 맞지 않으면 그것을 변경시킬 수 있는 실질적인 힘을 가진 인물이었다. 이 때문에 일본정부는 이토가 통감이었던 시기에는 한국문제를 전적으로 그에게 일임했던 것이다.

하지만 후임 통감이 이토에 비견될 권위자가 아니라면, 일본정부에서 불평등조약의 개정문제 만큼이나 중요한 국가정책으로 추진한 '한국병합'이 걸린 한국정책을 통감 한사람에게 일임할 수는 없는 문제였다. 1909년 일본정부는 당분간 급격한 한일관계의 변화없이 이토의 한국정책을 유지한다는 입장에서 후임 통감을 기존의 부통감이었던 소네 아라스케(曾禰荒助)로 내정하였다. 다만, 이에 앞서 일본정부의 대한방침을 결정하여 소네에게 제시하고, 그가 이것에 동의할 경우에만 통감에 임명하는 것으로 결정하였다.

---

12) 메이지시대 일본의 국가원로는 이토 히로부미(伊藤博文, 1889. 11. 1 임명), 구로다 기요타카(黑田淸隆, 1889. 11. 1 임명), 야마가타 아리토모(山縣有朋, 1891. 5. 6 임명), 마츠가타 마사요시(松方正義, 1898. 1. 12 임명), 이노우에 가오루(井上馨, 1904. 2. 18 임명), 사이고 쓰구미치(西鄕從道, 정식 임명절차 거치지 않음)의 6명이었다 (吉川弘文館編集部 編, 『近代史必携』, 吉川弘文館, 2007, 107~108쪽).

13) 메이지시대 이토의 위상에 대해서는 春畝公追悼會, 『伊藤博文傳』 上·中·下, 統正社, 1940 및 中村菊男, 『伊藤博文』, 時事通信社, 1958 참고.

이에 고무라는 정무국장 구라치에게 대한정책의 방침을 수립할 것을 지시
하였다.[14] 이때 구라치에 의해 기초된 것이 바로 「대한정책의 기본방침」인
데, 그 내용은 아래와 같다.

> 제국의 한국에 대한 정책이 우리의 실력을 반도에 확립하고, 그것의 把
> 握을 嚴密히 하는 것에 있음은 말할 필요가 없다. 일러전쟁 개전 이래 한국
> 에 대한 우리의 권력은 점차 확장되어 마침내 재작년 日韓協約의 체결과
> 함께 同國에서의 施設은 크게 그 면목을 개선시켰음에도 불구하고, 동국에
> 서 우리의 세력은 아직 충분히 충실함에 이르지 못하였다. 동국 官民의 우
> 리에 대한 관계도 역시 아직 완전히 만족할 만한 것이 아니기 때문에 제국
> 은 이후 더욱 동국에서 실력을 증진하고, 그 기반을 깊이하여 內外에 대하
> 여 다투지 않을 세력을 수립함에 노력하는 것을 필요로 한다. 따라서 이 목
> 적을 달성함에는 지금 제국정부에서 아래의 대방침을 확립하고, 그것에 기
> 초하여 제반의 계획을 실행하는 것을 필요로 한다.

> ① 적당한 시기에 한국병합을 단행할 것.
> 한국을 병합하여 그것을 帝國 版圖의 일부로 하는 것은 半島에서 우리의
> 실력을 확립하기 위해 가장 확실한 방법이다. 제국이 내외의 정세에 비추
> 어 적당한 시기에 단연 병합을 실행하여 반도를 명실공히 우리의 통치 하
> 에 두고, 또 한국과 여러 외국과의 조약관계를 소멸시키는 것은 제국 백년
> 의 長計가 되는 것으로 한다.

> ② 병합의 시기가 도래할 때까지는 병합의 방침에 기초하여 충분히 보
> 호의 실권을 장악하도록 노력하고 실력배양을 도모해야 할 것.
> 전항과 같이 병합의 대방침이 이미 확정되었지만, 그 적당한 시기가 도
> 래하지 않은 기간은 병합의 방침에 기초하여 우리의 제반의 경영을 추진함
> 으로써 반도에서 우리의 실력을 확고히 하는 것을 필요로 한다.[15]

---

14) 倉知鐵吉,「韓國倂合ノ經緯」, 2~3쪽.
15) 倉知鐵吉,「韓國倂合ノ經緯」, 3~5쪽 ; 日本外務省 編, 『日本外交年表竝主要文書』

위 방침을 간단히 요약하면, 한국을 일본 영토의 일부로 삼는 것이 일본의 권리를 확립하는 가장 확실한 방법이기 때문에 적당한 시기에 한국을 '병합'할 것이고, 그 시기가 오기까지 '병합'의 방침 아래 한국의 실권을 더욱 확실히 장악해야 한다는 것이다. 이것은 구라치가 기초한 뒤 고무라가 약간 수정하여 성안되었는데, 일본정부가 '한국병합' 계획을 최초로 공식화한 문서였다. 하지만 최고 국가원로이자 한국정책의 권위자인 이토의 의견을 듣지 못했기 때문에 이 방침은 1909년 3월 30일 고무라가 가츠라 다로(桂太郎) 수상에게 극비로 보고한 외에는 이토가 열람하기까지 다른 원로나 각료들에게도 공개되지 않았다.16)

고무라와 가츠라가 추밀원 의장의 관사인 레이난자카(靈南坂)로 가서 이토를 면회한 때는 4월 10일이었다. 당시 이들은 이토의 반대를 걱정하여 조심스럽게 "한국의 현 상황에 비추어 장래를 생각할 때, 한국을 병합하는 외에는 방법이 없음"을 밝히고 위의 방침을 제시하였다. 이에 이토는 의외로 즉시 전적으로 동감한다고 언명하면서 중대한 외교문제가 발생하지 않도록 미리 대비해야 한다는 주의만 주었다.

이토가 반대하면 강하게 반박하려고 했던 고무라와 가츠라는 상당히 허탈할 정도였다고 한다.17) 이에 대해서는 이토의 의중을 가장 잘 파악하고 있었던 구라치도 "조선에 대한 것이라면 이토공은 되도록 眞意를 감추고 마음에도 없는 주장을 하는 모습이 있었기 때문에" 한국처분에 관한 것, 그것만은 자신도 확실히 알지 못했다고 진술하고 있다.18) 하지만 위 방침서에는 구라치와 고무라의 의견뿐 아니라, 이토의 의견도 이미 상당히 반영되어 있다고 판단된다.

上, 原書房, 1965, 315쪽.

16) 倉知鐵吉, 「韓國倂合ノ經緯」, 3~6쪽.

17) 倉知鐵吉, 「韓國倂合ノ經緯」, 9~10쪽 ; 春畝公追頌會, 『伊藤博文傳』 下, 837~838쪽.

18) 倉知鐵吉, 「韓國倂合ノ經緯」, 6~8쪽.

1908년 경 구라치는 "지금의 통감제는 불충분하기 때문에 좀더 강화할 필요가 있음"을 이토에게 강하게 주장한 적이 있다. 이에 대해 이토는 "현재 外交와 軍事를 우리의 수중에 취한 상태에서 司法權까지 우리 손에 넣으면 결코 다른 것을 급하게 서두를 필요는 없다"고 구라치를 질책하였다.[19] 이와 비교해 보면 위의 방침서에는 불과 1년전 이토에게 통감제의 강화를 주장하던 구라치의 의견은 담겨있지 않다. 아울러 '병합'의 시기가 도래할 때까지 '병합'의 방침에 기초하여 충분히 보호의 실권을 장악한다는 내용은 오히려 "급하게 서두를 필요가 없다"는 이토의 생각과 비슷하다.

1909년의 시점은 이미 한국의 국가적 실권의 대부분이 일본에게 장악된 상태였다. 각지에서 일어난 의병의 항쟁은 '병합'의 시기에 영향을 주는 문제가 아니라, 구라치의 표현에 의하면 '충분히 보호의 실권을 장악'하는 문제였다. 당시 일본정부가 '한국병합'에서 가장 우선적으로 고려했던 문제는 이에 대한 열강의 승인여부와 일본의 불평등조약 개정에 끼칠 영향이었다.[20] 특히 3국간섭(1895) 이래 여전히 일본의 최우선적 적국이었던 러시아와 동맹국이자 열강의 대표인 영국의 승인없이 '한국병합'을 단행할 수는 없었다.

구라치는 '한국병합'에 대한 열강들과의 이해관계가 조정되지 않았고, 더불어 '한국병합'이 일본의 조약개정교섭에 열강의 협상카드로 이용될 수 있다는 점을 우려하였다. 이 때문에 '병합'의 시기를 '적당한 시기'로 표현한 것이다. 그리고 이것은 소위 문관파와 무관파를 막론하고 이토를 비롯한 당시 일본정부 수뇌부의 공통된 생각이기도 했다. 일본의 섣부른 '한국병합'은 한일관계에 열강의 간섭을 불러와 청일전쟁 직후 3국간섭의 재판이 될

19) 倉知鐵吉, 「韓國倂合ノ經緯」, 7~8쪽.
20) "我ガ國內外ノ形勢ニモ變化ガアリ最早倂合ヲ斷行シテモ條約改正ノ事業ニ支障ヲ來サヌトノ見込ガ付イタノデ"(倉知鐵吉, 「韓國倂合ノ經緯」, 29~30쪽) ; 『日本外交文書』 43-1卷, #2 「現行通商條約廢棄ニ關シ請議ノ件」, 2~6쪽.

수도 있기 때문이었다.

따라서 위 방침서의 내용은 이토가 '병합'에 대한 자신의 생각과 부합하기 때문에 고무라 및 가쓰라에게 즉시 동의를 표했다고 해석하는 편이 타당하다. 전혀 의외라고 보기 힘들다. 오히려 이토는 이들에게 '중대한 외교문제가 발생하지 않도록 미리 대비해야 한다'고 하여 마지막까지 '병합'에 대한 '적당한 시기'와 열강과의 이해조정의 중요성을 강조하고 있는 것이다. 또 구라치는 이토의 東京 체재시 그의 비서관으로 매일같이 만나 한국문제 등에 대해 의견을 교환하였고,[21] 「대한정책의 기본방침」 작성시에는 고무라와도 협의하였다. 이 과정에서 구라치는 '한국병합'에 대한 이토와 고무라의 생각을 반영하여 작성했다고 생각된다. 즉 '한국병합'에 대한 이토와 고무라의 의향은 구라치의 조율을 통해 무리없이 통일되어 공식화된 것이다.

'한국병합' 계획의 수립에서 무엇보다 주목할 만한 사실은 구라치가 앞의 방침서에서 '倂合'이라는 단어를 사용했다는 점이다. 이에 대해서 구라치는 다음과 같이 설명한다.

> 당시 우리 정부와 민간에서 韓國倂合의 주장이 적지 않았지만 병합의 사상이 아직 충분히 명확하지 않았다. 일한 兩國이 대등하게 하나로 합치는 것이라는 주장이 있었고, 또 혹은 오스트리아 – 헝가리 제국과 비슷한 종류의 국가를 만드는 의미로 해석하는 사람도 있었다. 따라서 문자도 역시 合邦 또는 合倂 등의 문자를 이용하고 있었다. 하지만 본인은 한국이 완전히 폐멸되어 제국 영토의 일부로 되는 뜻을 명확하게 함과 동시에 그 어조가 다소 과격하지 않은 문자를 선택하려고 하여 여러 가지로 고민했지만 결국 적당한 문자를 발견하지 못하였다. 이에 따라 당시 아직 일반적으로 이용하지 않던 문자를 선택하는 것이 좋다고 생각하여 병합이라는 문자를 앞의 문서에 이용하였다. 그 이후로 公文書에는 항상 병합이라는 문자를 이용하

---

21) 倉知鐵吉, 「韓國倂合 / 經緯」, 6쪽.

게 되었다.[22]

1909년 3월 이토가 통감을 사임하자 한일 양국에서는 일본의 대한방침이 이를 계기로 크게 바뀔 것을 예상하고 있었다. 특히 일본사회에서는 일본이 한국을 완전히 접수하리라는 것이 기정사실화 되고 있었다. 다만 구라치가 진술했듯이 그 방식이 어떠한 형태가 될 것인지에 대해서는 다양한 의견들이 분출되고 있었다.[23] 이에 구라치는 '병합'이라는 단어를 사용하여 일본정부가 생각하는 '한국병합'의 구체적인 개념을 정의한 것이다. 이에 따르면 한국은 폐멸되어 완전히 일본 영토의 일부가 되고, 다만 그 침략적 본질을 다소 은폐시키기 위해 '倂呑'이 아닌 '병합'이라는 당시에 일반적으로 사용되지 않던 단어를 쓴 것이다. 그 결과 현재까지도 일본의 공문서 및 사문서 거의 대부분이 1910년 일본의 한국 국권 강탈을 '한국병합'으로 표현하고 있다.[24]

이에 대해 운노 후쿠쥬(海野福壽)는 구라치가 '병합'이라는 단어를 사용하기 전에 이미 메이지시대의 다른 문서들에서 '병합'이라는 단어가 사용된 예가 있음을 지적하였다. 1905년 7월 하야시 다다스(林董) 주영공사가 가츠라 임시 외무대신에게 보낸 전보에서 "병합의 시기가 일단 도래하면 그 조약은 당연한 결과로 사실상 소멸되어야 한다"고 하였고, 1907년 2월 '제1차 러일협약'의 협상과정에서 모토노 이치로(本野一郎) 주러공사가 하야시 외무대신에게 보낸 전보에 "한국을 병합하는 목적을 향해 서서히 나아가지 않으면 안된다. 대개 한국에서 평화로운 상태를 확립하려고 함에는 同國을 我國에 병합하는 것 외에는 없다"라는 표현, 그리고 같은 해 3월 하야시 외

---

22) 倉知鐵吉, 「覺書」(1913년 3월 倉知鐵吉이 小松綠에게 보낸 각서) ; 小松綠, 『朝鮮倂合之裏面』, 16쪽.

23) 小松綠, 『朝鮮倂合之裏面』, 85쪽 ; 한명근, 『한말 한일합방론 연구』, 국학자료원, 2002, 28~35쪽 참고.

24) 한성민, 앞의 글(2010), 85쪽.

무대신이 이토 통감에게 보낸 전보에서 "우리로서는 그 의의 중에 한국의 병합도 포함한다는 것을 공식적으로 선포하여"라고 표현한 3가지 용례를 들었다. 그는 당시에 'annexation'의 번역어로 '병합'과 '합병' 양쪽이 사용되고 있었으므로 구라치가 '병합'을 처음 사용한 것도 아니며 '병합'의 용어 사용이 특별한 것도 아니라고 주장하였다.[25]

하지만 구라치가 사용하기 이전에 사용된 예는 운노 스스로 서술했듯이 'annexation'의 단순한 번역이었을 뿐, 구라치와 같은 구체적인 개념 규정 없이 일반적 의미로 사용된 것이었다. 또 당대에는 위 3가지 외에 다른 용례를 찾기 힘들기 때문에 '병합'이라는 용어가 일반적으로 사용되지 않았다는 것을 의미하므로 구라치가 사용한 '병합'의 의미가 퇴색되는 것은 아니라고 생각한다.[26]

이렇게 구라치가 구체적으로 개념 규정한 「대한정책의 기본방침」은 무리 없이 이토의 동의를 받았다. 이에 고무라와 가츠라는 안심하고 이를 당시 통감인 소네와 대표적 원로인 야마가타에게도 제시하여 동의받았다. 하지만 그 이후에도 다른 원로나 각료들에게는 극비로 다뤄졌다. 이 방침은 7월 6일에야 비로소 일본 각의에 공개되어 역시 구라치가 기초한 「대한시설대강」과 함께 「對韓政策確定의 件」으로 통과되었다.[27]

구라치는 위의 「대한정책의 기본방침」 제2항에서 "병합의 시기가 도래할

---

25) 운노 후쿠쥬 지음, 정재정 옮김,『한국 병합사 연구』, 논형, 2008, 420~421쪽, 각주 (3).
26) 이와 관련하여 구라치는 "이 '병합'이라는 문자는 완전히 새롭게 안출된 것이라서 만약 새삼스럽게 그것으로 결정하자고 하는 것이 되면 의견이 분분할 것은 필연이었기 때문에 나는 묵묵히 이 문자를 사용하는 것 외에 일을 복잡하게 만들고 싶지 않았기 때문에 桂 수상 등은 이 방침서를 읽을 시에 때때로 '병합'을 '합병'으로 발음하여도 눈치 채지 못할 정도로 자연스러웠다"(倉知鐵吉,「韓國倂合ノ經緯」, 12쪽)라고 하였는데, 이는 구라치가 당시 '병합'이라는 단어를 선택하여 사용하면서 어느 정도로 이에 대해 주의를 기울이고 있었는지를 보여준다.
27) 日本外務省 편,『日本外交文書』42-1卷, #144「對韓政策確定ノ件」, 179~180쪽 ; 倉知鐵吉,「韓國倂合ノ經緯」, 10쪽.

때까지는 병합의 방침에 기초하여 충분히 보호의 실권을 장악하도록 노력
하고 실력배양을 도모해야 할 것"이라고 했다. 이때 '보호의 실권 장악'과
'실력배양'을 위한 구체적인 실천방안으로 입안한 것이 5개조로 구성된 「대
한시설대강」이고, 그 내용은 아래와 같다.

> 「對韓施設大綱」
> 한국에 대한 제국정부의 大方針이 결정된 이상은, 同國에 대한 施設은
> 병합의 시기가 도래하기까지 大要는 아래의 항목에 따라 그것을 실행하는
> 것을 필요로 한다고 인식함.
> 제1 제국정부는 기정의 방침에 따라 한국의 방어 및 질서의 유지를 담임
> 하고, 그것을 위해 필요한 군대를 동국에 주둔시키고, 또 가능한 한 다수의
> 헌병 및 경찰관을 동국에 증파하여 충분히 질서유지의 목적을 달성할 것.
> 제2 한국에 관한 외국 교섭사무는 기정의 방침에 따라 그것을 우리가 장
> 악할 것.
> 제3 한국철도를 제국 鐵道院의 관할로 이전하여 同 철도원의 관할 하에
> 남만주철도와의 사이에 밀접한 연락이 되도록 하여 우리 大陸鐵道의 통일
> 과 발전을 도모할 것.
> 제4 가능한 한 다수의 本邦人(일본인)을 한국 내에 移植하여 우리 실력
> 의 근거를 튼실히 함과 동시에 日韓 간의 經濟關係를 밀접하게 할 것.
> 제5 한국 중앙정부 및 지방관청에 재임하는 본방인 관리의 권한을 확장
> 하여 일층 민활하고 통일적으로 행정이 이루어지도록 노력할 것.[28]

위 「대한시설대강」은 해당 시기 일본의 한국정책에 대한 실천방안으로
마련되었다는 점에서나, 군사력을 바탕으로 외교·경제·정치(행정)으로 일
본의 세력을 확장한다는 서술체계 및 내용의 면에서나 1904년에 수립된 「대
한시설강령」의 연속선상에 위치한다.

일본정부는 러일전쟁 발발 직후 한국의 협력을 강제하기 위해 '韓日議定

---

28) 『日本外交文書』 42-1卷, #144, 「對韓政策確定ノ件」, 79~180쪽.

書(1904)'를 체결하였다.29) 그리고 5월에는 정치·군사에서 보호의 실권 및
경제에서의 이권 확장을 도모한다는 「帝國의 對韓方針」을 결정하였다. 「대
한시설강령」은 이 방침의 실천방안으로 마련된 것이었다.30) 「제국의 대한
방침」은 「대한정책의 기본방침」으로 발전하였고, 「대한시설강령」은 「대한
시설대강」으로 바뀐 것인데, 그 변화된 내용은 <표 3>과 같다.

<표 3> 「對韓施設綱領」과 「對韓施設大綱」의 비교

구분	대한시설강령(1904. 5. 31)	대한시설대강(1909. 7. 6)
군사	·군사 주둔 – 일본의 국방, 한국의 방어·치안 및 한국에 대한 세력유지 목적 ·군사전략상 필요한 지역 수용 ·친위대를 제외한 한국군대의 감원	·한국의 방어, 질서유지 담임 ·필요한 군대의 주둔 ·가능한 다수의 헌병 및 경찰관 증파
외교	·한국의 외교사무는 일본의 사전동의를 받도록 함 ·한국의 외교사무 처리는 外部衙門으로 일원화 ·일본의 목적달성 위해 외국인을 外交顧問으로 고용케 함	·외교권 장악의 현상 유지

---

29) "韓日議定書成. 大韓帝國皇帝陛下의 外部大臣臨時署理陸軍參將李址鎔及大日本帝國
皇帝陛下의 特命全權公使林權助눈 各相當한 委任을 受ᄒ야 左開條件을 協定흠. 第
一條, 韓日兩帝國 間에 恒久不易히 親交를 保持ᄒ고 東洋和平을 確立흠을 爲ᄒ야
大韓帝國政府눈 大日本帝國政府를 確信ᄒ야 施政改善에 關ᄒ야 其忠告를 容흘 事.
第二條, 大日本帝國政府눈 大韓帝國皇室을 確實흔 親誼로 安全康寧케흘 事. 第三
條, 大日本帝國政府눈 大韓帝國의 獨立及領土保全을 確實히 保證흘 事. 第四條, 第
三國의 侵害에 由ᄒ며 或은 內亂을 爲ᄒ야 大韓帝國皇室의 安寧과 領土의 保全에
危險이 有흘 境遇에눈 大日本帝國政府눈 速히 臨機必要흔 措置를 行흠이 可흠 然
大韓帝國政府눈 右大日本帝國에 行動을 容易흠을 爲ᄒ야 十分便宜를 與흘 事 大日
本帝國政府눈 前項目的을 成就흠을 爲ᄒ야 軍略上必要흔 地點을 隨機取用흠을 得
흘 事. 第五條, 大韓帝國政府와 大日本帝國政府눈 相互間에 承認을 不經ᄒ야 後來
에 本協定趣意에 違反흘 協約을 第三國 間에 訂立흠을 得치 못흘 事. 第六條, 本協
約에 關聯ᄒ눈 未悉細條눈 大日本帝國代表者와 大韓帝國外部大臣間 臨機協定흘
事. 光武八年二月二十三日. 外部大臣臨時署理陸軍參將 李址鎔. 明治三十七年二月二
十三日. 特命全權公使 林權助"(『高宗實錄』 卷44, 고종 41년 2월 23일).

30) 『日本外交文書』 37-1卷, #390 「對韓方針竝ニ對韓施設綱領決定ノ件」, 351~356쪽.

경제	재정	·행정의 기초인 재정 실권 장악 ·일본인을 財政顧問으로 고용케 함	·한일 경제관계의 밀접화
	교통	·철도는 한국 경영의 핵심 ·京釜線-신속한 완성, 京義線-경영권 확보, 京元線과 馬山·三浪津 철도 부설권 확보	·한국철도를 일본 鐵道院의 관할로 통합, 南滿洲鐵道와 연결하여 대륙철도의 통일과 발전 도모
	통신	·郵便, 電信, 電話사업의 관리를 일본정부에 위탁시킬 것	
	殖産	·농업-한국의 산업 중 가장 유망, 일본의 초과인구 이식 및 식량공급지화 ·官有荒蕪地의 개척권 및 민유지의 매매, 임차의 권리 확보 ·임업-豆滿江, 鴨綠江 연안에 대한 러시아의 벌채권을 폐지하고, 일본인에게 양여토록 함 ·광업-유망하지 않음. 유망한 쪽은 일본이 수용하고, 그 외는 외국인과 균점 ·어업-기존에 확보한 어업권 외에 忠淸, 黃海, 平安道의 어업권 확보	·가능한 다수의 일본인을 한국에 이식하여 일본세력의 기반 강화
정치 (행정)		·재정의 실권 확보를 기초로 행정부 장악	·한국의 중앙정부 및 지방관청에 재임 중인 일본인 관리의 권한 확대

「대한시설강령」은 한국에서 일본의 세력 확장을 위한 실천방안이자, 한국의 국가적 실권 박탈이라는 구체적인 정책목표를 제시하고 이를 달성하기 위한 로드맵(Road Map)이었다. 세력 확장의 근간은 군사력이었다. 그 핵심은 일본군의 한국 주둔으로 "한국의 위아래 국민들에 대해 우리의 세력을 유지하기 위해 가장 유용"한 것이라고 그 의미를 강조하였다.[31]

일본은 한국에 주둔하는 일본군의 무력을 바탕으로 외교고문과 재정고문을 한국정부에 고용케 하여 한국의 반일적인 외교활동을 차단하고, 행정의 기초인 재정 실권을 장악한다는 것이다. 그후 국가 기능 면에서 혈관과 신경에 해당하는 교통과 통신시설에 대한 부설권과 운영권을 일본이 확실히 장악한다는 목표를 세웠는데, 그 중에서도 대동맥에 해당하는 철도에 대해

---

31) 『日本外交文書』 37-1卷, #390 「對韓方針竝ニ對韓施設綱領決定ノ件」, 352쪽.

서는 한국 경영의 핵심으로 파악하고 있다. 그리고 이러한 바탕 위에서 일본의 초과 인구를 한국에 이식하는 동시에 일본의 식량공급지로써 한국의 경제구조를 식민지적 경제구조로 개편하고, 마지막으로 행정의 실권을 장악한다는 것이다. 이 과정에서 외교고문을 일본인이 아닌 외국인으로 하고, 광업에서 유망하지 않은 분야는 외국인과 균점한다고 했는데, 이는 한국에서 일본의 세력 확장에 대해 발생할지 모르는 열강의 불만을 사전에 무마시키려는 조치였다.

이와 같은 「대한시설강령」의 목표는 대부분 일본의 의도대로 달성되었다. 군사부분은 이미 '한일의정서'의 제3조와 제4조에 의해 일본은 조선에서의 군사주둔, 작전권은 물론 군략상 필요한 지점의 점령과 수용권을 확보하였다.[32] 이에 근거하여 일본의 參謀本部는 1904년 3월 10일 주차군사령부 및 예속 부대의 편성을 시작하였다. 창설 당시 韓國駐箚軍은 보병 1개 대대, 후비보병 5개 대대 및 주차헌병대 등의 특수병과로 조직되었고, 원칙적으로 1개 사단규모를 유지하였다.[33] 그리고 1907년 7월 '제3차 한일협약(정미조약)' 체결 당시 미발표 「각서」 제3조에 의거하여[34] 일본은 31일 밤 순종황제로부터 군대해산의 詔勅을 받아 8월 1일 황궁 수비를 위한 親衛隊 1개 대대를 제외한 한국의 군대를 해산하였다.[35]

---

32) 『高宗實錄』 卷44, 高宗41년 2월 23일, 「韓日議定書成」.
33) 임종국, 『日本軍의 朝鮮侵略史』 Ⅰ, 일월서각, 1988, 111~121쪽.
34) 미발표 「각서」 제3조의 내용은 다음과 같다. 1) 육군 1개 대대를 존치하여 皇宮守衛의 任에 當하게 하고 기타는 이를 해산할 것. 2) 軍部를 비롯한 육군에 관계되는 官衙를 全廢할 것. 3) 교육받은 士官은 한국군대에 머물 필요가 있는 자를 제외하고 기타는 일본군대로 부속시켜 실지연습을 시킬 것. 4) 해산한 下士卒 가운데 경찰관의 자격이 있는 자는 이를 경찰관으로 채용하고 기타는 가급적 實業에 종사토록 할 것. 그 방법은 예컨대 ① 間島로 이주시켜 개간에 종사시킬 것 ② 屯田法으로 황무지 개간에 종사시킬 것(『日本外交文書』 40-1卷, #530 「日韓協約二關スル文書送付ノ件」, 494~495쪽 ; #535 「日韓協約規定實行二關スル覺書調印報告ノ件」, 498쪽).
35) 『統監府文書』 3卷, (8) 「往電第107號 韓國軍隊 解散에 관한 件」, 244~245쪽.

외교부분에서는 1904년 8월의 '제1차 한일협약'의 제2조와 제3조에 의거하여 일본정부는 한국정부에 미국인 스티븐스(Stevens. Durham White)를 외교고문으로 고용토록 하고, 외교에 관한 중요한 사항은 모두 그 의견을 자문받아 시행하는 것과 함께 외국과의 조약 체결, 기타 중요한 외교 안건은 모두 일본정부와 협의하게 하였다.36) 이후 일본은 1905년 11월의 '을사조약'에 의해 한국의 외교권을 박탈하여 한국정부의 外部를 폐지하고, 한국의 재외공관을 전부 철폐시킴과 동시에 한국에 주재하는 외국의 公使를 철거토록 하고 공사관을 폐쇄시켜 한국을 보호국으로 삼았다.

경제부분에 대해서는 우선 한국의 재정 장악을 위해 '제1차 한일협약'의 제1조에 의거하여 일본정부가 추천한 메가다 다네타로(目賀田種太郎)를 한국정부의 재정고문으로 고용케 하여 한국의 재정에 관한 사항은 모두 그의 의견을 자문받아 시행하게 하였다.37) 이에 메가다는 1905년 한국의 화폐정리사업을 추진하였다. 그는 幣制紊亂의 직접적 원인인 백동화를 환수하고 엽전을 점진적으로 정리하는 것과 함께 일본의 第一銀行券을 조선의 法貨로 채택하였다. 이것은 일본에 의한 화폐발행권의 장악 과정이었고, 舊貨의 정리사업임과 동시에 새로운 식민지 통화제도의 수립과정이었다.38)

철도의 장악은 일본이 러시아와 대항하면서 정치적·경제적·군사적으로 한국을 독점하기 위해 상품과 병력을 단시간에 대량으로 수송하고, 철도연선

---

36) "二十二日. 韓日協定書成. 協定書 一, 大韓政府ᄂᆞᆫ 大日本政府가 推薦ᄒᆞᆫ 바 日本人 一名을 財政顧問으로ᄒᆞ야 大韓政府에 傭聘ᄒᆞ야 財務에 關ᄒᆞᄂᆞᆫ 事項은 一切其意見을 詢ᄒᆞ야 施行ᄒᆞᆯ 事. 一, 大韓政府ᄂᆞᆫ 大日本政府가 推薦ᄒᆞᆫ 바 外國人 一名을 外交顧問으로ᄒᆞ야 外部에 傭聘ᄒᆞ야 外交에 關ᄒᆞᄂᆞᆫ 要務ᄂᆞᆫ 一切其意見을 詢ᄒᆞ야 施行ᄒᆞᆯ 事. 一, 大韓政府ᄂᆞᆫ 外國과 修約을 締結ᄒᆞ며 其他 重要ᄒᆞᆫ 外交案件 卽外國人에 對ᄒᆞᄂᆞᆫ 特權讓與와 契約等事處理에 關ᄒᆞ야ᄂᆞᆫ 미리 大日本政府와 商議ᄒᆞᆯ 事. 光武八年八月二十二日. 外部大臣署理 尹致昊. 明治三十七年八月二十二日. 特命全權公使 林權助"(『高宗實錄』 卷44, 고종 41년 8월 22일).

37) 위 각주 36)번의 제1조 참고.

38) 吳斗煥, 『韓國近代貨幣史』, 韓國研究院, 1991 참고.

에 정치력을 확산시키는 데 필수적인 사안이었다. 이에 일본은 러일전쟁의 과정에서 기존에 건설 중이었던 京釜鐵道의 신속한 공사를 추진하여 1905년 1월 완공하고, '한일의정서'의 제3조 "군략상 필요한 지점을 수용"의 조항을 빌미로 한국정부를 압박하여 京義鐵道, 京元鐵道, 경부철도의 지선인 三馬鐵道(삼랑진~마산)의 부설권을 확보하여 군용철도로 부설에 착수하였다. 이후 일본은 1906년 7월 한국의 철도들을 모두 국가재정으로 매수하여 통감부 鐵道管理局으로 이관하였다.

통감부에 의한 한국철도의 장악은 일본의 국가권력이 철도를 통해 한국에 대한 침략과 수탈에 본격적으로 나섰다는 것을 의미한다. 또한 이와 동시에 한국철도가 한반도의 縱貫鐵道로 일본과 대륙을 직접 연결함으로써 일본의 대륙침략을 위한 가장 중요한 수송수단이 되었음을 의미하기도 한다.[39]

통신은 교통과 함께 일본이 한국의 전 지역을 실질적으로 장악하고, 유기적이며 일원적인 통치력을 행사하는 데 필수불가결한 요소였다. 이에 일본정부는 한국정부와 1905년 4월 '韓日通信機關協定書'를 체결하여 한국의 우편, 전신, 전화 사업을 일본정부에 위탁하도록 하고, 통감부 산하에 通信管理局을 설치하여 한국의 통신권을 장악하였다.[40]

한국의 산업에 대해 「대한시설강령」은 농업을 가장 유망한 산업으로 규정하였다. 이에 따라 일본의 초과인구를 이주시켜 농업을 통해 한국을 식량공급기지화하는 것을 산업에서의 중심 목표로 하고, 그외에 임업과 어업에서의 이권확보를 정책목표로 제시하였다. 이것의 실현을 위해 한국의 토지확보를 목적으로 1904년 6월 주한일본공사 하야시 곤스케(林權助)는 한국의 外部에 황무지개척권을 일본인에게 양여하라고 요구하였다.

이 시기 일본의 요구는 保安會를 중심으로 한 한국인들의 반대투쟁으로

39) 정재정, 『일제침략과 한국철도(1892~1945)』, 서울대학교 출판부, 1999 및 이노우에 유이치, 석화정·박양신 옮김, 『동아시아 철도 국제관계사』, 지식산업사, 2005 참고.
40) 『高宗實錄』 卷45, 高宗 42년 4월 1일, 「韓日通信機關協定書成」.

좌절되었다. 하지만 이후 일본은 한국 정부에 계속적으로 압력을 가해 1907
년 7월 법률 제4호 「國有未墾地利用法」을 공포·실시하도록 하여 국유미간
지를 시작으로 한국의 토지 약탈을 본격화하였다. 1908년엔 그동안 장악한
미간지와 驛屯土를 기반으로 東洋拓殖株式會社를 설립하였다.41) 그리고 토
지 수탈을 바탕으로 일본인의 한국 이주와 이를 지원하기 위해 1905년 3월
법률 제41호로 「居留民團法」을 공포하였다. 이 법에 기초하여 일본정부는
한국에서 일본인 거류민단의 사무 관할과 일본인이 경영하는 은행업, 수산조
합 등의 감독권을 통감부 및 이사청에 부여하였다. 이와 함께 한국인의 외국
여행 및 이민 등 한국 官民의 외국과 관련된 일체의 사항 및 외국인의 한국
에서의 일체의 사항까지도 이 법을 근거로 통감부가 관할하도록 하였다.42)

임업에서는 한국의 鴨綠江과 豆滿江 유역의 원시림에 대한 러시아의 벌
채권을 일본으로 이전시키는 것이 주요 목표였다. 이에 일본은 러일전쟁의
과정에서 한국정부를 압박하여 1904년 5월 18일 한·러 간의 國交 단절 및
'森林協同條約'을 폐기하도록 하였다.43) 이로써 러시아의 벌채권은 폐기되
었고, 전쟁에서 승리한 일본은 1906년 10월 한국과 '森林經營에 관한 協同
約款'을 체결하여 압록강·두만강 유역의 벌채권을 확보하였다.44)

어업에 대해서는 농업 다음으로 유망한 산업으로 평가하고, 충청·황해·
평안도 지역에서의 어업권 확보를 과제로 제시하였다. 이에 일본정부는 한
국정부와 교환한 1904년 6월 「충청·황해·평안도에서 어업에 관한 왕복문

---

41) 尹炳奭, 「日本人의 荒蕪地開拓權 要求에 對하여−1904年 長森名儀의 委任契約企圖
   를 中心으로−」, 『歷史學報』 22, 역사학회, 1964 및 『近代 韓國民族運動의 思潮』,
   집문당, 1996 참고.
42) 『公文類聚』 第二十九編(明治三十八年 第七卷 外事·國際·通商), 「居留民団法ヲ定ム」,
   日本國立公文書館 소장문서(アジア歴史資料センター, レファレンスコード A15113
   538000).
43) 강영심, 「구한말 러시아의 삼림이권획득과 삼림회사의 채벌실태」, 『이화사학연구』
   17·18합집, 이화사학연구소, 1988 참고.
44) 『高宗實錄』 卷47, 고종 43년 10월 19일, 「議定鴨綠江豆滿江森林經營協同約款」.

서」를 통해 이 지역으로 일본 어민의 어업 영역을 확장하였다. 나아가 1908
년 10월에는 한국정부와 '어업에 관한 협정'을 체결하여 한국의 연해에서
재산권으로서의 어업권을 확보하였다.[45]

「대한시설강령」이 마지막 정책목표로 제시한 한국의 행정부 장악은 1907
년 6월의 헤이그 특사 사건을 빌미로, 7월 고종황제를 퇴위시키고, '정미조
약'을 체결하여 한국의 내정권을 장악함으로써 실현되었다.[46]

이와 같은 「대한시설강령」 실행의 결과이자 후속 실천방안으로 4년 후에
제시된 것이 바로 구라치가 기초한 「대한시설대강」인데, '한국병합'을 위한
실천방안의 최종판이라고 할 수 있다. 이 문서는 구체적으로 '한국병합' 실
행에 대비하여 군사적으로 헌병과 경찰을 증파하고, 대외적으로는 현재 한
국의 외교권 장악에 대한 현상 유지를 요구하였다. 경제적으로는 한국의 경
제와 교통망인 철도를 일본의 그것에 하위 구조로 편입시키고, 정치사회적
으로 한국사회에 대한 실질적 장악을 위해 일본세력의 기반으로써 가능한
다수의 일본인의 한국 이주와 일본인 관리의 권한을 확대하라는 내용이다.

이것은 요약하자면, 일본이 한국 국권의 대부분을 장악하고 있는 현재의
상태를 유지하면서 적당한 시기가 오면 '한국병합'을 즉각적으로 실행하여
도 혼선이 없도록 일본의 세력 기반을 더욱 강화하는데 노력하라는 내용이
었다.

여기에서도 한국에 대한 일본의 지배력의 근간은 역시 군사력이었다. 다만
그 무게중심이 한국정부와 사회에 대한 무력시위에서 치안유지로 이동되었
음을 알 수 있다. 이 시기 '기유각서'의 체결과 바로 뒤이은 이른바 '남한대토
벌작전'을 함께 고려하면 치안유지는 '한국병합'에 대비하여 사전에 반일세
력을 탄압하는 것이었다. 철도에 관한 사항은 위의 「대한시설대강」에서 유일

---

45) 이영학, 「개항 이후 일제의 어업 침투와 한국 어민의 대응」, 『역사와 현실』 18, 한
국역사연구회, 1995 참고.
46) 이에 대해서는 제3장의 제2절 및 한성민, 앞의 글(2015) 참고.

하게 구체적으로 제시된 정책목표였다. 앞의 「대한시설강령」에서 일본은 철
도를 '한국 경영의 핵심'으로 상정하고 있었는데, 「대한시설대강」에서는 그
것을 일본 鐵道院의 관할로 통합하고, 남만주철도와 긴밀하게 연결하여 대륙
철도의 통일과 발전을 도모하라고 하였다. 이것을 통해서도 이미 1909년의
단계에서 '한국병합'은 조만간 실행될 기정의 사실일 뿐만 아니라, 아울러 이
후에 대륙으로 세력을 확장하려는 일본의 의도까지 파악할 수 있다.

제2절 '倂合準備委員會' 활동과 「倂合實行方法細目」의 입안

1. '병합준비위원회'의 조직과 활동

일본정부는 안중근의 이토 저격 사건의 파장을 최소화시키기 위해 이를
한국인의 조직적인 반일운동이 아닌 단순 살인사건으로 규정하였다. 그리
고 관동도독부 법원에서의 불법재판을 통해 안중근을 사형시키면서 신속하
게 사건을 종결지었다. 하지만 이와 같은 일본정부의 사후처리에도 불구하
고 이토의 사망은 일본의 우익단체와 한국 친일단체의 '韓日合邦'운동을 격
화시키는 데 일정한 영향을 주었다.

1909년 한국의 一進會는 한일 두 나라를 연합국가로 합친다는 '正合邦'
론을 내세워 「합방청원서」를 한국과 일본정부에 제출하였다. 일본에서도
우익 浪人勢力들을 중심으로 '日韓同祖論'을 내세워 '한일합방론'을 일본정
부에 제출하였다.[47] 다만, 이 시기까지 '한일합방론'은 다분히 감정적이고,

---

47) 일진회의 '정합방'론에 대해서는 한명근, 앞의 책 ; 小川原宏幸, 「一進會の日韓合邦

선언적인 차원의 것들이 대부분이었고, 그 의미도 앞에서 살펴본 바와 같이 하나로 통일되어 있지 않았다. 그 표현도 '합방', '합병' 또는 '병탄' 등 다양한 어휘가 사용되고 있었다.[48]

이러한 '합방운동'은 한국사회에서 배척받은 것은 물론이고, 일본정부의 고려 대상도 아니었다. 한국을 일본에 합병하여 연방국가를 희망한 일진회의 '합방운동'은 한국을 완전히 폐멸시켜 일본의 일부로 한다는 일본정부의 방침과는 성격이 다를 뿐만 아니라, 오히려 한국의 민족운동을 자극할 우려가 있었다.[49] 따라서 12월 9일 한국통감 소네는 일진회에 대해 집회 및 연설 금지 명령을 내리는 등 탄압을 가하였다.[50]

하지만 1910년에 들어서자, 일본 정치세력들의 '합방론'은 구체적인 방법과 성격을 제시하는 수준에 이르렀다. 당시 일본의 대표적인 국제법학자 아리가 나가오(有賀長雄)는 합방의 형식을 1) 종속관계, 2) 식민지(직할식민지와 자치식민지로 구분), 3) 內地化의 3종류로 구분하여 각각의 장점과 문제점

請願運動と韓國倂合-「政合邦」構想と天皇制國家原理との相克」,『朝鮮史硏究會論文集』 43, 朝鮮史硏究會, 2005 및 김종준,『일진회의 문명화론과 친일활동』, 신구문화사, 2010 참고.

48) 倉知鐵吉,「韓國倂合ノ經緯」, 11~12쪽.

49) 합방성명 후 일진회는 한국사회에서 "일반의 반대소리가 아주 왕성하여 일진회는 거의 고립상태"에 빠졌고(朝鮮總督府,『朝鮮ノ保護及倂合』, 1917, 318쪽), 지방에서도 소요발생까지는 이르지 않았어도 냉혹한 평가와 반대의견이 다수를 차지하였다(국사편찬위원회 편,『한국독립운동사』 1, 정음문화사, 1968, 486~493쪽). 또 이와 관련하여 이토 사망 직후 미국의 뉴욕타임즈는 일본의 삼엄한 경비 속에 국가를 동요시킬 만한 거대한 규모의 선동이 성공할 것이라고 생각하지는 않지만 일본의 한국주권 병탄을 막기 위해 민중봉기를 의도한 활발한 운동이 계속되리라고 보도하였다(*The New York Times*, 1909년 10월 26일, "Uprising in Korea may follow murder").

50) 日本外務省 編,『小村外交史』下, 紅谷書店, 1953(이하『小村外交史』), 382쪽. 이와 관련하여 당시 서울주재 일본인 신문기자단은 12월 21일 공동 성명을 통해 일진회의 합방청원은 반일운동을 촉발시키고, 한일관계를 악화시키는 행위라고 비판하는 선언서를 발표하여(釋尾春芿,『朝鮮倂合史』, 朝鮮及滿洲社, 1926-이하 釋尾春芿,『朝鮮倂合史』-, 529~534쪽) 소네의 일진회 탄압을 간접적으로 지원하였다.

을 설명하면서 '한일합방'의 현실적인 안으로 직할식민지를 제시하였다.[51]

이러한 상황에서 일본정부는 민간에서 계속적으로 제기되는 다양한 '한일 합방론'을 통제하고 일본정부 주도의 구체적인 실행계획을 준비할 필요성을 느끼게 되었다. 국제정세 면에서도 '한국병합'과 일본의 불평등조약 개정에 대한 일본의 우려는 1910년으로 접어들면서 해소되기 시작했다. 1909년 초 미국은 러시아에 동청철도의 매수의사를 밝히며 미러협력을 시도했고, 이에 대해 러시아의 입장은 러일관계를 중시했던 외무대신 이즈볼스키와 미러관계를 중시했던 재정대신 코코프초프로 양분된 상태였다. 이와 같은 상황에서 이토가 코코프초프와 만나 만주철도 및 '한국병합'에 대한 협상을 위해 만주시찰에 나섰던 것인데, 그의 사망으로 실패했다. 그리고 미국의 미러협력 시도 역시 러시아 내부의 노선대립으로 성공하지 못하였다.

이에 미국의 국무장관 녹스(Philander C. Knox)는 11월 「만주 제철도 중립화안」을 발표하였다.[52] 이것은 러시아와 일본이 차지한 만주철도를 영국·미국·일본·러시아·프랑스·독일의 6개국이 국제연합체를 구성하여 공동으로 매수하고, 그 소유권을 중국에게 돌려준 뒤 이를 국제적으로 공동관리하자는 것이었다.[53] 이 안은 그 이전의 미국의 제의와는 달리 만주를 분할하고 있던 러시아와 일본의 이익에 대한 직접적인 도전이었다.

이같은 상황에서 러시아가 일본에게 미국에 대한 공동대응을 제의해 옴

---

51) 有賀長雄, 「合邦の形式如何」, 『政友』 120, 1910(海野福壽 編, 『外交史料韓國倂合』 下, 不二出版, 2003 수록).

52) "(상략) 合衆國政府ニ於テハ更ニ廣汎ニシテ關係大ナル計劃ノ考量中ニ有之候惟フニ 淸國ヲシテ滿洲ニ於ケル政治上ノ一切ノ權利ヲ完全ニ享有セシメ且門戶開放機會均 等ノ主義ヲ實際ニ適用シテ以テ同地方ノ發達ヲ期セシムル爲ニハ適當ナル協定ニ依 リ滿洲ニ於ケル一切ノ鐵道ヲ淸國ノ所有ニ歸セシメ之ヲ一ノ經濟的學術的ニシテ且 公平ナル經理ノ下ニ併合シテ之ニ要スル資金ハ適當ノ方法ヲ以テ相當ノ割合ニ依リ加 入希望ノ諸國ヨリ調達スルコト最有效ナル方法ナルヤニ被存候 (하략)"(『日本外交文書』 42-1卷, #749 「米國政府ヨリ錦愛鐵道豫備協定成立通告竝提議ノ件」, 722~723쪽).

53) 최문형, 『국제관계로 본 러일전쟁과 일본의 한국병합』, 지식산업사, 2004, 406쪽.

에 따라 '제2차 러일협약'의 교섭이 시작되었다.[54] 1910년 4월 10일 러시아
의 수상 스톨리핀(Pyotr A. Stolypin)은 "일본의 한국병합에 러시아는 이의
를 주장할 이유도 권리도 없다. 다만 그 시기는 사전에 통보해주기 바란다"
고 밝힘으로써 일본의 '한국병합' 방침을 공식 승인했다.[55] 이로써 일본의
가장 큰 근심이 사라진 셈이었다.

일본의 불평등조약 개정에 대해서는 영국과의 교섭이 가장 중요했다. 제
국주의 최강대국인 영국과의 교섭결과는 대체로 다른 열강과의 교섭에 반
영되기 때문이었다.[56] 조약개정 교섭은 새로운 수출입 세율 문제로 논란이
있기는 했지만, 영국은 일본과 새로운 조약의 체결에 대체로 동의하였다.
교섭과정에서 5월 19일 주일영국대사 맥도널드(Claude McDonald)는 외무
대신 고무라에게 "영국정부도 물론 병합에 대해 이의는 없다. 다만 갑자기
병합을 실행하는 것은 동맹의 관계상 좋지 않다고 생각한다"는 의견을 제
시하여 러시아와 비슷하게 '한국병합'을 승인해 주었다.[57]

이렇게 열강으로부터 긍정적인 반응을 얻음에 따라 일본정부는 드디어
'한국병합'을 구체적으로 준비해 나갈 시점이 되었다고 파악하였다. 그럼에
도 일본정부는 그 실행 시기와 모양새에 대해 예민하게 고려하고 있었다.

---

54) 『日本外交文書』 42-1卷, #750 「滿洲鐵道中立化ニ關スル米國ノ覺書ニ付日本政府ト
協議シタキ旨露國外務大臣內談ノ件」, 724쪽.
55) "(상략) 總理大臣モ日本國ガ將來韓國ヲ合倂セントスルハ無論万已ムヲ得サルコトナ
ルヘク露國ニ於テモ之ニ對シ別ニ異議ヲ唱フヘキ理由モ權利モナシト雖其時期如何
ニ付テハ大ニ日本國政府ノ考慮ヲ煩ハシタキモノナリ (하략)"(『日本外交文書』 43-1
卷, #9 「新日露協商ニ關シ露國總理, 外務, 大藏各大臣トノ會談報告ノ件」, 110~112쪽).
56) 『日本外交文書』 43-1卷, #1 「新通商航海條約及特別相互關稅條約草案ニ關シ講議ノ件」,
1~2쪽.
57) 『日本外交文書』 43-1卷, #546 「在本邦英國大使ヨリ韓國倂合ニ關スル日本政府ノ意
向問合ノ件」, 659쪽. 하지만 영국은 한국이 일본에 '병합'되더라도 기존에 영국이
한국에서 누리던 관세 및 치외법권의 특권을 상당기간 유지하기를 희망하였다(일
본외무성 편, 『日本外交文書』 43-1卷, #551 「韓國倂合ノ際同國ト第三國間ノ旣存ノ
條約ノ效力ニ付英外相ヨリ申出ノ件」, 663~664쪽).

당시 내각총리대신 가츠라는 이에 대해 다음과 같은 생각을 가지고 있었다.

> 합방(병합) 실행시기는 무엇보다 주의를 요함은 물론이다. 이에 모든 준비를 하고, 그들(한국)로 하여금 자발적으로 합병(병합)을 청원하도록 하는 것을 최상으로 한다. 그렇다고 하더라도 시기를 잃을 염려가 있으면 現今 내외 특히 한국인들로 하여금 의혹을 일으키지 않을 때 결행하는 것이 필요하다고 생각한다. 덧붙이면 현재 교섭 중에 있는 러시아와 사건 결말 후 가장 가까운 시기를 잡아 선택하는 것이 적당하다고 생각한다.[58]

요컨대 가츠라 및 일본정부는 러시아가 '한국병합'에 대해 공식적으로 승인을 표명했지만, 국제정세에 따라 입장에 변화가 있을지도 모르기 때문에 '병합' 실행 시기를 '제2차 러일협약'이 최종적으로 타결된 후로 상정한 것이다. 또 한국의 외교권을 박탈한 '을사조약'의 유효성에 대해 조약체결 당시부터 무효론이 제기되고 있었기 때문에 가능한 한 일본은 한국을 완전히 폐멸시키는 '병합'만은 국제적인 비판이 없도록 외형적으로 제국주의적 침략의 방식이 아닌 한국의 희망에 의한다는 모양새를 취하려 했다.[59] 하

---

58) 德富蘇峰, 『公爵桂太郎傳』 坤卷, 故桂公爵記念事業會, 1917(原書房, 1967 복간, 이하 『公爵桂太郎傳』), 465쪽.

59) 강창일은 이와 같은 방침에 의해 일진회의 이용가치가 부활, 소생되었다고 한다(강창일, 『근대 일본의 조선침략과 대아시아주의─우익낭인의 행동과 사상을 중심으로』, 역사비평사, 2003, 260쪽). 하지만 "한국측으로부터 병합을 '지원'하게 하는 방식이란 일진회의 합방운동에 기대한 것이 아니라, 이완용 내각과 한국황제에게 '志願'의 형식을 강제하는 것에 다름 아니다"(운노 후쿠쥬 지음·정재정 옮김, 앞의 책, 436~437쪽)라고 한 운노의 파악이 타당하다고 생각한다. 일본이 한국의 '지원'에 의한 '병합'이라는 모양새를 취하려 한 것은 열강의 문제제기를 피하려는 것이 주요한 목적이었다. 그러기 위해서는 우선 한국의 치안상황이 안정적이어야 했다. 국가의 주권이 일본으로 양도됨에도 한국사회가 평온하다면 한국의 지원에 의한 '병합'이라는 일본의 명분이 현실적으로 뒷받침되기 때문이다. 하지만 일진회의 합방운동은 이러한 일본의 의도와 달리 한국의 반일운동을 촉발할 위험성이 다분했다. 실제로 1909년 12월 일진회의 「합방청원서」 제출로 인하여 이완용 내각의 타도를

지만 그것이 가능하지 않다면 지금의 시기를 잃지 않고 일방적으로 '병합'
한다는 의사를 밝힌 것이다.

이와 같이 '한국병합'의 시기에 대한 일본정부의 방침이 결정되자 정부
내에서 이를 책임지고 준비할 기구가 필요해졌다. 당시 일본정부는 실제
'한국병합'을 실행할 책임자로 평소 한국에 대해 강경책을 주장하던 현직
육군대신 데라우치를 통감으로 임명하고 육군대신을 그대로 겸직시켰는데,
그 역시 이와 비슷한 생각을 가지고 있었다.

데라우치는 '병합'실행 과정에서 만약 일본정부 내에서 여러 가지 이견이
일어나 일관된 정책의 수행을 방해하게 되면 지난한 이 대사건을 원활하게
해결하는 것이 불가능하다고 생각했다. 단지 대강이 아니라 구체적인 실행사
항을 미리 명확하게 정하여 이후 논란의 여지를 차단하기 위해 정식으로 각
의에서 의결해야 한다고 판단했다.[60] 또 그는 일본정부와의 원활한 공조도
중요하지만 이토나 소네와는 달리 상대적으로 구체적인 한국사정에 어두웠
던 만큼 '병합' 실행에 대한 정밀한 마스터플랜(Master plan)이 필요했다.

이 시기 일본정부 내에는 공식적으로 결정되지 않은 3가지 '한국병합안'
이 존재했다. 각각 작성자의 이름으로 구분하면 외무성에서 준비된 「구라
치 案」, 내각총리대신이 작성한 「가츠라 案」, 陸軍省에서 준비한 「아키야마
案」이 그것이다. 이 중 가장 먼저 작성된 것은 「구라치 안」인데, 관련 기록

목표로 시도되었던 서북학회·대한협회·일진회의 3파 연합운동은 결렬되었고, 각지
에서 반일연설회가 개최되는 등 반일운동을 자극하였다. 이 때문에 소네는 일진회
에 대해 집회 및 연설금지 명령을 내렸던 것인데, 다시 일진회의 합방운동이 전개
되면, 1910년 들어와 소강상태에 접어든 반일운동이 또 다시 자극될 우려가 있었
다. 그렇게 되면 일본이 홍보하듯이 한국의 '지원'에 의한 '병합'은 논리적으로 맞
지 않는 상황이 되는 것이다. 따라서 일본이 의도한 한국의 '지원'이란 위와 같은
반일운동을 자극하는 상황을 피하면서도 합법성을 띠기 위해 주권자인 한국황제,
그렇지 않으면 최소한 주권자로부터 통치의 권한을 위임받은 한국정부의 '지원'을
의미하는 것이었다.

60) 小松綠, 『朝鮮倂合之裏面』, 87~88쪽.

에서 각각 다른 명칭이 사용되고 있다. 구라치의 회고에 의하면, 1909년 7월 「대한정책의 기본방침」이 각의에서 통과된 직후 그는 고무라의 지시에 따라 「對韓細目要綱基礎案」을 작성했다고 하였다. 고무라는 실제 '병합' 실행의 시기를 예측할 수는 없지만 그때를 대비하여 구체적인 실행방법을 결정해 두어야 한다고 생각하여 그 기초안의 작성을 구라치에게 지시하였다. 그 결과 구라치가 작성하고 고무라가 약간 수정하여 같은 해 7월 마련된 것이 바로 「대한세목요강기초안」이라는 것이다.[61]

다만 위 회고에서는 「대한세목요강기초안」의 정확한 내용은 살펴볼 수 없다. 그런데 이와 관련하여 '한국병합' 실행에 대해 그 방안을 제시한 문건으로 『小村外交史』에는 「小村意見書」라는 문서가 수록되어 있고,[62] 일본 국립공문서관 소장의 『韓國倂合에 관한 書類』에는 「明治42년 한국병합에 관한 외무대신안」이라는 문서가 수록되어 있다.[63] 전자에는 일부 내용이 생략되어 있지만[64] 이 두 문서는 동일한 문서이다. 특히 후자의 상단에는 "1909년 가을 외무대신의 案으로 각의를 경유하지 않은 것"이라고 가필되어 있다.

즉 「외무대신 안」이 가을에 각의에 제출되었다면 이 문서는 이미 그 이전에 작성되었을 것이다. 따라서 작성시기가 고무라의 지시로 구라치가 「대한세목요강기초안」을 작성했다고 하는 시기와 대체로 일치한다. 그리고 고마츠는 1913년 3월 구라치가 '한국병합' 과정을 정리하여 답변한 「각서」에 대한 부기에서 구라치의 기초안에 대해 「제2호 세목서」라고 명명하고 있

---

61) 倉知鐵吉, 「韓國倂合ノ經緯」, 13~14쪽 ; 倉知鐵吉, 「覺書」(1913년 3월 10일), 小松 綠, 『朝鮮倂合之裏面』, 16쪽.
62) 日本外務省 編, 『小村外交史』 下, 383~385쪽.
63) 「明治四二年韓國倂合ニ關する外務大臣案」, 『韓國倂合ニ關スル書類』(日本國立公文 書館 소장문서, 『公文別錄』, 2A.1.<別>139).
64) 후자와 비교하여 "3) 한반도 통치의 건"에 대한 세부 내용이 생략되어 있다(日本外 務省 編, 『小村外交史』 下, 384쪽).

다.65) 따라서 앞의 기초안을 고무라가 약간 수정하여 마련했다고 하는 구라
치의 회고와 담당자에게 해당 사안의 일체를 위임하는 고무라의 인사경향을
고려하면,66) 위의 문서들은 각각 「대한세목요강기초안」, 「小村意見書」, 「明
治42년 한국병합에 관한 외무대신안」, 「제2호 세목서」라고 문서명만 다를
뿐이지 모두 동일한 문서이고, 그 작성자는 구라치라고 파악된다.67)

구라치는 이 기초안의 서문에서 앞의 「대한정책의 기본방침」에서 밝힌
'한국병합의 적당한 시기'에 대한 중요성을 다시 한번 강조한다. 하지만 이
'적당한 시기'는 내외의 사정에 따라 달라지는 것으로 전혀 예상할 수 없기
때문에 그 시기가 왔을때 착오없이 '병합'을 단행하기 위해서는 '병합'의 방
침이 각의에서 결정된 지금부터 그 구체적인 준비를 해야한다고 하였다. 그
리고 그는 '병합' 준비 내용을 크게 1) 병합선포의 건, 2) 한국황실 처분의
건, 3) 한반도 통치의 건, 4) 대외관계의 건의 4부분으로 나누어 제안하였다.

두 번째로 준비된 것은 「가츠라 안」이다. 이것은 도쿠토미 소호(德富蘇
峰)가 편찬에 관계한 가츠라 관련 저작에서만 보이고, 작성시기나 구체적인
문서의 명칭도 알 수 없다.68) 「가츠라 안」은 전문, 제1 병합의 방법, 제2

---

65) 小松綠, 『朝鮮倂合之裏面』, 17쪽.

66) 金子範二, 「外務次官と局長」, 『太陽』 17-9, 1911, 216쪽.

67) 한성민, 앞의 글(2010), 96쪽. 이 중 「小村意見書」와 「明治四二年韓國倂合に關する外
務大臣案」은 외무성으로부터 각의에 제출된 것이기 때문에 당시의 외무대신의 대표
성을 따라 「고무라 의견서」 또는 「외무대신안」으로 불리워진 것같다. 그리고 각의를
거치지 않은 이유가 구라치의 표현대로 "말 그대로 기초안"(倉知鐵吉, 「韓國倂合ノ經
緯」, 13~14쪽)이기 때문인지, 대외비로 검토되어서 인지, 혹은 이토 사망의 여파로
내각에서 검토할 여유가 없었는지 정확히 모르겠다. 반면 『小村外交史』에서는 "각의
에서 각료 일동의 찬성을 받았다."고 기록하고 있다(日本外務省 編, 『小村外交史』
下, 385쪽). 본 연구에서는 작성자인 구라치가 붙인 명칭을 따르도록 하겠다.

68) 「가츠라 안」에 대해 오가와라와 윤대원은 「한국병합방침의 대강」이라는 명칭을 사
용하고 있다(오가와라 히로유키 지음, 최덕수·박한민 옮김, 앞의 책, 337쪽 ; 윤대
원, 앞의 글, 2015, 303쪽). 하지만 이것은 정식 명칭이 아니라 桂太郎의 傳記 편찬
자인 德富蘇峰의 문장에서 추려 명명한 것이다(德富蘇峰 편, 『公爵桂太郎傳』 坤卷,

병합의 선포, 제3 외국에 대한 선언의 4부분으로 구성되어 있는데, '한국병합'의 실행방법에 대해 '조약'에 의한 실행을 규정한 것이 특징적이다. 그 외 전문은 「대한정책의 기본방침」을 요약한 것이고, 세부 내용은 「구라치 안」과 거의 동일하다. 「구라치 안」(「대한세목요강기초안」)과 「가츠라 안」의 내용이 거의 동일하다는 점과 「구라치 안」이 작성된 후 고무라가 이것을 가츠라에게 보고했다는 점을 고려하면,[69] 「가츠라 안」은 고무라의 보고 이후 「구라치 안」을 요약하여 정리한 것이고, 다만 여기에 '조약체결'에 의한 병합 실행 방법을 전문에 추가한 것으로 보인다.

세 번째로 작성된 것이 「아키야마 안」이다. 제3대 통감이자, '한국병합'의 실행자로 내정된 데라우치는 우선 '병합'실행 방안의 마련을 육군에 지시한 것 같다. 『한국병합에 관한 서류』에는 육군성 괘지에 작성된 「한국의 시정에 관한 건·한국병합에 관한 건」이라는 문서가 있다. 이 문서는 작성시기가 1910년 5월로 명기된 '서문'과 '한국병합'의 시기에 대해 보호통치의 실효를 거두어 한국인들의 歸服을 받은 후 실행한다는 점진적 병합론의 「한국시정에 관한 건」(제1안) 및 현시점에서 즉시 실행한다는 즉시 병합론의 「한국합병에 관한 건」(제2안)의 3부분으로 구성되어 있다.[70]

이 문서의 작성자에 대해 고마츠는 육군성 참사관 겸 법제국 참사관 아키야마 마사노스케(秋山雅之介)라고 특정하였는데,[71] 당시의 상황과 이후 아키야마의 활동을 보면 타당하다고 생각된다.[72] '병합' 방법에 대한 아키

459~464쪽 참고).
69) 倉知鐵吉, 「韓國倂合ノ經緯」, 13~14쪽 ; 日本外務省 編, 『小村外交史』 下, 382~383쪽.
70) 「韓國ノ施政ニ關スル件·韓國倂合ニ關スル件」, 『韓國倂合ニ關スル書類』(日本國立公文書館 소장문서, 『公文別錄』, 2A.1.<別>139).
71) 小松綠, 『明治外交秘話』, 271쪽.
72) 秋山雅之介는 広島 출신으로 1890년 도쿄제국대학 법학부를 졸업하고 외무성에 출사하여 영국 및 러시아 주재 일본공사관에서 書記官 등을 역임했다. 1901년 병환으로 퇴직한 후에는 국제법을 연구하며 和佛法律學校(현재의 法政大學)와 明治法律學校(현재의 明治大學)에서 강사로 근무했고, 1905년 법학박사 학위를 취득했다.

야마의 '서문'은 다음과 같다.

　　本案 및 한국합병의 형식에 관한 건은 本年 ①당초의 腹案으로 우선 제1
방안으로 통감부와 한국정부 및 宮內府에 대한 緊縮刷新을 결행한 후 합병
을 결행하는 것이 좋겠지만, 同案을 고수하든, 즉시 제2안의 합병을 결행하
든 한국 官民 중에 반항이 있을 것임은 동일하기 때문에 합병에 관한 건
중에 明言한 바와 같이 관계 諸外國의 의향도 고려하여 현재 한국정부를
폐쇄하여 동국을 제국에 합병하고, 그 결과로 ②米國이 布哇國(하와이)을
합병한 것과 마찬가지로 종래 한국과 제외국 간에 존재하는 조약을 당연히
소멸시키고, 영사재판권을 비롯한 그 조약 상의 특권과 특전을 철폐시킬
수 있는 외교상의 관계가 있다면 지금 즉시 제2안을 채택하더라도 결코 불
가한 것은 아니다(밑줄 – 필자).[73]

　위와 같이 아키야마는 점진적 병합론과 즉시 병합론을 모두 거론했는데,
어떠한 것이 적절한 방법인가에 대해서는 결론을 내리지 않았다. 그런데 처
음에 아키야마가 작성한 병합안은 위의 2개의 병합안을 동시에 작성한 것
이 아니라, 점진적 병합론에 기초한 「한국시정에 관한 건」 하나였던 것 같
다. 데라우치는 이것을 바탕으로 점진적인 병합론을 채택하려는 생각에서

　데라우치로부터 국제법에 대한 전문성을 인정받아 1904년 육군성 참사관으로 발탁
되어 그의 측근 인물로 활동하면서 법제국 참사관을 겸임하였다.(手島益雄, 『広島
縣百人物評論』, 日本電報通信社名古屋支局, 1915, 74~76쪽 ; 朝鮮公論社 편, 『(在
朝鮮內地人)紳士名鑑』, 朝鮮公論社, 1917, 449쪽 ; 松田利彦, 「朝鮮植民地化の過程
における警察機構(1904~1910年)」, 『朝鮮史研究會論文集』 31, 朝鮮史研究會, 1993,
147쪽). '한국병합' 후에는 데라우치의 측근으로서 朝鮮總督府의 참사관, 司法府長
官, 中樞院 書記官長事務取扱 등을 역임한 인물이다. 1922년 靑島守備軍 民政長官
을 끝으로 퇴관한 후에는 法政大學 學長을 역임하는 등 교육계에 종사하였다(朝鮮
公論社 편, 『(在朝鮮內地人)紳士名鑑』, 朝鮮公論社, 1917, 449쪽).
73) 「韓國ノ施政ニ關スル件・韓國倂合ニ關スル件」, 『韓國倂合ニ關スル書類』, 日本國立
公文書館 소장문서, 『公文別錄』, 2A.1.<別>139).

통감부 외무부장으로 한국사정을 잘 파악하고 있는 고마츠에게 의견을 구하였다. 이에 대해 고마츠는 점진론이 일견 타당해 보이지만, 이것은 한국의 사정을 모르는 紙上空論에 불과하다고 신랄하게 비판하였다. 그러면서 "이토가 위풍과 덕망으로 시정개선에 나섰지만, 그의 정책은 한국에서 환영받지 못했으며 관민의 구별없이 시간이 갈수록 한국에서 排日의 기세는 비등해졌다"고 하였다. 때문에 "병합은 하루 빨리 단행하지 않을 수 없다 시간을 끄는 것은 화근을 더욱 키우는 것이다"라고 답변하였다.[74]

이와 같은 비판에 직면하여 아키야마는 제2안으로 즉시 병합론에 입각한 「한국합병에 관한 건」을 작성한 것으로 보인다.[75] 고마츠의 비판에서 아키야마가 제2안으로 제시한 즉시 병합론의 내용은 보이지 않기 때문이다. 하지만 당시 일본의 입장에서 까다로운 문제인 외교관계의 정리를 즉시 병합론의 전제조건으로 제시한 점과 위 서문의 밑줄 ①, 그리고 즉시 병합론을 제시한 제2안의 내용 곳곳에서도 제1안에 대한 주장을 하고 있는 점을 보면, 그는 여전히 점진적 병합론을 우선적인 방법으로 고려하고 있었음을 짐작할 수 있다.

이처럼 1910년 5월의 시점에서 일본정부 내에는 3가지 '병합안'이 마련되어 있었다. 하지만 「가츠라 안」은 조약에 의한 '병합' 실행 부분 외에는 「구라치 안」을 요약·정리한 것이었다. 따라서 각각의 「병합안」의 구체적인 내용에 대해서는 「구라치 안」과 「아키야마 안」을 중심으로 병합 실행 및 선포, 한국황실 처분, 한반도 통치, 대외관계의 4부분으로 나누어 그 공통점과 차이점을 비교하도록 하겠다.

구라치와 아키야마는 모두 국제법에 정통한 인물들이었다. 그리고 일본정부가 상정한 '한국병합'은 결코 한국과 일본 간의 동등한 합병이 아니라, 일본이 힘의 논리에 의해 일방적으로 한국을 장악하는 성격이었다. 따라서

---

74) 小松綠, 『朝鮮倂合之裏面』, 81~83쪽 ; 『明治外交秘話』, 271쪽.
75) 오가와라 히로유키 지음, 최덕수·박한민 옮김, 앞의 책, 388쪽.

이들이 마련한 「병합안」은 큰 틀에서는 별 차이가 없다. 하지만 구체적이고 세부적인 면에서는 상당한 차이가 있을 뿐만 아니라, 각각 그들이 소속된 외무성과 육군성의 입장이 강하게 투영되어 있다. 그 공통점을 정리하면 아래의 <표 4>와 같다.[76]

<표 4> 「구라치 案」과 「아키야마 案」의 공통점

구분	對韓細目要綱基礎案 (1909년 여름)	韓國施政에 관한 건/ 韓國合倂에 관한 건 (1910년 5월)
병합실행 및 선포	· 詔勅으로 선포 · 천황 大權에 의한 한반도 통치, 日本憲法의 불시행	
한국황실 처분	· 한국황제 및 황실 폐위 · 현 한국의 황제 및 황실은 일본의 皇族 및 華族제도에 준하여 대우 · 한국황제의 직계 가족은 일본으로 이주	
한반도 통치	· 總督府 설치, 총독은 親任官 · 일본 내각총리대신의 감독을 받아 정무 수행 · 소수의 한국인으로 구성된 총독의 자문기관 설치 · 한반도에 수비군 주둔, 총독의 필요시 수비군의 사령관에게 병력 사용 명령	
대외관계	· 한국병합에 따라 한국과 외국과의 조약 소멸 · 외국인에 관한 사법사무는 재한 일본재판소에서 취급	

위 표의 내용과 같이 구라치와 아키야마는 모두 병합 실행 및 선포에 대해 조칙으로 '한국병합'을 선포하고, 이후 한반도의 통치는 일본천황의 大權에 의하며 일본헌법은 시행하지 않는다고 하였다.

그런데 앞에 인용한 「아키야마 안」의 서두에 밑줄 ②와 같이 미국의 하와이 합병이 언급된 점, 그리고 당시 일본정부가 '한국병합'에 참고하기 위해 국가합병의 사례들을 조사한 「國家結合及國家倂合類例」에 하와이가 포함된 것을[77] 근거로 아키야마는 미국의 하와이 합병을 모델로 하여 '조약

---

76) 「明治四二年韓國倂合に關する外務大臣案」·「韓國ノ施政ニ關スル件·韓國倂合ニ關スル件」, 『韓國倂合ニ關スル書類』(日本國立公文書館 소장문서, 『公文別錄』, 2A.1.<別> 139).

77) 「國家結合及國家倂合類例」, 『韓國倂合ニ關スル書類』(日本國立公文書館 소장문서, 『公

체결에 의한 병합'을 제시했다는 주장이 있다.[78] 하지만 이같은 주장은 수긍하기 어렵고, 근거도 빈약하다고 생각한다.

우선 앞의 인용문의 밑줄 ②는 '한국병합'의 모델로 제시한 것이 아니라, 수식어구에 불과하다. 이 부분의 앞뒤를 연결한 전체적인 문맥의 의미는 '일본이 한국을 합병하면 국가로서의 한국은 소멸하는 것인데, 그에 따른 조치로 현재(1910년)의 일본이 한국과 열강과의 조약 폐기 및 영사재판권, 조약상의 특전을 철폐시킬 수 있는가', 즉 일본이 하와이 합병 때의 미국처럼 외교적 힘이 있는가를 묻고 있는 것이다. 그 정도의 힘이 일본에 있다면 즉각적인 '한국병합'을 실행해도 된다는 의미로 이해해야 할 것이다.

『한국병합에 관한 서류』 중 하나의 문서인 「國家結合及國家併合類例」에 포함된 미국의 하와이 합병 사례는 '조약체결'로 실행되었다는 점 외에는 '한국병합'과는 상당히 다른 성격이었다. 합병조약 체결은 미국과 기존의 하와이 왕국 간에 체결된 조약이 아니었다. 하와이 거주 미국인들이 무력을 동원하여 하와이 왕국을 붕괴시키고, 하와이 공화국을 수립하여 미국과 체결한 조약이었다. 그나마도 미국 上院議會에서 조약 비준의 요건인 재적의원의 2/3 이상의 찬성을 획득하지 못해 해당 의제에 대해 과반수 이상의 찬성이면 통과가 가능한 '합동결의안(Joint Resolution)'을 통해 변칙적으로 비준한 조약이었다. 미국 자체가 국가들의 연합으로 이루어진 合衆國일 뿐만 아니라, 하와이는 새롭게 미국에 편입된 다른 州들과 마찬가지로 식민지가 아닌 準州로 편입되어 합병조약의 체결 당시부터 상당한 자치권을 획득하고 있었다. 결코 '한국병합'의 모델로 볼 수 있는 것이 아니었다.[79] 특히 하

文別錄』, 2A.1.<別>139), 20~24쪽.

78) 윤대원, 앞의 글(2015), 317쪽.

79) 「國家結合及國家併合類例」, 『韓國併合ニ關スル書類』(日本國立公文書館 소장문서, 『公文別錄』, 2A.1.<別>139), 20~24쪽 및 조웅, 「1898년 미국의 하와이 병합과 논쟁」, 『미국사연구』 5, 한국미국사학회, 1997 ; 안종철, 「하와이원주민 문제의 역사적 쟁점과 미 연방대법원의 관련 판결분석」, 『法史學硏究』 48, 한국법사학회, 2013 참고.

와이에 대한 이해관계에서 미국의 하와이 합병에 가장 강력하게 반발했던 국가가 일본이었다.[80]

그리고 「國家結合及國家倂合類例」에는 하와이 외에 이오니아섬과 콩고도 조약체결에 의한 사례로 소개되어 있다.[81] 즉 하와이 사례는 당시 일본이 참고한 다양한 국가병합 사례 중 하나일 뿐이다. 이에 대해 특별한 의미를 부여한 흔적은 찾아볼 수 없다. 오히려 아키야마는 프랑스의 튀니지에 대한 보호관계를 참고사례로 계속적으로 언급하고 있고,[82] 국권을 박탈한 '한국병합'은 프랑스가 타히티를 식민지로 편입한 방법과 비슷한 점이 더 많다.[83]

무엇보다 아키야마는 즉시 병합론을 제시한 「한국합병에 관한 건」에서 "한국합병을 실행하는 하나의 수단으로 종래의 통감정치에서 일보 나아가 이참에 다시 일한협약을 체결하여 한국정부로 하여금 同國의 통치권 전부를 제국정부에 위탁시키고, (중략) 일국의 통치권 전부를 타국이 장악하는 것으로 함은 그 무기한일 때는 물론이고, 가령 그것에 기한이 있다고 해도 동일하게 그 나라의 멸망이다. 주권자인 황제가 존재하고 국가가 존속하고 있으면서 통치권의 전부를 타국에 위임하는 것은 예로부터 실례가 없음은 물론 국제관계상 결코 발생할 수 없는 사실이라고 하지 않을 수 없다"라고[84] 하여 조약체결에 의한 '한국병합' 실행을 부정하였다.

그리고 위 문서의 뒷부분에서는 "한국을 제국에 합병함에는 프랑스가 마

80) 조웅, 위의 글, 68쪽.
81) 「國家結合及國家倂合類例」, 『韓國倂合ニ關スル書類』(日本國立公文書館 소장문서, 『公文別錄』, 2A.1.<別>139), 7·17~20쪽.
82) 「韓國ノ施政ニ關スル件·韓國倂合ニ關スル件」, 『韓國倂合ニ關スル書類』(日本國立公文書館 소장문서, 『公文別錄』, 2A.1.<別>139).
83) 「國家結合及國家倂合類例」, 『韓國倂合ニ關スル書類』(日本國立公文書館 소장문서, 『公文別錄』, 2A.1.<別>139), 26~34쪽.
84) '韓國倂合ニ關スル件', 「韓國ノ施政ニ關スル件·韓國倂合ニ關スル件」, 『韓國倂合ニ關スル書類』(日本國立公文書館 소장문서, 『公文別錄』, 2A.1.<別>139).

다가스카르를 합병하고, 미국이 하와이를 합병한 것과 같이 오직 제국의 勅
令으로 그 합병을 공식화하여 그것을 열강에 통첩하는 것으로 결행할 수
있을 것이다'라고[85] 하여 명확하게 조칙에 의한 '한국병합'의 실행과 선포
를 주장하였다.

한국황실의 처분에 대해서는 공통적으로 한국황제 및 황실을 폐위하여
일본으로 이주시키고, 일본의 황족 및 華族제도에 준하여 대우한다고 하였
다. 이러한 조치는 한국의 황제나 황족이 '한국병합' 이후 총독부의 통치에
개입하는 것을 사전에 봉쇄함과 동시에 이들이 반일운동의 상징적 구심으
로 기능하지 못하도록 볼모로 잡아 한국인들과 격리시킴으로써 한국에서의
반일운동을 사전에 예방하려는 의도로 보인다.

'병합' 이후 한반도 통치는 구라치와 아키야마 모두 통치기관으로 총독
부를 설치하고, 한반도에 수비군을 주둔시킨다고 하였다. 그 책임자인 총독
은 친임관 중에서 임명하고, 일본 내각총리대신의 감독을 받아 정무를 수행
하며, 필요시 수비군의 사령관에게 병력 사용을 명령할 수 있는 권한을 부
여하도록 했다. 그리고 소수의 한국인으로 구성된 총독의 자문기관을 설치
하도록 하였다.

위와 같이 총독부를 설치하고 총독에게 이전의 統監과 마찬가지로 일반
행정의 권한과 병력 사용의 권한을 모두 부여한 것은 군사력에 기반한 통
치를 상정한 것이고, '한국병합' 이후 한국인들의 반발을 예상하고 있었다
는 것을 의미한다. 또 한국인으로 구성된 자문기관의 설치는 '병합' 이후 한
국의 구 지배층인 兩班들의 불만을 무마시킴과 동시에 이들을 통치의 협력
자로 포섭하려는 의도였다.

대외관계에 대해서는 '한국병합'이 실행되면, 국가로서의 한국이 소멸되

---

85) '韓國倂合ニ關スル件', 「韓國ノ施政ニ關スル件・韓國倂合ニ關スル件」, 『韓國倂合ニ
關スル書類』(日本國立公文書館 소장문서, 『公文別錄』, 2A.1.<別>139).

는 것이기 때문에 공통적으로 한국과 외국과 사이에 체결된 기존 조약의
효력은 원칙적으로 소멸되며, 외국인에 관한 사법사무는 재한 일본재판소
에서 취급하도록 하였다.

　이처럼 '한국병합' 이후의 전체적인 구조에 대해서는 「구라치 안」과 「아
키야마 안」의 내용은 비슷하다. 그러나 이러한 구조가 구체적으로 실행되
는 부분에 대해서는 서로가 상당한 차이를 보이고 있는데, 그 차이점은 아
래 <표 5>와 같다.86)

<표 5> 「구라치 案」과 「아키야마 案」의 차이점

구분	대한세목요강기초안 (1909년 가을)	한국시정에 관한 건/ 한국합병에 관한 건 (1910년 5월)
병합 선포	·병합 이후 상황과 양립할 수 없는 것 제외 하고는 외국인의 권리 보장	·외국인의 권리 보장에 대한 언급 없음
한국 황실관리	·황제 → 大公, 황태자 및 義親王 → 公, 황 실 → 大公家 및 公家로 호칭 변경 ·구 한국황실에 연금 지급, 사유재산 인정 ·구 한국황실에 관련 사무는 宮內省에서 관리	·구 한국황실의 관리에 대한 언급 없음
한반도 통치	·외교사무는 외무대신과 협의하여 처리 ·총독부에 총무부, 재무부, 공무부, 식산부, 경무총감 설치 ·한국 현재의 13도를 8도로 개정 ·지방은 도, 부, 군으로 구분 ·도의 관찰사는 일본인, 부윤·군수는 일본 인 또는 한국인 ·현재의 大審院을 최고재판소로 개정, 東京 의 최고재판소로 상고는 불허 ·한국인 상호간의 민사는 한국인에 대한 특 별법령 및 관행 적용 ·형사 및 한국과 일본인 또는 외국인 간의	·총독은 천황에 직예, 육해군 통솔 및 군대 배치, 사용의 직권 ·총독은 무관을 임명 ·총독부에 총독관방, 육군부, 해군부, 민정 부(내무국, 재무국, 통신국, 식산국), 경무총 감 설치 ·경무총감은 헌병사령관이 겸임 ·한국인의 일본에 同化 정도에 의해 한국의 대표기관이나, 제국의회 의원 선출 가능 ·국장 이하 총독부 관리는 일본인, 한국인 구별 없이 임용 ·일본의 법률, 칙령, 기타 법규 모두를 한반

---

86) 「明治四二年韓國倂合に關する外務大臣案」·「韓國ノ施政ニ關スル件·韓國倂合ニ關ス
　　ル件」, 『韓國倂合ニ關スル書類』(日本國立公文書館 소장문서, 『公文別錄』, 2A.1.<別> 139).

	민사는 일본법령 적용 ·민사의 경우 한국인 재판관 이용 가능, 그 외는 항상 일본인 재판관	도에서 실시할 수는 없음 ·총독부의 예산은 총독 책임하의 특별회계, 초기 일시적인 비용은 일본 중앙정부에서 보조
대외관계	·한국병합에 따라 원칙적으로 한국과 외국 과의 조약 소멸 ·수출세 병합과 동시 철폐, 수입세 당분간 유지 ·외국인의 기득권은 병합과 양립할 수 없는 것 제외 충분히 보호 ·외국인에게 한반도 내지 개방, 토지소유권 부여 ·일본과 한국간 연안무역 당분간 현상 유지 ·내지잡거와 토지소유권 문제에서 청국인에 게는 상당한 제한	·제1안(점진적 병합) : 일본이 외국과 교섭 하여 한국병합 전에 치외법권 철폐 ·제2안(즉각적 병합) : 일본의 한국병합 선언 과 동시에 한국에서 외국의 치외법권 소멸

위의 표에서 보이듯이 「구라치 안」은 '한국병합'을 선포할 때 '병합' 이후 상황과 양립할 수 없는 것을 제외하고는 외국인의 권리를 충분히 보장한다는 내용이 포함되어야 한다고 하였다. 외무성의 관료로 대외관계에 민감한 구라치는 '한국병합'에 따른 변화로 인해 기존에 한국에서 누리던 기득권이 침해받을 것이라고 생각하는 외국인의 불안감을 진정시킬 필요가 있었다. 그렇게 하지 않으면 외국인의 불안감은 반발로 나타날 것이고, 이것이 그들의 母國으로 연결되어 해당 국가의 '한국병합'에 대한 반대 또는 개입이 나타날 것을 우려했기 때문이다.

일본으로 이주시킨 한국황제 및 황실의 관리에 대해 구라치는 그 호칭부터 변경해야 한다고 하였다. 그는 현재의 순종황제는 '大公'으로, 황태자 및 義親王은 '公'으로, 황제의 가족은 '大公家', 황태자 및 의친왕의 가족은 '公家'로 호칭할 것을 제안하였다. 이것은 직접적으로 드러나는 호칭을 변경을 통해 '한국병합'으로 더 이상 한국에는 황제도 황실도 없으며 국가로서의 한국도 자연히 소멸된 것이며, 더불어 이들이 일본천황 또는 일본황실과 대등하지 않은 하위계급이 되었음을 한국인에게 명확하게 인식시키려고 한 것이다.

그리고 한국황실에 대한 일체의 사무를 일본정부의 宮內省에서 처리하도록 하고, 기존에 한국황실 소유의 사유재산을 인정하는 동시에 일본정부의 國庫에서 매년 年金을 지급해야 한다고 하였다. 이것은 일본황실의 사무를 담당하는 궁내성을 통해 한국황실의 활동과 생활을 확실하게 통제하는 한편, 생활의 안정을 보장하여 한국황제를 비롯한 한국황실의 사람들이 지위의 변경에 따른 불만이나 경제적 곤란에서 다른 생각을 갖지 않도록 하려는 의도였다.

이렇게 「구라치 안」은 '한국병합'에 따라 예상되는 외국인의 불만을 사전에 방지하고, 한국황실이 일본으로 이주하게 되면 당연히 나타날 문제인 이들에 대한 구체적인 관리방안을 제안하고 있다. 그러나 「아키야마 안」에서는 이러한 부분에 관련된 구체적인 방안은 언급되지 않았다.

「구라치 안」과 「아키야마 안」의 가장 명확한 차이점은 한반도의 통치 방안이다. 구라치는 한반도의 통치를 중앙관청, 지방청, 재판소의 3부분으로 나누어 그 방안을 제안하였다.

우선 중앙관청에 대해서 구라치는 총독의 자격을 문관 또는 무관의 어느 한쪽으로 특정하지 않았다. 다만 그 직무 중 외교에 관계된 부분은 일본의 외무대신과 협의하여 처리할 것을 명시하였다. 총독부를 總務部, 財務部, 工務部, 殖産部의 4부 체제로 조직할 것과, 경찰사무를 위해 총독에 직예하는 警務總監을 설치할 것을 제안하였다. 그리고 앞의 공통점에서 서술한 자문기관에 대해서도 구성은 한국인으로 하지만 의장과 부의장은 일본인으로 임명할 것을 주장하였다.

지방청의 부분에서는 지방 행정단위를 도·부·군으로, 그 행정의 책임자는 관찰사, 부윤, 군수로 구분하였다. 그리고 기존의 13도 체제를 8도 체제로 개정하고, 광역 지방행정단위인 도의 행정기관으로서 관찰사청의 조직체계는 총무부, 收稅部, 식산부의 3부로 구성할 것과 관찰사는 반드시 일본인으로, 부윤 및 군수는 일본인 또는 한국인 중에서 임명할 것을 제안하였다.

재판소에 대해서는 '한국병합' 후 치외법권이 철폐될 것을 예상하여 외국인에 대한 재판을 인수해도 지장이 없도록 미리 조직해야 한다고 하였다. 재판소의 조직과 관련해서 한국의 大審院을 최고재판소로 개정하고, 이 재판소로부터 도쿄의 대심원으로의 上告는 불허 해야 한다고 하였다. 그리고 실질적인 재판에서는 그 재판의 성격과 당사자에 따라 적용법률을 다르게 적용할 것을 요구하였다. 한국인 상호간의 민사재판에서는 한국인에 대한 특별법령 및 관행을 적용, 형사재판 및 한국인과 일본인 또는 외국인 간의 민사재판에는 일본법령을 적용해야 하며, 민사재판의 경우는 한국인 재판관이 담당할 수 있지만, 그 외는 항상 일본인 재판관이 담당해야 한다고 주장하였다.

이와 같은 「구라치 안」의 방안은 중앙행정 및 말단 지방행정까지 모두 일본이 실질적이고 전일적인 통치권을 장악해야 한다는 의도를 보여준다. 총독의 직무 중 외교에 관한 사항은 일본 외무대신과 협의하여 처리해야 한다는 조항은 '한국병합'에 대한 열강의 반응이 우려되는 상황에서 외무성을 중심으로 통일적이고 일관된 대응이 필요하다는 점을 강조한 것으로 판단된다. 그리고 재판에 관련된 사항에서 케이스별로 적용법률을 명확하게 규정한 것은 '안중근의 이토 저격 사건'에 대한 경험에서 '병합' 후 한반도에 일본헌법을 시행하지 않음에 따라 발생할 수 있는 혼란을 사전에 방지하려는 목적으로 보인다.

이에 비해 「아키야마 안」의 한반도 통치안은 중앙통치기구의 구성과 운영에만 한정되어 있고, 지방통치에 대해서는 언급이 없다. 구체적으로 총독은 천황에 직예하며, 육해군의 통솔 및 군대배치를 할 수 있고 직권으로 군대를 운용할 수 있어야 하기 때문에 무관이 임명되어야 한다고 하였다. 총독부의 조직은 총독관방, 육군부, 해군부, 民政部(내무국, 재무국, 통신국, 식산국), 경무총감으로 구성하며, 경무총감은 헌병사령관이 겸임할 것을 요

구하였다. 이같은 조직체계에서는 4개 국으로 구성된 민정부에서만 일반행
정을 담당하는 것이 된다.

  총독부의 관리에 대해서는 국장 이하는 일본인과 한국인의 구별없이 임
용하도록 하였다. 바꿔 말하면 국장 이상의 고위관리, 즉 총독부 각 부의 책
임자 이상은 모두 일본인으로만 임명해야 한다는 주장이다. 총독부의 예산
은 총독 책임하의 특별회계로 처리하도록 하나, 한반도 통치 초기에 투입되
는 일시적인 비용은 일본 중앙정부에서 보조해 줄 것을 요구하였다. 그리고
한반도 통치과정에서 일본의 법률, 칙령, 기타 법규 모두를 한반도에서 실시
할 수는 없다고 하여 한반도를 일본과는 완전히 구분되는 法域으로 설정하
였다. 그러면서도 한국인의 일본에 同化 정도에 따라 한국인으로 한국의 대
표기관 구성이나, 帝國議會 의원 선출이 가능하다고 한 것은 특이한 점이다.

  위와 같이 한반도 통치에 대한 「아키야마 안」의 방안은 육해군을 통솔할
수 있는 武官 총독의 임명을 전제로 한반도를 일본과 구별된 역외의 통치
범위로 하고, 예산의 집행도 특별회계로 해야 한다고 하였다. 이것은 총독
에게 무소불위의 권한을 부여하면서 총독부를 일본정부로부터 분리하고,
그 독자성을 요구한 것이다. 또 총독부의 조직에 육군부와 해군부의 편성,
헌병사령관의 경무총감 겸임 등의 사항을 고려하면, 한반도에 대한 군사통
치의 성격을 명백히 밝힌 것이라고 할 수 있다.

  대외관계에 대한 부분에서 「구라치 안」은 '한국병합'에 따라 원칙적으로
한국과 외국과의 조약은 소멸하고, 일본과 외국과의 조약은 한반도에 적용
할 수 있는 한 그 효력이 한반도에 미치도록 해야 한다고 하였다. 그에 따
라 외국인의 기득권은 '병합'과 양립할 수 없는 것 외에는 그것을 충분히
보호하고, 외국인에게 한반도의 내지를 개방하여 토지소유권을 부여할 것
을 요구하였다. 다만 內地雜居와 토지소유권 문제에서 청국인에게는 상당
한 제한을 두도록 하였다. 대외 경제와 관련해서는 한국과 일본 간의 연안
무역은 당분간 현상을 유지하고, 수출세는 '병합'과 동시 철폐하지만 수입

세는 당분간 유지해야 한다고 제안하였다.

이처럼 「구라치 안」은 대외관계에서 열강의 반응에 대해 상당한 주의를 기울이고 있다. '한국병합'에 의해 원칙적으로 한국와 외국과의 조약관계는 소멸하지만, 이미 열강은 한국에서 치외법권을 비롯한 기득권이 있기 때문에 이것의 침해에 대한 열강의 반발을 사전에 방지하려는 입장에서 열강의 기득권을 최대한 보장한다는 입장을 보이고 있다. 반면 청국인에게는 상당한 제한을 두었다. 구라치는 이에 대해 청국이 일본인에게 내지잡거와 토지소유권을 허가하지 않기 때문에 그것에 대한 대응이라고 하였다. 하지만 여기에는 한국의 개항 이래 한국의 경제권 장악에서 일본의 최대 라이벌이었던 청국에 대한 견제의 의미도 함께 고려된 것 같다.

또한 대외 경제에서 한국과 일본 간의 연안무역 조항은 '병합' 이후 일본 상인들의 무분별한 무역확대와 그에 대한 열강의 반응을 경계한 조치로 보인다. 수출세의 폐지는 한국을 경제적으로 값싼 원료 공급지로의 재편, 수입세의 유지는 재한 일본인의 한국경제권 장악과 함께 신설 총독부의 안정적인 稅源 확보의 방안으로 고려된 것으로 보인다.

「아키야마 안」은 이와 달리 '한국병합'과 관련된 대외관계를 치외법권에만 한정해서 보고 있기 때문에 현실성이 떨어진다. 아키야마는 점진적 병합론의 제1안에서는 일본이 외국과 교섭하여 '한국병합' 전에 치외법권을 철폐해야 한다고 하였고, 즉시 병합론의 제2안에서는 일본의 '한국병합' 선언과 동시에 한국에서 외국의 치외법권은 자동적으로 소멸되어야 한다고 하였다.

지금까지 살펴본 바와 같이 1910년 5월의 시점에서 일본정부 내에는 3가지 「병합안」이 있었고, 작성자의 소속과 입장에 따라 그 내용과 성격을 달리하였다. 「가츠라 안」은 대외적으로 보여지는 '한국병합'의 직접적인 실행방식을 고민하여 조약체결에 의한 '병합' 실행에 중점을 두었다. 「구라치안」은 '한국병합'에 대한 열강의 반응을 우선적으로 고려하면서, '병합' 실

행으로 일본이 한국에 대한 실질적인 통치권을 행사함에 따라 나타날 문제
들을 예상하여 가장 구체적이고 세부적인 방안들을 제시하였다.

「아키야마 안」은 시기에 차이를 두고 점진적 병합론(제1안)과 즉시 병합
론(제2안)에 기반한 방안을 모두 제시했다. 아키야마가 작성한 2개의 안은
'병합' 실행의 성격은 다르지만, 치외법권의 철폐 방식 외에 구체적인 방안
에서는 별차이가 없다. 「아키야마 안」은 제1안과 제2안 모두 한국을 일본
의 헌법범위 밖에 두어 천황의 대권으로 통치하며, 열강의 치외법권 및 한
국과 열강 간의 조약은 구체적인 고민없이 '병합'과 동시에 그 효력을 소멸
시켜야 한다고 하였다. 그 외 대부분의 내용은 한국통치 방안에 집중되어
있다. 그는 총독에게 막강한 권한 부여와 총독부의 독립성에 초점을 두고,
군사력을 바탕으로 한국과 일본을 분리하여 통치해야 함을 제안하였다. 하
지만 이같은 「아키야마 안」은 '한국이 완전히 폐멸되어 일본의 일부가 된
다'는 일본정부의 구상과 배치될 뿐만 아니라, '병합'실행에서 가장 중요한
고려사항인 열강과의 관련부분을 너무나 단순하게 취급하고 있어서 실질적
인 '병합' 실행방안이 될 수 없었다.[87]

「아키야마 안」은 '한국병합'의 실행을 담당하게 된 데라우치가 개인적으
로 참고하기 위해 작성을 지시한 것으로 일본정부의 공식적인 문서가 아니
었다. 특히 아키야마의 점진적 병합론은 '한국병합'의 직접적인 실행이 이
미 결정된 1910년 5월의 시점에서는 그다지 현실적이지도 못한 계획이었
다. 이 때문에 아키야마의 점진적 병합론은 고마츠로부터 "지상공론에 불과
하다"는 신랄한 비판을 받아야 했다.[88] 그 직후 곧바로 아키야마가 '즉시
병합론'에 입각한 문서를 작성한 것과 「아키야마 안」의 구체적 내용을 보

---

87) 오가와라는 「아키야마 안」 중 점진적 병합론에 대해 "가장 체계적이고 구체적인
점진적 병합론"이라고 대단히 높게 평가하고 있다(오가와라 히로유키 지음, 최덕
수·박한민 옮김, 앞의 책, 328쪽).
88) 小松綠, 『朝鮮併合之裏面』, 83쪽.

면 '한국병합'에 대한 아키야마의 구상은 그다지 체계적인 것은 아니었다.

따라서 당시 미국의 만주 진출시도, 제2차 러일협약의 상황, 일본의 불평등조약 개정 문제 등을 고려하면 일본정부의 입장에서는 「구라치 안」이 가장 현실적인 안이었다. 특히 「가츠라 안」의 내용이 「구라치 안」과 거의 동일하다는 점은 이미 일본정부의 수반인 내각총리대신 가츠라가 병합 실행의 방식 외에는 구라치의 「한국병합 안」에 동의하고 있었다는 것을 의미한다. 그리고 이후 데라우치가 조직한 병합준비위원회에 구라치와 고마츠는 주요 인물로 참여한 반면, 아키야마는 포함되지 않았다. 이는 데라우치도 「구라치 안」을 가장 현실적인 「병합안」으로 인정했음을 의미한다.

하지만, 「가츠라 안」의 병합 실행 방식과 「아키야마 안」도 특정한 부분에서는 나름의 효용성을 가지고 있었다. 「가츠라 안」에 따라 한국황제의 請願에 의해 한일 간에 '병합조약'이 체결된다면, 열강의 반응을 우려하는 일본정부의 입장에서는 대외적으로 가장 보기 좋은 모양새가 될 것이었다. 또 총독의 권한 강화와 총독부의 독립성을 강조한 「아키야마 안」은 '병합'의 실행자로 제3대 통감이자, 초대 총독에 내정된 데라우치와 일본 군부의 입장에서 상당히 매력적인 내용이었다. 이와 같은 「가츠라 안」과 「아키야마 안」의 내용은 이후 병합준비위원회에서 마련한 「병합실행방법세목」에 충분히 반영되었다.

데라우치는 5월 30일 통감에 임명된 후 가장 현실적이고 세부적인 「병합안」을 입안한 구라치를 중심으로 '한국병합'의 준비를 확정지으려 했다. 데라우치가 실제 한국에 부임한 시기는 '제2차 러일협약'이 조인된 후인 7월 말이었다. 이 사이에 그는 내각의 동의 아래 비밀조직 '병합준비위원회'를 조직하였는데, 그 인원구성은 아래와 같다.[89]

---

89) 小松綠, 『朝鮮倂合之裏面』, 89~90쪽.

<표 6> 併合準備委員會의 구성

지 위	이 름	일본정부에서의 직책
의 장	시바타 가몬(柴田家門)	내각서기관장
주 임	구라치 데츠키치(倉知鐵吉)	외무성 정무국장
	고마츠 미도리(小松綠)	통감부 외무부장
위 원	야스히로 한이치로(安廣伴一郎)	法制局 장관
	와카즈키 레이지로(若槻礼次郎)	大藏省 차관
	고토 신페이(後藤新平)	拓植局 부총재
	나카니시 세이치(中西淸一)	법제국 서기관
	에기 다스쿠(江木翼)	척식국 서기관
	고다마 히데오(兒玉秀雄)	통감부 회계과장
	나카야마 세이타로(中山成太郎)	통감부 서기관

<표 6>에서 보이는 인적 구성의 가장 큰 특징은 당면한 '한국병합'에 일본정부와 통감부에서 외교·법률·재정·식민지 경영의 실무책임자들이 모두 모였다는 점이다. 이에 따라 병합준비위원회는 일본정부의 '한국병합'에 대한 구체적인 실행방법을 준비함과 동시에 각 부처 사이에 상충되는 의견충돌을 해소하는 자연적인 소통의 공간이기도 했다.

병합준비위원회는 내각 각 부처의 원활한 의견 조율을 위해 내각을 직접 관장하는 총리대신 소속의 내각서기관장인 시바타 가몬(柴田家門)이 의장이 되어 회의를 주관했다. 위원회의 회의에 상정될 原案의 작성은 주임으로 임명된 구라치와 고마츠가 담당했다. 고마츠의 회고에 의하면 원안은 크게 열강에 관련된 사항과 한국에 관련된 사항으로 나누어 준비했다고 한다. 구라치가 전반적인 열강과의 외교문제에 대해, 고마츠는 한국관련 사항에 대해 원안을 작성하였다. 다른 위원들은 이들이 작성한 원안을 토대로 각 부처의 입장에서 문제점이나 대안을 제시하는 구조였다.[90]

병합준비위원회의 활동기간은 길지 않았다. 고마츠는 활동기간을 6월 하순부터 시작하여 7월 7일에 모든 회의가 끝났다고 회고했다.[91] 그리고 이들에 의해 수립된 병합 실행계획은 일본정부의 내각으로부터 7월 8일 승인받았다.[92] 따라서 이들의 공식적인 활동기간은 6월 20일을 전후한 시점에서 7월 8일까지 보름 남짓의 상당히 짧은 기간이었다. 이 기간 동안 이들은 도쿄 나가다쵸(永田町)의 총리대신 관저에서 '한국병합'의 실행에 수반하여 예상되는 다양한 문제점들을 조정함과 동시에 '한국병합' 실행을 위한 구체적인 계획을 수립하였다.

이와 같이 사전에 작성된 원안을 토대로 짧은 시간 동안 검토가 이루어지는 회의구조에서는 애초에 원안 작성을 담당한 인물의 역할이 커질 수밖에 없다. 대체로 원안이 제시한 틀 안에서 세부적인 조정을 중심으로 회의가 이루어지기 때문이다. 따라서 원안을 담당한 구라치와 고마츠의 역할이 부각되는데, 그중에서도 주목되는 인물은 구라치이다.

고마츠는 회고에서 원안을 작성한 자신과 구라치의 역할과 비중을 비슷하게 서술하였다. 하지만 '한국병합'에서 일본이 가장 중요하게 고려했던 부분은 '병합' 대상인 한국이 아니라 이에 대한 열강의 반응이었다. 그리고 구라치가 '한국병합'에 대한 최초의 계획을 수립한 이래 '병합'의 구체적인 개념을 규정했을 뿐만 아니라 병합준비위원회의 최종적 작업인 「병합실행방법세목」과 「병합조약문」 등의 원안을 기초한 점, 또 고마츠 스스로 구라치를 "병합 사건의 주임자"라고 평가하면서 '병합'의 중요사항에 대한 근거로 그의 「각서」를 제시하고 있다는 점[93] 등을 고려하면 병합준비위원회에서 가장 중심적인 역할을 한 사람은 역시 구라치였다고 파악된다.

---

90) 小松綠, 『朝鮮併合之裏面』, 89쪽.
91) 小松綠, 『朝鮮併合之裏面』, 93~94쪽.
92) 「韓國併合ニ關スル書類」(日本國立公文書館 소장문서, 『公文別錄』, 2A.1.<別>139) ; 朝鮮總督府 편, 『朝鮮ノ保護及併合』, 325~330쪽.
93) 小松綠, 『朝鮮併合之裏面』, 15~16쪽 ; 春畝公追頌會, 『伊藤博文傳』 下, 1012~1015쪽, #55 「朝鮮總督府外事局長小松綠宛前外務次官倉知鐵吉覺書」(1913).

2. 「병합실행방법세목」 입안

병합준비위원회의 구성과 활동에 앞서 일본정부는 6월 3일 각의에서 병합 후 한국에서 실행할 13개 항목의 시정방침을 의결하였다. 그 구체적인 내용은 아래와 같다.

> 併合 후 韓國에 대한 施政方針 결정의 건
> ① 조선에는 당분간 헌법을 시행하지 않고, 大權에 의해 그것을 통치할 것.
> ② 총독은 天皇의 직속으로 하고, 조선에서의 모든 政務를 統轄할 권한을 가질 것.
> ③ 총독에는 大權의 위임에 의해 법률사항에 관한 명령을 발포할 권한을 부여할 것. 단 이 명령은 별도로 법령 또는 律令 등 적당한 명칭을 만들도록 할 것.
> ④ 조선에서의 정치는 되도록 簡易함을 목표로 함. 따라서 정치기관도 역시 이 主旨에 따라 改廢할 것.
> ⑤ 총독부의 회계는 특별회계로 할 것.
> ⑥ 총독부의 통치비용은 조선의 歲入으로 그것에 충당하는 것을 원칙으로 한다. 하지만 당분간은 일정한 금액을 정해 본국 정부로부터 보충할 것.
> ⑦ 철도 및 통신에 관한 예산은 총독부의 소관으로 편입할 것.
> ⑧ 關稅는 당분간 현행대로 유지할 것.
> ⑨ 관세수입은 총독부의 특별회계에 속하도록 할 것.
> ⑩ 韓國銀行은 당분간 현행 조직을 개편하지 않을 것.
> ⑪ 合併 실행을 위해 필요한 경비는 금액을 정해 豫備費에서 그것을 지출할 것.
> ⑫ 통감부 및 한국정부에 재직하는 제국 관리 중 불필요한 사람은 귀환 또는 휴직을 명할 것.
> ⑬ 조선의 관리에는 그 계급에 따라 가능한 한 다수의 조선인을 채용할 방침을 채택할 것.94)

위 각의 결정은 크게 4부분으로 나누어 볼 수 있다. 첫째 통치구조로 한국에서 일본헌법은 시행하지 않고, 천황에 직예하는 총독을 두어 大權으로 통치할 것(①~④), 둘째 '병합'에 필요한 경비 부분(⑤~⑦, ⑨~⑪), 셋째 열강에 대한 것으로 관세는 당분간 현행대로 유지한다는 것(⑧), 넷째 '병합' 후 총독부에 가능한 한 다수의 조선인을 채용한다(⑫~⑬)는 결정이었다. 이 각의결정은 '한국병합' 실행의 책임자인 데라우치의 의향이 강하게 반영된 것이었다.[95]

이것은 전반적인 '한국병합'의 방향만을 설정한 개략적인 것으로 구체적인 '병합'의 실행과 이후 통치구조를 논리적으로 설정한 방침이라고 평가하기 어렵다. 이 각의결정에는 일본의 '한국병합' 실행에서 중요한 문제였던 한국과 열강과의 '조약' 처리문제, 한국에서 열강의 치외법권문제, 한국 황실을 비롯한 한국의 지배계층에 대한 처우문제 등 구체적인 고민을 필요로 하는 사항들은 전혀 언급되지 않았기 때문이다. 따라서 위 각의결정은 '병합'의 실행과 이후 통치구조를 논리적으로 설정했다기 보다는 「병합실행방법세목」을 마련하기 위한 지침이라고 평가할 수 있다.[96]

이와 같은 기본방향 하에 병합준비위원회는 보름 남짓의 기간 동안 '한국병합'에 대한 전반적인 사항을 점검하고, 실행 계획을 수립하였다. 이들의 주요 검토사항은 한국에서 일본 헌법 시행의 여부, 한국과 열강 간의 조약 철폐 여부, 한국황실의 대우, 한국 원로대신의 처우, 한국인민에 대한 통

---

94) 『日本外交文書』 43-1卷, #547 「倂合後ノ韓國ニ對スル施政方針決定ノ件」, 660쪽. 각 항목의 번호는 순서에 따라 필자가 부여한 것임.

95) 오가와라 히로유키 지음, 최덕수·박한민 옮김, 앞의 책, 395~396쪽.

96) 이 6월 3일의 「각의결정」을 근거로 운노는 이미 '병합' 실행의 방침은 각의에서 결정되었기 때문에 병합준비위원회의 활동을 단순한 실무집행기구 정도로 파악한다 (운노 후쿠쥬 지음, 정재정 옮김, 앞의 책, 427~437쪽). 하지만 이후 병합준비위원회의 활동은 위 각의결정이 내용변경 및 언급하지 않은 내용까지도 입안하면서 구체적인 한국통치의 원형을 수립한 것이기 때문에 질적으로 다른 것이었다고 생각된다.

치방침, 병합실행에 필요한 경비, 한국에 대한 새로운 통치기구로 朝鮮總督府의 설치안, 병합시 공포될 勅令案 등 부문별로 총 22개 항목이었는데, 그 구체적인 항목은 다음과 같다.

併合實行方法細目

第一 국가의 호칭에 대한 건

第二 조선인의 國法 상의 지위

第三 병합시 외국 영사재판에 계류 중인 사건의 처리 및 領事廳에 구금 중인 범죄자의 처분

第四 재판소에서 외국인에게 적용되는 법률

第五 외국인 거류지의 처분

第六 거류민단법의 적용에 관한 건

第七 외국인 토지소유권의 將來

第八 외국인이 소유하는 차지권의 처분

第九 조선의 개항장 간 및 일본 개항장과 조선 개항장 간 외국선박의 연안 무역

第十 일본 內地와 조선 간에 이출입되는 화물에 대한 과세

第十一 외국과 조선 간에 수출입되는 화물에 대한 과세

第十二 청국인의 거주에 대한 제한

第十三 조선의 채권 채무

第十四 한국 勳章에 관한 건

第十五 관리의 임명에 관한 건

第十六 한국의 황실 및 공신의 처분

第十七 입법사항에 관한 긴급 칙령안

第十八 조선총독부 설치에 관한 칙령안

第十九 舊韓國 군인에 관한 칙령안

第二十 구한국 정부의 재정에 관한 긴급 칙령안

第二十一 조선에서 법령의 효력에 관한 制令案

第二十二 관세에 관한 제령안[97]

이외에도 병합준비위원회는 최종적인 「병합조약문」뿐만 아니라, 한국과 일본측 대표의 「전권위임장」의 원안 작성까지 '한국병합'에 관련된 거의 모든 사항을 세밀히 챙겼다.

그런데 각 부처의 다양한 인물들로 급하게 결성된 위원회가 위와 같이 병합에 관련된 중요 사항들을 불과 2주 정도의 짧은 기간 동안 검토하여 입안한다는 것은 통상적으로 무리일 것이다. 따라서 위원회에서 그토록 신속하게 구체적인 병합실행안을 마련할 수 있었던 것은 이미 존재하는 원안을 토대로 입안한 결과라고 생각된다. 고마츠는 구라치가 보내 온 「각서」에 대한 부기에서 "「제2호 세목서」는 이후 협의과정에서 개정된 조항이 있기 때문에 관계 각장에서 기술하겠다"고 하였다.[98] 이는 병합준비위원회의 협의과정이 기본적으로 구라치가 작성한 원안 즉 「대한세목요강기초안」을 바탕으로 진행되었음을 의미한다.

앞에서 살펴보았듯이 구라치는 '한국병합'의 준비 내용을 크게 1) 병합선포의 건, 2) 한국황실 처분의 건, 3) 한반도 통치의 건, 4) 대외관계의 건의 4부분으로 나누어 제안하였다.

첫번째 병합선포의 건에서 구라치는 '병합'의 선포는 詔勅으로 하고, 이 조칙에는 동양의 평화와 한국인의 보호를 위한 '병합'이라는 점과 외국인의 권리보장에 대한 내용이 담겨야 한다고 했다. 그리고 한반도의 통치권은 천황의 大權에 속한다는 점을 밝혀 한반도에서 日本憲法을 시행하지 않는다

---

97) 小松綠은 당시 병합준비위원회의 검토사항을 21개 항목으로 정리하고 있으나(小松綠, 『朝鮮併合之裏面』, 98~107쪽), 寺內正毅가 각의에 제출한 「併合處理ノ方案」에는 '제22 관세에 관한 제령안'을 포함하여 22개 항목으로 정리되어 있다(『韓國併合二關スル書類』, 日本國立公文書館 소장문서, 『公文別錄』, 2A.1.<別>139 ; 朝鮮總督府 편, 『朝鮮ノ保護及併合』, 325~330쪽). 제22항을 小松綠이 누락한 것인지, 寺內正毅가 각의 제출 전에 첨가한 것인지는 정확히 알 수 없다. 이 글에서는 일본 각의에 제출된 22개 항목을 따른다.

98) 小松綠, 『朝鮮併合之裏面』, 17쪽.

는 점을 명백히 해서 후일의 논란을 예방해야 한다고 주장했다.99)

이 내용은 이후 병합준비위원회의 논의의 지침이라고 할 수 있는 「병합후 한국에 대한 시정방침 결정의 건」, 그리고 병합준비위원회에서 실제 입안한 「병합실행방법세목」 및 '韓國倂合에 관한 條約'과 「韓國倂合詔書」에까지 일본정부의 일관된 입장으로 거의 대부분 수용되었다. 그리고 구체적인 병합 실행의 방식은 「가츠라 안」에서 제안한 조약 체결에 의한 '한국병합' 실행을 최선의 실행방법으로 채택하였다. 만약 한국의 저항으로 조약의 체결이 여의치 않을 때는 차선책으로 일본정부가 일방적으로 '한국병합'을 선포하는 것으로 하였다. 이에 병합 후 선포될 일본 천황의 「조서」를 조약 체결에 의해 병합이 실행되었을 때의 것과 일방적 선포에 의해 실행되었을 때의 것의 2가지를 모두 준비하였다.100)

그런데 한반도에서 일본헌법의 시행문제는 병합준비위원회에서 가장 논란이 되었던 부분이다.101) 이 문제는 '병합'의 실행과 이후 조선총독부의 한국통치의 성격 및 그 세부 실행계획을 수립한 「병합실행방법세목」에 직접적으로 관련된 문제였다. 따라서 병합준비위원회에서는 다른 계획의 수립 이전에 우선 이 헌법시행문제를 명확히 정리할 필요가 있었다.

논란의 중심은 한반도에서 일본헌법 시행의 可否에 대한 것이 아니었다. 일본헌법을 시행하지 않는다는 것이 일반론이었지만, 그럴 경우 "한국이 완전히 폐멸되어 일본의 일부로 편입된다"는 '병합'의 개념과 모순되기 때문에 이를 해결하기 위함이었다. 일본정부는 한국통치의 기본 방침으로 1910년 6월 3일 각의에서 결의된 「병합 후 한국에 대한 시정방침 결정의 건」의

99) 「明治四二年韓國倂合に關する外務大臣案」, 『韓國倂合ニ關スル書類』(日本國立公文書館 소장문서, 『公文別錄』, 2A.1.<別>139) ; 日本外務省 編, 『小村外交史』 下, 383쪽.
100) 「詔勅、條約、宣言案」, 『韓國倂合ニ關スル書類』(日本國立公文書館 소장문서, 『公文別錄』, 2A.1.<別>139) ; 日本外務省 編, 『小村外交史』 下, 385~386쪽.
101) 山本四郎 편, 『寺內正毅關係文書』(首相 以前), 京都女子大學校, 1984, 178~179쪽 ; 小松綠, 『朝鮮倂合之裏面』, 94~96쪽.

①항에서 "당분간 조선에서는 헌법을 시행하지 않는다"라고 결정했다. 이러한 결정에는 통감으로 임명된 데라우치의 의견이 강하게 반영된 것이었다고 한다.[102]

하지만 한국에서 일본헌법의 불시행론은 데라우치만의 생각이 아니었다. 앞서 「병합안」을 작성했던 구라치와 아키야마 모두 한국에서 일본헌법의 불시행을 명시했듯이 당시 일본사회의 일반적인 입장이었다. 이 시기 일본사회는 한국사회를 일본 보다 1,000년 정도 뒤쳐진 사회로 인식하는 것이 일반적이었다.[103] 이러한 인식에 기반하여 일본정부는 대체로 "메이지 初年 시대의 일본인의 문화정도에도 미치지 못하는 신부인민에 그것(헌법)을 적용하는 것은 단지 불편할 뿐만 아니라, 헌법제정의 정신에도 부합되지 않는다"는 생각을 가지고 있었다.[104]

하지만 한국에서 일본헌법이 시행되지 않는다고 하면 이것은 일본이 구상한 '한국병합'의 성격과 모순이 발생한다. '을사조약' 이래 한국과 일본 사이의 조약과 협정들은 국제사회에서 그 유효성에 의문이 제기되고 있었다. 일본정부는 최후까지 열강의 간섭을 고려하여 '병합'의 모양새로 '한국의 자발적 청원에 의한 병합'이라는 형식을 매우 중요시했다. 당시 이러한 상황을 잘 알고 있었던 구라치는 자신이 작성한 「한국병합조약안」 전문에서 양국의 합의에 의한 '병합'임을 무엇보다 강조하였다.[105]

---

102) 데라우치는 본국과 전혀 사정을 달리하는 신영토에 헌법을 적용하는 것은 시정상 매우 불편하다는 의견을 피력했다(小松綠, 『朝鮮倂合之裏面』, 94~96쪽). 이에 대해 小川原宏幸은 데라우치가 한국통치에서 일본의회의 간섭을 배제하기 위해 헌법불시행론을 채택했고, 또 이에 대한 일본사회의 혈연적 민족주의가 작용했다고 파악한다(小川原宏幸, 「韓國倂合と朝鮮への憲法施行問題－朝鮮における植民地法制度の形成過程－」, 『日本植民地研究』 17, 日本植民地研究會, 2005, 19쪽).

103) 『東京朝日新聞』, 1910년 8월 26일.

104) 小松綠, 『朝鮮倂合之裏面』, 94~95쪽.

105) "日本國皇帝陛下及韓國皇帝陛下ハ兩國間ノ特殊ニシテ親密ナル關係ヲ顧ヒ相互ノ幸福ヲ增進シ東洋ノ平和ヲ永久ニ確保セムコトヲ欲シ此ノ目的ヲ達セムカ爲ニハ韓國

이렇게 일본이 내외에 선전한 '양국의 합의에 의한 병합'으로 한국과 일본이 하나의 국가가 되는 것이라면, 한국은 '병합'에 의해 일본의 신부영토로 편입되고, 한국인은 일본인과 동일한 법적 지위를 갖는 일본의 신부인민으로 편입되는 것을 의미한다. 그리고 실제로 각의에서 결정된「병합실행방법세목」의 '제2 조선인의 國法 상의 지위'에서는 예외 규정으로 정한 외에는 조선인은 내지인과 동일한 지위를 갖는다고 규정하였다.106) 따라서 별다른 단서조항 없는 일본헌법 불시행론은 '병합'의 성격과 모순되는 것이다.

그리고 열강과의 관계를 고려할 때 한국에서 일본헌법을 시행하지 않는다고 하면 한국은 일본헌법 범위의 밖에 위치하는 직접식민지가 된다. 이렇게 될 경우, 한국과 일본은 이원적인 법체계를 갖게 되어 '병합' 이후에도 열강이 한국에서 기존에 자신들이 누린 기득권 유지를 주장할 수 있는 빌미를 제공하게 된다. 이것은 일본에게 상당히 우려스러운 문제였기 때문에 일본은 형식적으로라도 한국에서 일본헌법의 시행을 인정하지 않을 수 없었다.

이에 따라 병합준비위원회는 한국이 일본의 영토로 편입된 이상 어쩔 수 없이 한국에서 일본헌법을 시행하는 것은 논리적으로 당연하지만, 실제로는 이를 시행하지 않고 헌법 내에서 예외법규를 제정하여 실행하는 것으로 결정하였다.107) 그리고「병합실행방법세목」의 '제1 국가 호칭에 대한 건'에서 기존의 '한국'이라는 국가명도 혼란을 피한다는 이유로 지역의 의미로써

ヲ日本帝國ニ倂合スルニ如カサルコトヲ確信シ玆ニ兩國間ニ倂合條約ヲ締結スルコトニ決シ"(「韓國倂合條約(案)」, 1910년 8월 20일 決議, 『韓國倂合ニ關スル書類』, 日本國立公文書館 소장문서, 『公文別錄』, 2A.1.<別>139).

106) 「韓國倂合ニ關スル閣議決定書」, 『韓國倂合ニ關スル書類』, 日本國立公文書館 소장문서, 『公文別錄』, 2A.1.<別>139 ; 小松綠, 『朝鮮倂合之裏面』, 99쪽.

107) 小松綠, 『朝鮮倂合之裏面』, 94~96쪽. 이 문제에 대한 최종결론을 수상 桂太郎이 寺內正毅에게 7월 12일에 통고하는 것을 보면「병합실행방법세목」의 각의 결정 당시에도 여전히 논란이 거듭된 것으로 보인다(小松綠, 『朝鮮倂合之裏面』, 106쪽,「憲法ノ釋義」1910년 7월 12일 桂수상이 寺內총독에게 보낸 通牒).

'조선'으로 개칭하였다.[108]

　두번째 한국황실 처분의 건에서 구라치는 '병합'과 동시에 구 한국황실을 정권에서 격리시키고 그 대우는 일본의 황족 및 화족의 예를 참작하여 특전을 부여한다는 것, 그리고 호칭은 현 황제를 大公전하, 태황제·황태자 및 義親王은 公전하로 할 것을 제안하였다.[109] 특히 대공이란 칭호는 왕은 물론 친왕보다도 1단계 상위에 해당하는 명칭을 선택할 필요가 있다는 점을 고려해서 특별한 존칭을 안출해낸 것이라고 하였다.

　이같은 내용에 대해 앞의 「병합 후 한국에 대한 시정방침 결정의 건」에서는 특별한 언급이 없었다. 병합준비위원회는 '제16 한국의 황실 및 공신의 처분'에서 이 내용을 거의 그대로 수용함과 아울러 歲費는 기존의 황실비를 거의 그대로 존중하여 150만 원으로 정했다. 이것은 한국황실의 기존 생활에 급격한 변혁을 가하고 싶지 않다는 데라우치의 배려였다고 한다.[110] 하지만 그보다는 '병합'이 되어도 한국황실의 생활에 변화가 없을 것임을 보장하여 '병합'에 대한 동의를 보다 쉽게 끌어내려고 했던 조치로 보인다.

　그 외 황족 및 원로대신과 '병합'의 공신에 대해서는 일본의 華族制度를 준용하여 작위를 수여하고[111] 세습재산으로 15만 원 이하 3만 원 이상의 公債證書를 지급하는 것으로 하였다. 이것은 일본 화족제도에서 男爵의 세

---

108) "第一 國稱ノ件 韓國ヲ改稱シテ朝鮮トスルコト"(「韓國倂合ニ關スル閣議決定書」, 『韓國倂合ニ關スル書類』, 日本國立公文書館 소장문서, 『公文別錄』, 2A.1.<別>139 ; 小松綠, 『朝鮮倂合之裏面』, 98~99쪽). 이와 관련하여 병합준비위원회 위원의 한사람인 척식국 부총재 後藤新平은 '병합' 후 한국의 명칭에 대해 한국인의 역사적 심리를 고려하여 '高麗'로 개칭할 것을 제안했으나, 가쓰라나 데라우치의 동의를 얻지 못하여 결국 '朝鮮'으로 결정되었다고 한다(日本外務省 編, 『小村外交史』 下, 338쪽).

109) 「明治四二年韓國倂合に關する外務大臣案」, 『韓國倂合ニ關スル書類』, 日本國立公文書館 소장문서, 『公文別錄』, 2A.1.<別>139 ; 日本外務省 編, 『小村外交史』 下, 384쪽.

110) 小松綠, 『朝鮮倂合之裏面』, 90쪽.

111) 「韓國倂合ニ關スル閣議決定書」, 『韓國倂合ニ關スル書類』, 日本國立公文書館 소장문서, 『公文別錄』, 2A.1.<別>139 ; 小松綠, 『朝鮮倂合之裏面』, 103쪽.

습재산이 1만원을 넘지 못하는 것에 비하면 파격적인 것이었다. 또 기존의 일반 한국관리에 대해서도 '제15 관리의 임명에 관한 건'에서 가능한 한 많은 조선인을 채용한다는 방침을 정하였다.[112] 병합의 결과 우선적으로 폐관될 내각관료 및 기타 大官은 중추원의 고문·찬의·부찬의로 임명하는 것으로 정하였다.[113]

한국의 군대에 대해서는 '제19 구한국 군인에 관한 칙령안'에서 기존 한국의 군인은 조선주차군사령부에 부속시켜 일본 군인에 준하여 대우한다고 규정하고, 당분간 그 실질적 처우는 종전의 예에 따른다고 하였다.[114] 이는 1907년의 군대해산 이후 해산 군인들이 대거 義兵에 투신하여 일본에 저항한 것에 대한 경험에서 나온 방안으로 생각된다. 즉 기존 관리들의 생활을 보장함으로써 '병합'에 대한 이들의 조직적인 반발을 사전에 방지함과 동시에 이들을 식민지배의 협력자로 포섭하려는 조치였다.

세번째 한반도 통치에 관한 부분은 총독부를 설치하여 군사력에 기반한 통치를 상정했다는 점에서 구라치의 통치안은 큰틀에서 「아키야마 안」과 동일했다. 하지만 그 구체적인 부분에서는 차이점이 많았다. 특히 총독부 및 총독의 권한과 관련된 부분은 근본적으로 달랐다. 이는 병합준비위원회 논의과정에서도 상당한 논란이 있었던 것으로 보인다. 「병합실행방법세목」의 총독부 관련 사항이 전혀 구체적인 내용을 담고 있지 않을 뿐만 아니라, '한국병합' 직후 임시로 취할 조치 및 「병합 후 한국에 대한 시정방침 결정의 건」의 총독과 관련한 지침 ①~④·⑬항 이상의 내용을 입안하지 않았기 때문이다. 이는 「구라치 안」과 「아키야마 안」의 공통사항이기도 했다.

---

112) 「韓國倂合ニ關スル閣議決定書」, 『韓國倂合ニ關スル書類』, 日本國立公文書館 소장문서, 『公文別錄』, 2A.1.<別>139 ; 小松綠, 『朝鮮倂合之裏面』, 102쪽.

113) 小松綠, 『朝鮮倂合之裏面』, 91~92쪽.

114) 「韓國倂合ニ關スル閣議決定書」, 『韓國倂合ニ關スル書類』, 日本國立公文書館 소장문서, 『公文別錄』, 2A.1.<別>139 ; 小松綠, 『朝鮮倂合之裏面』, 105쪽.

병합준비위원회는 총독부 및 총독에 대해 「병합실행방법세목」에서 '제18 조선총독부 설치에 관한 칙령안」을 마련하였는데, 그 내용은 아래와 같다.

第十八 朝鮮總督府 설치에 관한 勅令案

조선에 조선총독부를 설치함.

조선총독부에 조선총독을 두어 委任의 범위 내에서 陸海軍을 통솔하고, 일체의 政務를 統轄하도록 함.

統監府 및 그 소속 관서는 당분간 그것을 존치하고, 조선총독의 직무는 통감으로써 그것을 행하도록 함.

종래 한국정부에 속한 관청은 내각 및 表勳院을 제외한 외에는 조선총독부의 소속관서로 간주하고 당분간 그것을 존치함.

前項의 관서에 재근하는 관리에 관해서는 구 한국정부에 재근 중일 때와 동일하게 대우함.

附則

本令은 공포일로부터 그것을 시행함.115)

위 칙령안에 보이듯이 총독에 대한 규정은 "위임의 범위 내에서 육해군을 통솔하고, 일체의 정무를 통합한다"는 일반적 규정 외에 구체적인 자격, 권한 및 의무 규정이 전혀 없다. 서로 차이점이 많았지만, 앞의 「구라치 안」과 「아키야마 안」에는 총독부와 총독에 관한 구체적인 내용이 담겨 있었다. 그와 같은 참고자료가 있었음에도, 「병합실행방법세목」에는 그 구체적 내용이 없는 것이다.

식민지 통치기구인 총독부와 그 책임자인 총독에 관한 사항은 일본의 한국 식민통치에서 매우 중요한 사안이었다. 특히 일본은 한국의 통치에서 일본헌법을 시행하지 않고 천황의 大權으로 통치한다고 했다. 이에 따라 병합

---

115) 「韓國倂合ニ關スル閣議決定書」, 『韓國倂合ニ關スル書類』, 日本國立公文書館 소장문서, 『公文別錄』, 2A.1.<別>139 ; 小松綠, 『朝鮮倂合之裏面』, 104~105쪽.

준비위원회는 '제17 입법사항에 관한 긴급 칙령안'과 '제21 朝鮮에서 법령의 효력에 관한 제령안'에서 "한국을 통치하는데 법률을 필요로 하는 사항에 대해서는 법률 대신 일본천황의 칙령과 천황으로부터 위임받은 총독의 명령인 制令, 행정권에 속하는 府令으로 한다"고 했기 때문에116) 총독부와 총독에 대한 규정은 그야말로 식민통치의 핵심 사안이었다. 따라서 이 사안에 대해 병합준비위원회에서 논의하지 않았을 리가 없다. 그런데 이 부분이 일반적 규정으로만 입안되었을 뿐만 아니라, 각의에서도 그대로 결정된 것은 데라우치의 역할이었다고 추측된다.

구라치는 「구라치 안」에서 한국의 중앙행정 및 말단 지방행정까지 모두 일본이 실질적이고 전일적인 통치권을 장악해야 한다는 기조 아래 총독의 자격을 친임관으로 했을 뿐 문관 또는 무관으로 특정하지 않았고, 총독부와 총독이 일본정부의 통제 아래에 있어야 함을 강조했다. 이에 반하여 아키야마는 일본정부에 대해 총독부와 총독의 독립적 위상을 강조하면서 무관을 총독으로 임명할 것을 제안했다. 이 두 인물 중 구라치는 고마츠와 함께 병합준비위원회에서 주임으로 중심적인 역할을 하고 있었다.

위에서 살펴본 바와 같이 「구라치 안」은 짧은 기간 동안 입안된 「병합실행방법세목」에서 草案과 같은 역할을 했다. 반면 아키야마는 병합준비위원회에 참여하지 못했고 군부쪽의 다른 인물도 없었다. 그리고 병합준비위원회의 다른 구성원들은 모두 일본정부와 통감부의 소속으로 식민지 경영의 실무책임자들이었다. 「아키야마 안」의 내용대로 조선총독이 무소불위의 권력을 가지게 되어 일본정부의 통제를 받지 않고 각각의 사안에 대해 독단적 결정을 내려 실행하게 되는 것을 이들의 입장에서는 상당히 우려하지 않을 수 없었을 것이다. 이에 병합준비위원회가 총독부와 총독에 관련된 사

---

116) 「韓國倂合ニ關スル閣議決定書」, 『韓國倂合ニ關スル書類』, 日本國立公文書館 소장 문서, 『公文別錄』, 2A.1.<別>139 ; 小松綠, 『朝鮮倂合之裏面』, 103~104쪽.

항을 「구라치 안」을 중심으로 입안하리라는 것은 어렵지 않게 예상할 수 있다.

그러나 이것은 데라우치가 쉽게 수용할 수 있는 사안이 아니었다. '한국 병합'의 실행자이자, 초대 조선총독으로 결정된 그에게 「아키야마 안」이 주장하는 총독부의 독립적 위상과 총독의 무소불위의 권력은 상당히 매력적인 것이었기 때문이다. 데라우치가 병합준비위원회의 회의에 직접 참여했는지는 확실하지 않다. 하지만 그는 의안의 결정과정에 적극적으로 참여하여 자신의 의견을 반영시키고 있었다.117) 하지만 '한국병합' 실행의 책임자로 결정되었다는 권위가 있는 데라우치라고 해도 총독부와 총독에 관한 사안은 자신의 의도대로 결론짓기 힘들었을 것이다.

이 사안은 일본이 처음으로 하나의 주권국가를 식민통치하는 것이었고, 그 통치기구 및 통치책임자와 일본정부의 관계 설정, 그리고 식민통치의 성격에 관한 것이어서 일본정부의 각 부처와 이해관계가 맞부딪치고 있었기 때문이다. 일본정부의 각의에서 일반적 내용만을 규정한 '제18 조선총독부 설치에 관한 칙령안'이 그대로 승인된 것은 이러한 이해충돌을 반영한 것으로 보인다.118)

그런데 7월 8일 「병합실행방법세목」의 각의결정 이후 총독부와 총독에 대한 사안은 樞密院으로 이관되어 그 내용이 크게 변경되었다. 이것은 '한

---

117) 小松綠, 『朝鮮倂合之裏面』, 88~91쪽.

118) 데라우치는 「병합실행방법세목」에서는 일본정부의 각 부처 모두가 동의하는 일반적 내용만을 입안하고, 구체적인 사항은 樞密院의 결정을 기대한 것 같다. 明治時代 일본의 추밀원은 천황의 자문기구이면서 동시에 내각을 뛰어넘는 국가 최고의 의결기구였다. 추밀원이 의결한 사항은 곧바로 천황의 재가로 이어졌다. 당시 추밀원의 의장은 일본 군부의 최고 권위자, 이토 사망 후 최고 국가원로가 된 야마가타 아리토모(山縣有朋)였다. 야마가타와 데라우치는 모두 조슈(長州) 출신 陸軍閥의 핵심 인물로 격렬한 대륙침략주의자였고, '한국병합'에 대한 공통의 인식을 가지고 있었다.

국병합'이 실행된 이후인 9월 29일 천황의 재가를 받아 최종적으로 10월 1일 21개조의 「朝鮮總督府官制(칙령 제354호)」로 공포되었다. 여기에는 「아키야마 안」의 핵심내용이었던 총독부의 독립적 위상과 총독의 권한 강화에 대한 내용이 대부분 반영되었다. 즉 조선총독의 자격은 육해군 대장 출신으로 한정되었고, 식민지 한국에서 입법·사법·행정 및 군사지휘권까지 모든 권한을 총독 1인에게 부여하면서도 본국 정부에 책임지지 않는 무소불위의 통치자로 상정되었다.[119]

「아키야마 안」의 내용은 총독부의 예산에 관한 사항에도 반영되었다. 반면 「구라치 안」에는 총독부의 재정에 대한 특별한 언급이 없다. 아키야마는 총독부의 예산은 총독 책임하의 특별회계로 처리하는 것을 원칙으로 하고, 다만 '한국병합' 초기에 투입되는 일시적인 비용은 일본 중앙정부에서 보조해 줄 것을 주장하였다. 아키야마의 주장은 총독부의 독립성을 강조한 그에게는 당연한 논리였다. 재정의 독립없이 총독부의 독립성이 보장될 수는 없기 때문이다. 이와 같은 「아키야마 안」의 내용은 이미 데라우치를 통해 앞의 「병합 후 한국에 대한 시정방침 결정의 건」 단계에서부터 ⑤~⑦, ⑨~⑪ 항목으로 반영되어 있었다.

하지만 불과 보름 남짓의 기간 동안 현실적 상황을 충분히 고려해야 하

---

119) "勅令 第354號. 朝鮮總督府官制. 제1조 조선총독부에 총독을 두며, 총독은 조선을 管轄한다. 제2조 총독은 親任으로 하고 陸海軍大將으로 그에 임명한다. 제3조 총독은 日本天皇에 直隷하고, 위임의 범위 내에서 육해군을 통솔하며 조선의 防備를 관장한다. 총독은 제반의 정무를 통할하며 內閣總理大臣을 거쳐 上奏 및 재가를 받는다. 제4조 총독은 그 직권 또는 특별위임에 의하여 朝鮮總督府令을 발포하며, 이에 1년 이하의 懲役 또는 禁錮, 拘留, 200圓 이하의 벌금이나 科料의 벌칙을 부가할 수 있다. (중략) 제6조 총독은 소관 관리를 감독하며 奏任文官의 진퇴는 내각총리대신을 거쳐 이를 상주하고, 判任文官 이하의 진퇴는 이를 專行한다. (중략) 제9조 총독부에 官房 및 다음의 5部를 둔다. 總務部, 內務部, 度支部, 農商工部, 司法部"(친일반민족행위진상규명위원회, 『친일반민족행위관계사료집』Ⅰ, 선인, 2007, 127~129쪽).

는 예산문제를 병합준비위원회에서 구체적으로 입안할 수는 없었다. 이에 「병합실행방법세목」은 '제13 조선의 채권 채무'와 '제20 구한국 정부의 재정에 관한 긴급 칙령안'에서 한국정부의 채권, 채무는 모두 일본정부가 인수하고, 차입금을 조선특별회계의 부담으로 하였다. 또 구한국 정부에 속하는 세입·세출의 예산은 종전대로 그것을 襲用한다고 하여 '한국병합' 직후 당장 필요한 총독부의 예산 운용에 대한 방안을 입안하였다.120) 그리고 최종적으로는 조선총독부의 회계를 특별회계로 하고, 그 세입 및 일반회계의 보충금으로 그 세출을 충당하는 것을 주요 내용으로 하는 총독부의 예산규정이 최종적으로 입안되었다. 그리고 앞의 「조선총독부관제」와 함께 '한국병합' 이후인 10월 1일 「조선총독부 특별회계에 관한 건(칙령 제406호)」으로 공포되었다.121)

이는 데라우치나 아키야마의 입장에서는 조선총독부를 일본정부의 간섭 없이 독립적으로 운영하기 위해 요구한 사안이었지만, 일본정부의 입장에서도 식민통치 비용을 식민지 현지에서 충분히 조달하여 일본의 경제적 부담을 최소화하겠다는 의도가 작용한 결과이기도 했다.

마지막으로 대외관계의 건에서 구라치는 한국이 외국과 체결한 조약은 원칙적으로 '한국병합'과 동시에 소멸하지만, '병합'과 양립할 수 없는 것을 제외하고는 당분간 외국인의 기득권을 충분히 보호해야 한다고 주장하였다. 그리고 그는 한국에서 보호해야 할 외국인의 기득권을 구체적으로 제시하였는데, 이는 「병합실행방법세목」에 거의 그대로 반영되었다.

대외관계는 '한국병합'을 열강으로부터 승인받는 문제 및 일본의 불평등

---

120) 「韓國倂合ニ關スル閣議決定書」, 『韓國倂合ニ關スル書類』, 日本國立公文書館 소장 문서, 『公文別錄』, 2A.1.<別>139 ; 小松綠, 『朝鮮倂合之裏面』, 102·105쪽.

121) 「朝鮮總督府官制·朝鮮總督府特別會計ニ關スル件ヲ定ム附朝鮮總督府通信官署ニ於ケル現金ノ出納ニ關スル勅令案ニ對スル樞密院決議」, 日本國立公文書館 소장문서, 『公文類聚』 第三十三編·明治四十三年 卷五, 2A. 11. <類>1092.

조약 개정문제와 관련하여 일본정부가 특히 주의를 기울이던 문제였다. 그럼에도 내각에서 「병합실행방법세목」 입안의 지침으로 결의한 「병합 후 한국에 대한 시정방침 결정의 건」에는 ⑧항의 "관세는 당분간 현행대로 유지할 것" 외에 대외관계와 관련한 특별한 지침이 없다. 애초에 「병합 후 한국에 대한 시정방침 결정의 건」은 제목에서도 보이듯이 한국 통치방안 입안에 대한 지침이고, 대외관계에 관한 지침은 결정하지 않은 것이다. 이는 대외관계 관련사항의 입안을 병합준비위원회에 일임한 것으로 봐야할 것이다. 위원회의 구성원 중 외교 전문가는 외무성 정무국장인 구라치가 유일했고 대외관계에 관한 원안을 그가 작성했다. 즉 일본정부는 그동안 일본의 '한국병합' 정책에서 꾸준히 활동해 온 구라치의 성과와 능력을 인정하여, 그에게 '한국병합'에서 예상되는 열강의 반응에 대응할 방안의 마련을 일임한 것이다.

구라치는 '한국병합'에 대한 열강의 반발을 사전에 방지해야 한다는 자신의 생각을 충실히 반영하여 대외관계에 대한 원안을 작성하였다. 그 핵심은 당분간 한국에서 외국인의 기득권 보장이었다. 병합준비위원회에서 입안된 「병합실행방법세목」의 전체 22개 항목 중 절반에 가까운 10개 항목이 한국에서 외국인의 기득권 보장에 관한 내용이었다. 그리고 그 내용은 첫째 치외법권 및 영사재판 관련 내용(제3~제4), 둘째 토지소유문제(제5·제7~제8·제12), 셋째 한국에서의 금융·무역(제9·제11·제13·제22)의 3가지로 유형화할 수 있다. 즉 구라치는 한국에서 열강의 기득권의 핵심을 치외법권의 특혜와 경제적 이익으로 파악한 것이다.

그 구체적인 내용을 보면, 치외법권 및 영사재판과 관련해서는 '제3 병합시 외국 영사재판에 계류 중인 사건의 처리 및 領事廳에 구금 중인 범죄자의 처분'에서 현재 영사재판에 계류 중인 재판은 재판의 종결까지 현행대로 시행하는 것을 보장하고, '제4 재판소에서 외국인에게 적용해야 할 법률'에 대해서는 '한국병합' 이후의 개시되는 재판부터는 외국인도 일본인과 동일

한 법규의 적용을 받는다고 규정하였다.[122]

토지소유문제에 대해서는 '제5 외국거류지의 처분'에서 각국 거류지의 사무는 경찰에 관한 사항을 제외한 외에는 현상태를 유지하되 가능한 한 신속히 정리하고, '제7 외국인 토지소유권의 장래'에서 외국인의 토지소유권도 당분간 현상태 유지, '제8 외국인이 소유하는 借地權의 처분'에서 외국인의 영구차지권은 희망에 따라 소유권으로 변경하고, 희망하지 않을 경우는 그대로 존속시킨다고 하였다.[123] 다만 청국인에 대해서는 '제12 청국인의 거주에 대한 제한'에서 한국에 거주하는 청국인에 대해서는 제령으로 일본에서와 동일한 제한을 둔다고 하였다.[124]

한국에서 외국인의 금융·무역에 대해서는 '제9 조선의 개항장 간 및 일본의 개항장과 조선의 개항장 간 외국선박의 연안무역'은 당분간 종전대로 허가, '제11 외국과 조선 간에 수출입되는 화물에 대한 과세'도 종전의 세율에 따라 수출입세를 징수, '제13 조선의 채권 채무'는 일본정부가 인수하여 대신할 것을 약속하였다. 그리고 이러한 내용은 '제22 관세에 관한 제령안'을 입안하여 한국을 상대로 한 외국인의 무역에 대해 일본정부가 당분간 종전의 세율대로 유지할 것임을 공식적으로 보장하도록 하였다.[125]

당시 영국과 미국을 비롯한 열강은 일본 외무성과 협의 과정에서 이미 일본의 '한국병합' 가능성을 파악하고 있었다. 이에 열강은 일본의 '한국병합'을 인정하는 대가로 기존에 그들이 한국에서 누리던 경제적 특혜의 유지

---

122) 「韓國倂合ニ關スル閣議決定書」, 『韓國倂合ニ關スル書類』(日本國立公文書館 소장 문서, 『公文別錄』, 2A.1.<別>139) ; 小松綠, 『朝鮮倂合之裏面』, 99~100쪽.

123) 「韓國倂合ニ關スル閣議決定書」, 『韓國倂合ニ關スル書類』(日本國立公文書館 소장 문서, 『公文別錄』, 2A.1.<別>139) ; 小松綠, 『朝鮮倂合之裏面』, 100쪽.

124) 「韓國倂合ニ關スル閣議決定書」, 『韓國倂合ニ關スル書類』(日本國立公文書館 소장 문서, 『公文別錄』, 2A.1.<別>139) ; 小松綠, 『朝鮮倂合之裏面』, 102쪽.

125) 「韓國倂合ニ關スル閣議決定書」, 『韓國倂合ニ關スル書類』(日本國立公文書館 소장 문서, 『公文別錄』, 2A.1.<別>139) ; 小松綠, 『朝鮮倂合之裏面』, 100~102쪽.

를 요구하고 있었다.126)

일본은 한국을 식민지화하는 과정에서 영국과 미국 및 러시아를 비롯한 열강과의 협조를 중시했으므로 열강과의 이해관계를 해소하는 과정에서 그들의 입장을 완전히 무시할 수는 없었다. 이에 일본은 한국이 일본의 새로운 영토로 편입되는 것이기 때문에 한국과 열강과의 기존 조약은 폐지한다는 것을 원칙적으로 확인했다. 하지만 열강의 반발을 우려하여 당분간 한국이 국가로 존재하던 때와 동일하게 열강의 기득권을 인정하는 것으로 결정한 것이다.

병합준비위원회는 위 준비사항들을 회의를 마친 다음날인 8일 각의에 제출하였다. 각의에서는 이에 대해 별다른 이의제기나 수정없이 그날 즉시 「한국병합에 관한 각의결정서」로 승인하였다. 병합준비위원회에는 관련부처의 실무책임자들이 모두 참가하여 항상 각부 대신과 연락을 취하고 있었기 때문에 각의 결정의 수속은 단순히 형식에 불과했다.127)

병합준비위원회에서 수립한 「병합실행방법세목」은 '한국병합' 실행을 위한 단순한 실무계획 정도가 아니었다. '병합'에 따른 한국과 일본의 관계 설정, 열강과의 관계 설정, '병합' 대상인 한국과 한국인의 지위, 한국의 지배계층에 대한 처우 등을 규정하였다. 이외에도 병합준비위원회는 그 실행에 필요한 주요 문서의 원안까지 마련했다. 이러한 이들의 활동은 '한국병합'

---

126) 『日本外交文書』 43-1卷, #546 「在本邦英國大使ヨリ韓國倂合ニ關スル日本政府ノ意向問合ノ件」, 659~660쪽·#548 「韓國倂合ト日本ノ新關稅率ノ日英同盟ニ對スル影響ニ關シ'タイムス'主筆'チロル'ノ談話報告ノ件」, 660~661쪽·#550 「在本邦英國大使ヨリ韓國倂合後同國ト他國トノ條約及協定稅率ノ存否ニ付質疑ノ件」, 662~663쪽·#555 「韓國倂合後韓國關稅率据置期間ニ關シ回訓ノ件」, 667~668쪽. 그 외 영국과 미국의 움직임에 대해서는 나라오카 소치, 「영국에서 본 이토 히로부미와 한국통치」, 이성환, 이토 유키오 편, 『한국과 이토히로부미』, 선인, 2009 및 안종철, 「'韓國倂合' 전후 미일 간 미국의 한반도 治外法權 廢止交涉과 妥結」, 『法史學硏究』 36, 한국법사학회, 2007 참고.
127) 小松綠, 『朝鮮倂合之裏面』, 93~94쪽.

실행의 마스터플랜을 수립한 것이라 할 수 있다. 이들에 의해 수립된 「병합
실행방법세목」은 '한국병합' 후 일본의 한국통치의 구체적인 像을 만든 '한
국통치의 原型'이라고 평가할 수 있을 것이다. 그리고 이러한 일본의 '한국
병합' 과정에서 그 입안부터 실행단계까지 가장 중심적인 역할을 한 인물이
구라치였다.

서론에서 지적한 것처럼 그동안 많은 연구들은 급속한 '한국병합'을 주
장한 '武官派'와 이에 반대한 '文官派'의 대립이라는 도식에서 일본의 '한
국병합'을 서술해 왔다. 이와 같은 관점이 의미를 가지려면 무관파 정권과
문관파 정권의 시기에 따라 일본정부의 '한국정책'이 각각 다르게 나타내야
할 것이다. 아래의 <표 7>은 '을사조약'에서 '한국병합'까지 일본정부의 내
각총리대신과 외무대신을 정리한 것이다.

〈표 7〉 '을사조약'에서 '한국병합'까지 일본의 총리대신 및 외무대신

내 각	총리대신	외무대신
제1차 가츠라 내각	가츠라 타로(桂太郎) (1901. 6. 2 ~ 1906. 1. 7)	고무라 쥬타로(小村壽太郎) (1901. 9. 21 ~ 1906. 1. 17)
제1차 사이온지 내각	사이온지 긴모치(西園寺公望) (1906. 1. 7 ~ 1908. 7. 14)	가토 다카아키(加藤高明) (1906. 1. 17 ~ 1906. 3. 3)
		사이온지 긴모치(西園寺公望) (1906. 3. 3 ~ 1906. 5. 19)
		하야시 다다스(林董) (1906. 5. 19 ~ 1908. 7. 14)
제2차 가츠라 내각	가츠라 타로 (1908. 7. 14 ~ 1911. 8. 30)	데라우치 마사타케(寺内正毅) (1908. 7. 14 ~ 1908. 8. 27)
		고무라 쥬타로 (1908. 8. 27 ~ 1911. 8. 30)

위 표에 보이는 것처럼 '을사조약' 이후 '한국병합'까지 일본의 정권은
제1·2차 가츠라 정권과 사이온지 긴모치(西園寺公望) 정권이 교대로 성립
했다. 가츠라는 대표적인 무관파 인물이었고, 사이온지는 대표적인 문관파

인물이었다. 이 두 정권에서 '한국병합' 추진과 대외정책의 중심기관이었던
외무성의 외무대신은 대체로 문관 출신이었다. 그리고 이 시기 일본의 정권
이 바뀌었다고 해서 한국정책의 성격 변화는 없었다. 두 정권 모두에서 한
국정책의 기조는 한국에 대한 일본의 지배권 강화였고, 그것이 일관되게 관
철되었다. 이같은 정책 실현의 중심에서 활동한 인물이 구라치였고, 그는
한국정책의 성과를 바탕으로 고위관료로 성장하였다. 이 과정에서 일본 정
권의 바뀌어도, 외무대신이 변경되었어도 구라치의 활동이 다른 분야로 변
경된 적은 없었다. 즉 이 시기 일본에 무관파 정권이 들어서든 문관파 정권
이 들어서든 그것에 상관없이 한국에 대한 지배권 강화는 일본정부의 일관
된 정책이었다.

　이는 실제 한국정책의 집행과정에서 명확하게 드러난다. 앞에서 살펴 본
것처럼 이토는 대표적인 문관파 인물이었고, 그의 통감 재임시절 일본의 한
국정책은 그에게 일임되어 있었다. 하지만 그는 한국정책을 결코 독단적으
로 처리하지 않았다. 이토는 헤이그 특사 사건에 대한 대응에서처럼 고종황
제의 퇴위와 '정미조약' 체결과 같은 중요한 한국정책에 대해서는 일본 정
부 내에서 異見이 없도록 국가원로와 내각의 통일된 의견을 요구하고, 그것
을 바탕으로 집행하였다.

　이와 같은 모습은 데라우치도 동일했다. 데라우치는 대표적인 무관파 인
물로, 당시 일본정부 내에서 가장 강경한 한국정책을 주장한 인물이자, 즉
시 병합론자로 현재까지 알려져 있다. 하지만 그는 '한국병합'을 실행할 제
3대 통감으로 인명되었을 때, '한국병합'의 즉시 단행이 아니라, 육군성의
「아키야마 안」을 토대로 점진적인 '한국병합'을 생각하고 있었다. 오히려
이와 같은 점진적 병합론을 비판한 인물이 통감부의 문관이었던 고마츠였
다. 이후 데라우치는 '한국병합'을 준비하면서 일본정부 내에서 이견이 있
으면 곤란하다는 생각에 따라 관련 부처가 모두 참여하도록 병합준비위원
회를 조직하였다. 이때 그는 군부쪽 인물을 배제하고, 기존에 한국정책을

담당하던 구라치와 고마츠를 중심인물로 하였다. 즉 데라우치 역시 일본정부의 통일된 의견을 바탕으로 '한국병합'을 실행한 것이다.

실무관료의 측면에서도 구라치는 외무성, 고마츠는 통감부, 마지막으로 참여한 아키야마는 육군성 소속이었다. 이들은 '한국병합' 정책에 직접적으로 참여한 시기도 달랐고, 소속도 달랐다. 그런데 이들의 활동에서 '한국병합' 자체에 대한 비판이나 의문, 혼란은 보이지 않았다. 각각 별도로 준비된 「구라치 안」과 「아키야마 안」이 구체적인 부분에서는 차이가 있지만 2가지 「병합안」 모두 한국에서 일본 헌법의 불시행, 조선총독부의 설립을 통한 군사통치 등 큰 틀에서 동일한 내용이었다는 것은 이같은 점을 잘 보여주는 동시에 일본정부에서 '한국병합'의 성격에 대해 전반적인 이해가 되어 있었다는 것을 의미한다. 또한 이들이 모두 國際法의 전문가였다는 것은 일본정부가 '한국병합'의 추진에서 가장 중요한 문제를 국제관계로 파악하고 있었다는 점을 나타낸다.

따라서 지금까지 검토한 내용을 종합하면, '한국병합'에 대해 일본정부 내에서 무관파와 문관파 간에 특별한 대립이나 차이점은 보이지 않는다. 오히려 일본의 '한국병합'이 어느 한순간에 결정된 것이 아니라, '을사조약' 이래 일본정부의 일관된 정책으로 추진되었다는 것을 증명한다.

게다가 '헤이그 특사 사건'이나 '안중근의 이토 저격 사건'과 같이 한국에서 중대한 반일운동이 일어날 때마다 일본사회의 여론은 항상 일본정부에 '한국병합'을 강력하게 촉구했다. 이는 당시 일본사회가 일본정부의 '한국병합' 정책을 전폭적으로 지지했다는 것을 의미한다.

병합에 관한 준비가 끝난 후 데라우치는 한국으로 부임하면서 '한국병합'에 대한 전과정에 참여한 구라치에게 한국으로의 동행을 요청하였다. 데라우치의 입장에서 그동안 '한국병합' 준비에 적극적으로 참여했던 구라치가 한국에 가서 '한국병합' 실행의 실무를 직접 처리하는 것은 효율적일 뿐만 아니라 당연한 것이었다. 구라치의 입장에서도 '한국병합'을 마무리지음으

로써 자신의 공로를 돋보이게 할 수 있는 좋은 기회였다. 하지만 구라치는
이 제안을 거절했는데 그 이유는 아래와 같다.

> 처음에 寺內 통감은 나를 조선에 동행시키려 했지만 나는 그것을 사절하
> 였다. 이에 대한 나의 개인적인 전망이 틀렸던 것이다. 즉 나는 병합을 완
> 료하는 데에는 상당한 시간이 필요한 것이기 때문에 寺內 통감 부임 후
> 1~2개월 안에 해결될 것이라고는 생각하지 못했다. 그 오랜 기간 동안 나
> 는 병합문제의 담임자로 東京을 비우는 것은 불가능했다. 종래의 과정을
> 가장 잘 알고 있었고, 또 寺內 백작과도 각별한 관계가 있었던 내가 백작과
> 동행하는 것이 가장 좋은 형편이라는 것은 알고 있었다.
> 하지만 교섭이 장기화되어 東京 쪽과 협의 등을 할 경우, 내가 東京에
> 있지 않으면 곤란하다고 생각했기 때문에 그 뜻을 寺內 백작에게 말하였다.
> 일의 진행에 따라서는 일시적으로 도우러 가는 것이 잘못된 것이 아니지
> 만, 당초부터의 동행은 사양하고 싶다고 하여 그것을 거절했다. 그러자 寺
> 內 백작도 그것도 맞다. 그러면 다른 사람으로 하자고 하여 나의 동행은 취
> 소되었다.[128]

위의 자료에 잘 나타나 있듯이 구라치가 데라우치의 한국 동행 요구를
거절한 가장 큰 이유는 실제 '한국병합'의 실행까지는 상당한 시간이 소요
될 것이라고 예상했기에 장기간 도쿄를 떠날 수 없다는 것이었다. 데라우치
가 통감으로 부임하는 1910년 7월 말의 시점은 '한국병합'을 위한 열강과의
이해관계 조정도 끝난 시점이었고, 명목상의 주권을 제외한 한국의 모든 국
가적 기능을 일본이 장악한 상태였다. 그리고 한국사회나 일본사회 모두에
서 일본에 의한 한일관계의 변화, 즉 '한국병합'이 예상되던 시기였다. 그럼
에도 '한국병합'을 일선에서 추진한 구라치는 실제 '병합'에는 상당한 시간
이 소요될 것으로 예상했고, 이에 대해 데라우치도 "그것도 맞다"고 하여

---

128) 倉知鐵吉, 「韓國倂合ノ經緯」, 30~31쪽.

구라치의 판단에 동의하고 있다. 그 이유는 무엇일까.

'한국병합'은 일본이 그 이전에 식민지로 만든 타이완(臺灣)과는 그 경우
가 달랐다. 일본은 청일전쟁의 결과 '시모노세키조약(下關條約)'을 통해 청
국으로부터 일부 지역인 타이완을 할양받아 식민통치를 전개하였다.[129] 반
면 당시 한국의 실질적 국가기능의 대부분이 일본에 박탈당한 상태라고 하
더라도, '한국병합'은 하나의 주권국가인 한국을 일본의 일부로 편입하는
것이었기 때문에 질적으로 차원이 다른 문제였다.

한국이 완전히 폐멸되어 일본의 신부영토로 편입된다는 것은 한국의 기
본적인 통치권을 비롯한 채권·채무 및 대외관계 등 그동안 한국이 주권국
가로 행사한 일체의 권리·의무가 일본에 승계된다는 것을 의미한다. 그렇
게 되면 열강이 '한국병합'과 그에 따른 한국과의 조약관계 소멸을 원론적
으로 동의했다고 하더라도, 그 구체적인 과정에서는 상당한 문제 제기와 이
해조정이 필요하다는 것은 예상하기 어렵지 않다.

또한 명목 상의 국가로 허울만 남은 한국이라고 해도 국가를 폐멸시키는
주권의 양도를, 그것도 일본이 원하는대로 한국정부가 스스로 일본정부에
자청하는 모양새로 '주권양도조약'을 체결한다는 것도 쉬울 것이라고 예상
할 수는 없었다. 이 과정에서 주권자인 순종황제의 저항이나, 한국인들로부
터 어떠한 반발이 나올지 누구도 예상할 수 없는 문제였고, 그럴 경우 '한
국병합'의 실행은 지연될 수 밖에 없었다.

일본정부는 '한국병합' 실행 직후 공포할 「詔勅」에 대해 조약에 의한 '병
합'일 때의 「조칙안」과 일방적 선언에 의한 '병합'일 때의 「조칙안」의 2가
지를 모두 준비했다. 이것은 일본정부가 '한국병합'의 실행에 상당한 시간
이 소요될 것이라고 판단하고 있음을 입증한다. 한국과의 교섭이 일본이 의
도한대로 되지 않거나, 다른 변수가 발생하면 차선책으로 일본은 일방적인

---

129) 이에 대해서는 김영신, 『대만의 역사』, 지영사, 2001 참고.

'한국병합'을 선언할 것임을 의미하기 때문이다.

그리고 일본 외교의 실무책임자로서 구라치가 이 시기 도쿄를 떠날 수 없었던 또 하나의 이유가 있었다. 일본이 개항 이래 열강과 체결한 불평등조약 개정 문제는 메이지시대 일본사회의 숙원 중에 하나였다. 일본이 '한국병합'의 실행을 결정한 이 시기는 일본의 불평등조약 개정 문제에서도 중요한 시기였다. 일본이 체결한 불평등조약의 만료기간이 1년 앞으로 다가오고 있었는데, 여기에는 주요 열강이 모두 포함되어 있었다.

영국·독일·이탈리아 등 10개국과의 조약은 1911년 7월, 프랑스 및 오스트리아와는 8월이 기간 만료였고, 미국과의 조약은 이미 기간 만료되어 있었다.[130] 이에 일본정부는 1907년 5월 條約改正調査委員會를 조직하였고, 같은 해 10월에는 이 조직을 條約改正準備委員會로 확대 개편하여 불평등조약 개정 문제에 대비하고 있었다. 당시의 국제법에서는 조약개정 교섭을 하기 위해서는 기존 조약의 失效 1년 전에는 해당 국가에 기존 조약의 폐기를 통고해야 했는데, 그 시기가 바로 일본정부의 각의에서 '한국병합'의 실행이 결정된 1910년 7월이었다.

'한국병합' 실행을 추진하는 한편에서 일본정부는 불평등조약 개정에 대해 "일시적으로 無條約關係가 되더라도 어쩔 수 없다는 각오"로, 이해 7월부터 13개국에 기존 조약의 폐기를 통고하고, 조약 개정 교섭을 개시하였다. 구라치는 위의 조약개정조사위원회와 조약개정준비위원회의 조직 당시부터 당연직 위원으로 활동하고 있었다.[131]

이와 같이 1910년 7월 이후 일본정부에서는 '한국병합' 실행 및 일본의 불평등조약 개정 교섭 과정에서 다양한 문제들이 발생할 것으로 예상되었고, 그 문제의 대부분은 외무성을 중심으로 열강과 이해관계를 조정해야 하는 상황이었다. 당시 구라치는 일본 외교의 실무책임자인 외무성 정무국장

---

130) 明治期外交資料硏究會 編, 『條約改正關係調書集』 第1卷, クレス出版, 1996, 15쪽.
131) 明治期外交資料硏究會 編, 『條約改正關係調書集』 第1卷, 15~25쪽.

이면서 조약개정준비위원회 위원, 그리고 '한국병합' 계획의 입안자였다. 따라서 구라치는 일본 외교의 중요한 시기에, '한국병합'의 실행에 상당한 시간이 소요될 것이라고 예상되는 상황에서 도쿄를 떠날 수 없다는 판단을 한 것이고, 데라우치도 이에 동의한 것이다.

하지만 구라치나 일본정부의 예상과 달리 '한국병합'은 매우 신속하게 진행되었다. 그것은 데라우치의 무력을 동원한 강압과 이완용 등 일부 친일 관료들의 협조가 있었기에 가능했다. 7월 말 한국으로 부임한 데라우치는 한국을 강압하여 불과 한달도 안된 8월 22일 '한국병합에 관한 조약'을 체결하였다.[132] 이후 구라치는 일본정부로부터 '한국병합'에 대한 공적을 인정받아 1911년 훈2등 旭日重光章을 받았고,[133] 1912년 外務次官으로 승진하였다.

이렇게 일본이 계획하고 실행한 '한국병합'은 한국인의 의사와 상관없이 일본의 한국침략정책으로 추진된 것이었다. 그 통치형태도 일본의 필요에 따라 일본 천황의 칙령 및 조선총독의 제령과 부령을 제정하여 시행하는 통치구조를 만들었다. 한국은 일본의 헌법이 시행되는 신부영토로 편입되었지만, 일본의 필요에 의해 실제로는 시행되지 않는 지역이 되었다. 즉 일본은 한국을 필요에 따라 일본의 영토이기도 하고, 식민지이기도 한 이중적이고 차별적인 통치구조로 '병합'한 것이다. 이에 따라 한국인들은 의무에서는 일본인이었고, 권리에서는 식민지 조선인이었다.

일본은 '한국병합'을 한국인의 행복과 동양의 평화를 위한 것이라고 선전했다. 하지만 '한국병합'의 결과 일본이 지배의 용이성을 위해 배려한 옛 한국의 지배층을 제외한 대다수의 한국인들은 일본인이지만 일본인이 아닌 즉 의무만 있고 권리는 없는 식민지 피지배민으로 전락하였다. 이에 따라

---

132) '한국병합' 실행 당시의 자세한 내용에 대해서는 운노 후쿠쥬 지음·정재정 옮김, 앞의 책, 444~477쪽 및 윤대원, 앞의 책, 103~132쪽 참고.
133) 『(일본국)官報』, 1911년 6월 13일, 「敍任及辭令」.

일본은 '한국병합' 이후 1910년부터 계속적으로 일부 한국인들 사이에 전개
되었던 자치권 획득 운동을 전혀 고려하지도 않았고, 1940년대 제2차 세계
대전에 한국인들을 日本臣民의 의무라며 徵兵과 徵用에 동원하면서도 그에
합당한 권리는 보장하지 않는 이율배반적인 통치형태를 지속하였다.

제 6 장

결 론

메이지(明治) 시대 중반 이래 일본 대외정책의 최대 과제는 불평등조약 개정과 한국지배 문제였고, 이 둘은 서로 대립하는 관계가 아니라 상보적인 관계였다. 일본은 서양 제국주의 국가를 발전모델로 수용하면서 이들과 실질적으로나 외형적으로나 동등해지려 했다. 불평등조약 개정은 제국주의 국가들과의 실질적인 평등이었고, 한국침략으로 대표되는 식민지의 확보는 외형적으로 다른 제국주의 국가와 대등해지려는 노력이었다. 따라서 일본은 자국의 불평등조약을 개정하는 한편에서 한국과 같은 이웃 국가들에게 불평등조약을 강요했다. 이러한 일본의 이율배반적인 노력은 1910년 '한국병합'으로 결실을 거두었다.

主權國家로 존재하고 있던 독립국가 한국을 식민지로 만든다는 것은 결코 간단하거나, 단시일에 처리할 수 있는 사안이 아니었다. 특히 '한국병합'은 일본이 서구 열강과 평등한 관계를 설정하려고 한 불평등조약 개정 문제와 밀접하게 연동되어 있었기 때문에 일본의 침략과 한국의 저항이라는 한일관계의 측면만으로는 설명할 수 없다. 근대 일본의 한국정책은 계속적으로 열강의 견제를 받아왔고, 일본의 침략이 강화될수록 한국도 이를 국제사회에 적극적으로 호소하거나, 한국을 열강의 세력균형지대로 만들려는 방식으로 대항했기 때문이다.

일본은 '한국병합'을 추진해 나가는 과정에서 열강에 대해서는 한반도를 둘러싼 그들의 이해관계를 조정하면서 한국과의 외교관계를 재정립해야 했고, 필수적으로 한국정부의 채권·채무를 승계해야 했다. 한국에 대해서는 기존의 한일관계를 재조정하고, 한국 정부의 기능을 일본이 담당하였다. 이 과정에서 일본은 막대한 인력과 재원 및 정부의 역량을 투입해야 할 필요가 있었다. 그리고 이에 필요한 비용은 일본 국민들이 부담해야 했다. 물론 이와 같은 일본의 활동은 한국에 시혜를 베푸는 것이 아니라, 식민지 모국으로서 일본의 이익 창출을 위한 하나의 거대한 투자였다. 그리고 그 이익은 식민지 한국에서 인적·물적 자원의 수탈과 함께 일본이 유럽의 열강과 동등한 근대 제국주의 국가로 확인받는 것이었다.

그렇기 때문에 '한국병합'은 결코 이토 히로부미(伊藤博文)나 가츠라 타로(桂太郞), 데라우치 마사타케(寺內正毅)와 같은 당시 일본정부를 이끈 소수의 수뇌부, 또는 특정한 정치세력이 독자적으로 추진할 수 없었다. 일본 국민과 일본사회의 전반적인 동의와 지지 아래 일본정부가 국가적 역량을 최대한 투입하여 추진해야 했다. 일본정부가 추진한 '한국병합'의 과정과 성격은 정책 결정권자의 활동과 아울러 실무관료의 활동에서 더욱 명확히 나타난다. '한국병합'에 대한 정책 결정권자들의 활동은 국제정세와 국내 정치상황에 따라 변화를 보이지만, 실무관료들의 활동은 '을사조약' 이래 '한국병합'까지 일관된 모습을 보이기 때문이다.

일본의 '한국병합' 추진 과정에서 기획과 실무에 적극적으로 참여한 관료는 육군성 참사관 겸 법제국 참사관 아키야마 마사노스케(秋山雅之介), 통감부 외무부장 고마츠 미도리(小松綠), 그리고 외무성 정무국장 구라치 데츠키치(倉知鐵吉) 등 이었다. 이들은 각각 군부, 통감부, 외무성을 대표하는데, 이 중에서도 가장 대표적인 인물은 구라치였다. '한국병합'은 열강과의 이해관계 조정이 가장 중요한 문제였기 때문에 외무성을 중심으로 추진되었고, '을사조약' 이래 일본이 한국에 대한 보호관계 또는 지배권을 강화해 갔던 주요 사건들에서 구라치의 활동 궤적이 어김없이 확인되기 때문이다.

일본은 국가 자원을 총동원하여 청일전쟁과 러일전쟁의 두 전쟁을 수행하면서 한반도에 대한 직접적인 경쟁자를 배제하고, 다른 열강으로부터 한국을 일본의 세력권으로 인정받았다. 즉 러일전쟁의 종결을 전후한 1905년의 가츠라-태프트 밀약, 제2차 영일동맹, 포츠머스강화조약을 통해 일본은 미국·영국·러시아의 3대 열강으로부터 한국에 대한 "보호, 지도 및 감독의 권리"를 승인받은 후에야 '한국병합'을 추진할 수 있었다. '한국병합' 추진의 본격적인 첫 단계가 한국을 강압하여 보호관계를 설정한 '을사조약' 체결이었다.

본 연구는 '을사조약' 체결 이래 '한국병합'까지의 과정을 保護關係의 적용, 국제적 공인, 유지, '한국병합' 실행의 4단계로 구분하여 분석하였다. 각 시기별로 대표적인 사건과 일본인 실무관료의 활동을 구체적으로 검토하여 해당 시기 일본의 한국정책의 성격을 규명하면서 그 최종단계로서의 '한국병합' 과정을 고찰하였다. 그 대표적인 사건들이 '황실특파유학생들의 동맹퇴교운동(1905)', '헤이그 특사 사건(1907)', '안중근의 이토 저격 사건(1909)', '병합준비위원회(1910)'였다.

첫 번째 단계는 한국의 외교권을 박탈한 보호관계의 적용이다. 황실특파유학생들의 동맹퇴교운동에 대한 일본의 대응이 그 첫 사례였다. '을사조약'에 대한 반발로 도쿄(東京)의 한국 황실특파유학생들은 동맹퇴교운동을 전개했다. 이 운동은 '을사조약' 이후 한일 간에 처음으로 부각된 외교적 사안이었다. 따라서 이 운동에 대한 한국과 일본의 대응은 이후 한국의 국제적 지위, 해외에 재류하는 한국인의 처우 및 통감부의 역할과 관련하여 첫 사례이자 중요한 선례가 되었다. 이에 대한 일본의 대응에는 신설 통감부의 위상 강화에 이 사건을 이용하려는 통감 이토의 정치적 의도가 크게 작용하였다.

구체적으로 이토는 '을사조약'으로 한국의 외교권은 일본에 박탈되었고, 해외의 한국인은 일본정부의 통제를 받는다는 것을 한국정부 및 한국인들에게 확실히 인식시키려 했다. 이러한 일본정부와 통감부의 의도를 실무차원에서 실행한 인물이 일본 외무성 참사관 겸 통감부 서기관 구라치였다. 그는 통감부의 개청과 함께 서기관을 겸직하게 된 것을 계기로 일본의 한국정책과 직접적인 관련을 맺게 되었다.

당시 구라치에게 유학생 감독의 임무를 부여한 사람은 초대 통감 이토였다. 한국인 유학생에 대한 감독권한이 일본의 외무관료인 구라치에게 위임되었다는 점은 이 시기 일본의 한국정책과 관련해서도 상당히 중요한 의미가 있었다. 한국의 외교권이 박탈된 현실이 해외에서 처음 적용된 사례가 황실특파유학생에 대한 감독 문제이기 때문이다. 구라치는 이 문제를 담당하면서 일본 외무성의 현직을 유지한 채 통감부 및 한국정부로부터 관련 권한을 위임받았다. 일본의 관료 1인이 한국정부, 통감부, 일본정부의 3곳으로부터 동시에 권한을 위임받은 것은 그 이후에도 유례를 찾기 힘든 사례이다.

통감부는 한국의 외교에 관한 사항만 관리하는 기구임에도 불구하고 이토는 초대 통감으로 한국에 부임한 직후부터 시정개선협의회를 이용하여 내정 간섭하였다. 이 시기 황실특파유학생들의 동맹퇴교운동에 대한 대응에서 통감부는 '한국의 외교를 대리'한다는 명분으로 그와 연결된 한국의 내정에 즉각적으로 개입한 것이다. 즉 이토는 동맹퇴교운동의 담당자를 기존의 한국 학부 소속 참여관 시데하라 다이라(幣原坦)에서 교육분야의 비전문가인 구라치로 변경하였다. 이는 해외에서 발생한 한국의 사안에 대해 통감부와 일본정부가 결정권을 갖는다는 것을 명확히 한 첫 사례이자, 아직 체계가 잡히지 않은 신설 통감부가 한국의 외교권 대리를 빌미로 한국의 내정개입으로까지 그 권력과 위상을 형성해가는 과정이었다.

'한국병합'을 향한 두 번째 단계는 한국에 대한 보호관계의 국제적 공인이었다. 일본은 1907년 헤이그 특사 사건에 대응하는 과정에서 한국에 대한 보호관계를 국제적으로 공인받는 동시에 한국에 대한 지배를 더욱 강화하였다.

1907년 6월 네덜란드의 헤이그에서 개최된 제2회 만국평화회의에 고종황제는 이상설·이준·이위종 및 미국인 헐버트를 특사로 파견하였다. 한국의 만국평화회의 참가문제는 '한국병합'을 추진하고 있던 일본에게 커다란 타격을 가할지도 모를 중대 사안이었다. 한국이 이 회의에 정식으로 참가하게 되면 그 자체로 한국의 외교권을 박탈한 '을사조약'은 死文化될 뿐만 아니라, 국제사회에서 獨立國으로 공인받는 하나의 계기가 될 수도 있기 때문이었다. 하지만, 반대로 한국대표가 회의 참가를 허가받지 못할 경우에는 한국에 대한 일본의 권리를 국제사회에서 공식적으로 인정받는 계기가 될 것이었다.

일본의 제2회 만국평화회의 준비는 '만국평화회의에 한국대표의 참가 봉쇄'와 국제사회에서 일본의 입지를 강화할 수 있는 '불일협약의 만국평화회의 개최 전 타결'이 중요한 문제로 부상하였다. 이러한 문제 해결의 적임자로 선택된 인물이 츠즈키 게이로쿠(都築馨六)와 구라치였다. 일본정부는 이들을 중심으로 정부 내에 제2회 만국평화회의준비위원회를 조직하여 준비하였고, "한국은 제2회 평화회의에서 그것(국가)을 대표하지 못하도록 할 것"이라는 훈령을 내렸다.

일본정부는 한국정부의 특사 파견 움직임을 이미 사전에 파악하였고, 이 사건을 한국에 대한 보호권 강화에 활용하려고 하였다. 일본정부는 열강과의 이해관계를 조정하여 한국특사의 회의 참가를 구조적으로 저지할 수 있는 방안을 구축하려고 노력하였다. 이러한 목적으로 활동한 일본 전권위원단의 방해공작에서 특히 주목되는 점은 이들이 한국특사단의 숙소와 활동내용을 모두 파악하고 있었고, 한국특사단의 평화회의 참석에 대해 매우 치열한 방해공작을 했음에도, 현지에서의 활동 자체를 직접적으로 저지하지 않았다는 점이다. 당시 한국특사단은 가장 중요한 목표였던 평화회의의 참가는 불허되었지만, 그 이외의 정치활동은 공개적이고 자유롭게 전개할 수 있었다. 이들은 다양한 언론과 인물들을 만나 한국의 입장을 전달하였고, 을사조약을 비롯한 한국에 대한 일본의 불법적 침탈에 대해 호소하였다.

이처럼 일본이 한국특사단의 활동을 직접적으로 방해하지 않은 이유는 2가지 정치적 의도가 있었기 때문이다. 첫째 이 사건을 빌미로 한국에 대한 지배권을 한층 강화하려는 의도였다. 둘째 국제사회를 향해 일본은 한국특사단의 공개적인 반일활동도 허용할 정도로 한국에 대해 자유롭고 문명적인 지도를 하고 있기 때문에, 일본도 다른 서구 열강과 동일하게 식민지를 통치할 수 있는 능력이 있음을 과시하려는 의도였다. 이에 따라 일본은 한국특사단의 회의 참가를 저지하여 국제사회에서 한국은 일본의 보호국임을 공인받는 한편, 프랑스 및 러시아와 '불일협약' 및 '제1차 러일협약'을 체결하여 한국은 일본의 특수이익 지역임을 확인받았다. 그리고 이를 토대로 일본은 7월 헤이그 특사사건의 책임을 물어 고종황제를 강제 퇴위시키고, '정미조약'(제3차 한일협약)을 체결하여 한국의 내정권을 장악하였다.

세 번째 단계는 대내외적으로 불안한 정세에서 한국에 대한 보호관계를 유지하는 것이었다. 1909년 일본정부는 내부적으로 '한국병합' 방침을 확정했다. 하지만 '한국병합'에 대해 열강과 이해관계 조정이 되지 않았기 때문에 대외적으로는 한국에 대한 보호관계의 유지를 표명하였다. 이 시기 미국이 철도문제를 매개로 만주 진출을 시도하는 상황에서 한국인 청년이 이토를 사살한 '안중근의 이토 저격 사건'이 발생하였다. 근대 일본의 국가적 숙원이었던 불평등조약의 개정과 '한국병합'을 앞둔 상황에서 이 사건이 일본정부에 미친 파장은 중대했다. 국제적인 명성을 가진 일본의 최고 국가원로이자, 한국정책의 책임자였던 이토의 사망으로 인해 일본의 한국정책에 대한 동요와 함께 한국문제가 국제적 관심사로 부상하여 열강의 개입을 불러오거나, 한국 내의 반일운동이 고양될 우려가 있었다. 이에 일본정부는 한국에 대한 보호관계의 현상유지를 최우선적 순위에 두고 이 사건에 대응하였다.

1909년 7월 일본정부는 각의에서 "적당한 시기에 '한국병합'을 단행할 것"을 결정하였다. 하지만 일본정부는 그 '적당한 시기'를 쉽게 결정할 수 없었다. 그것은 일본의 '한국병합'이 열강들과의 관계에서 일본의 조약개정에 불리하게 작용하지 않을까라는 우려에서였다. 병합 단행, 특히 그 시기의 결정에 대해서는 한일 간의 관계 보다 국제관계에서 열강과의 이해조정이 더욱 중요했기 때문이다. 이에 이토는 1909년 10월 만주시찰에 나섰다.

일본정부는 이에 대해 어떠한 使命도 띠지 않은 전적으로 개인 자격에 의한 시찰임을 강조했다. 하지만 그의 실질적인 목적은 러시아의 재무대신 코코프초프와 교섭하여 미국과 러시아의 협력을 사전에 차단하는 동시에 러일 간의 협력을 이끌어 내서 '한국병합'에 대한 양해를 받기 위해서였다. 하지만 이 회담이 시작되기도 전에 이토는 한국인 청년 안중근에게 사살되었다.

이 사건은 清國 영토 내 러시아의 법권지대에서 일어났다. 한국이 일본에게 외교권과 사법권을 박탈당한 상황에서 한국인이 한국이나 일본도 아닌 제3국에서 일본인을 사살했기 때문에 이 사건의 처리는 관련 국가의 치외법권 및 조약이 얽히고, 각국의 정치적 의도가 개입되어 상당히 복잡한 양상을 띠고 진행되었다. 무엇보다 일본정부는 안중근의 이토 저격 사건으로 인해 한국문제가 국제적 관심사로 부각되거나, 한국 내의 반일운동이 고양되는 것을 막으려고 고심했다. 이에 외무성 정무국장 구라치를 滿洲 현지로 파견하여 일본의 의도대로 이 사건을 수습하도록 하였다. 이 과정에서 구라치는 사건을 확대하여 한국을 압박하려는 통감부 요원들과 대립하기도 했다. 그러나 결국 사건의 파장을 고려하여 '안중근의 이토 저격 사건'의 의미를 되도록 축소시켜 신속한 재판으로 종결지으려는 구라치의 방안이 일본정부의 방침으로 채택되어 실행되었다.

그 결과 안중근 재판은 열강의 개입으로부터 한국에 대한 보호관계를 현상유지하려는 일본의 정치적 목적이 관철되었다. 그리고 이 사건은 일본정부에게 타국에서 활동하는 한국인 독립운동가 처벌에 대한 방침을 고민하게 만든 계기가 되었을 뿐만 아니라, 그에 관한 적용법률의 原型을 마련하는 계기가 되었다.

마지막 단계가 '한국병합' 실행을 위한 병합준비위원회 조직과 그 활동이다. 1909년 3월 이토가 통감 사임을 표명하자, 일본정부는 후임 통감의 선정을 논의하면서 대한정책을 통감에게 일임하였던 기존의 방침을 정부 주도로 변경하였다. 이 과정에서 외무대신 고무라는 '한국병합'에 대해 이토의 동의를 얻은 뒤 구라치에게 '한국병합'을 목표로 한 대한정책의 방침을 수립할 것을 지시하였다. 이에 따라 그는 「대한정책의 기본방침」과 그 실행방안으로 「대한시설대강」을 입안하였다. 이는 7월 6일 각의에서 통과되어 일본정부의 공식적인 한국정책으로 채택되었다.

이 문서에서 구라치는 당시 일반적으로 사용하지 않던 '병합'이라는 단어를 사용하여 '한국이 완전히 폐멸하여 일본 영토의 일부가 되는 것'이라고 '한국병합'의 개념을 정의하였다. 이 방침은 일본정부가 최초로 '한국병합'을 공식화한 문서였다. 그리고 그의 방안이 각의에서 통과되었다는 것은 일본정부가 '한국병합'의 성격에 대해 '한국이 폐멸하여 일본의 영토로 편입'하는 것으로 이해하고 동의했다는 의미이기도 하다. 또한 앞으로 일본정부의 각 부서에서 '한국병합' 정책은 이 방침을 기준으로 통일적으로 실행될 것임을 의미하며, '한국병합'이 실행단계에 접어들었음을 시사한다.

1909년 이래 철도문제를 매개로 한 미국의 만주 진출 시도는 이 지역을 분할하고 있던 러시아와 일본에게 공동대응의 필요성을 인식하게 하였다. 이에 러시아와 일본은 1910년 7월 제2차 러일협약을 체결하여 만주에서 양국의 특수 이익이 침해받을 때는 공동대응할 것을 약속함과 동시에 일본은 러시아로부터 "한국병합에 대해 러시아는 이의를 주장할 이유도 권리도 없다"는 확인을 받았다. 이전까지 첫 번째 가상적국이었던 러시아로부터 긍정적인 반응을 얻은 일본은 한반도에서 열강의 기득권을 당분간 보장하는 조건으로 영국과 미국으로부터도 '한국병합'에 대한 동의를 받았다. 이에 일본정부는 '불평등조약 개정문제'에 대한 부담없이 '한국병합'의 실행을 결정하고, 그것을 실행할 적임자로 육군대신 데라우치를 제3대 통감으로 임명하였다.

데라우치는 '병합' 실행 과정에서 일본정부 내에서 여러 가지 이견이 일어나 일관된 정책의 수행을 방해하게 되면 지난한 이 대사건을 원활하게 해결하는 것이 불가능하다고 생각했다. 단지 대강이 아니라 구체적인 실행사항을 미리 명확하게 정하여 이후 논란의 여지를 차단하기 위해 정식으로 각의에서 의결해야 한다고 판단했다. 또 그는 일본정부와의 원활한 공조도 중요하지만 이토나 소네와는 달리 구체적인 한국사정에 어두웠던 만큼 '병합' 실행에 대한 정밀한 마스터플랜(Master plan)이 필요했다.

'한국병합' 실행 직전인 1910년 5월의 시점에서 일본정부 내에는 3가지 「병합안」이 있었다. 미국의 만주 진출시도, 제2차 러일협약의 상황, 일본의 불평등조약 개정 문제 등을 고려하면 일본정부의 입장에서는 「구라치 안」이 가장 현실적인 안이었다. 그렇다고 해서 「가츠라 안」과 「아키야마 안」이 그대로 사장된 것은 아니었다. 이 두 안의 내용도 이후 병합준비위원회에서 마련한 「병합실행방법세목」에 충분히 반영되었다.

데라우치는 통감에 임명된 후, 가장 현실적이고 세부적인 「병합안」을 입안한 구라치를 중심으로 '한국병합'의 준비를 확정지으려 했다. 그는 내각의 비밀조직으로 관련부처의 관료들로 구성된 병합준비위원회를 조직하였다. 이 위원회는 '한국병합'에 대한 구체적인 실행방법을 준비함과 동시에 각 부처 사이에 상충하는 의견을 해소하는 소통의 공간이기도 했다. 이때 구라치는 통감부 외무부장 고마츠와 함께 위원회의 主任으로 발탁되어 활동하였다.

병합준비위원회는 보름 남짓 동안 구라치의 원안을 토대로 내각총리대신 가츠라와 아키야마 및 일본정부 각 부처의 의견을 반영하여 '병합' 실행과정에서 예견되는 총 22개 사항을 검토하여 '한국병합'의 실행방안인 「병합실행방법세목」을 입안하였다. 이것은 그동안 일본정부에서 한국의 국권 강탈을 위해 준비한 '한국병합'을 위한 마스터플랜이자, 한국에 대한 식민통치의 원안이라고 할 수 있다. 그리고 이외에도 병합준비위원회는 한국과 체결할 「병합조약문」의 원안 및 한국측 「전권위임장」의 작성까지 '병합'에 관련된 거의 모든 사항을 세밀히 챙겼다.

병합준비위원회에서 준비된 내용을 토대로 '한국병합'은 신속하게 진행되었다. 그것은 데라우치의 무력을 동원한 강압과 이완용 등 일부 친일관료들의 협조가 있었기에 가능했다. 7월 말 한국으로 부임한 데라우치는 불과 한달도 안된 8월 22일 '한국병합에 관한 조약'을 체결하였다.

본 연구는 '한국병합'에 직접적으로 관계했던 일본인 실무관료들의 활동을 통해 '을사조약' 이후 일본의 '한국병합' 과정을 고찰하였다. 실무관료는 정부 조직의 업무 분장과 정책 결정권자의 지시로부터 자신의 직무를 수행한다. 따라서 이들에게 특정한 정책을 결정할 수 있는 권한은 없다. 하지만 실무관료는 자기 분야에 대한 전문성과 업무 성과를 통해 정책 결정권자의 판단에 영향을 주고, 결정된 정책을 구체화시킨다.

구라치가 이토에게 통감제의 강화를 주장했던 것이나, 고무라의 지시로 「대한정책의 기본방침」을 입안하면서 '병합'의 단어를 안출하여 "한국이 완전히 폐멸하여 일본의 일부가 되는 것"이라고 '한국병합'의 성격을 규정한 것, 고마츠가 점진적 병합론에 대해 의견을 구하는 데라우치에게 즉각적으로 "紙上空論"이라고 비판하며 즉시 병합론을 피력한 것, 아키야마가 데라우치와 일본 군부의 욕구를 반영하여 조선총독부의 틀을 구체화시킨 것 등은 모두 전문성을 갖춘 실무관료로서 이들이 정책 결정권자의 판단에 영향을 주거나, 정책을 구체화시키는 모습을 잘 보여준다.

이들은 '한국병합' 정책에 직접적으로 참여한 시기도 달랐고, 소속도 달랐다. 가장 먼저 참여하여 활동한 구라치는 외무성, 고마츠는 통감부, 마지막으로 참여한 아키야마는 육군성 소속이었다. 하지만 이들의 활동에서 '한국병합' 자체에 대한 비판이나 의문, 혼란은 보이지 않았다. 각각 별도로 준비된 「구라치 안」과 「아키야마 안」이 구체적인 부분에서는 차이가 있지만 2가지 「병합안」 모두 한국에서 일본 헌법의 불시행, 조선총독부의 설립을 통한 군사통치 등 큰 틀에서 동일한 내용이었다는 것은 이같은 점을 잘 보여주는 동시에 일본정부에서 '한국병합'의 성격에 대해 전반적인 이해가 되어 있었다는 것을 의미한다. 또한 이들이 모두 國際法의 전문가였다는 것은 일본정부가 '한국병합'의 추진에서 가장 중요한 문제를 국제관계로 파악하고 있었다는 점을 나타낸다.

특히 구라치는 외무성에 출사한 이래 줄곧 일본의 한국정책에 참여했고, 이에 대한 실적을 인정받아 정무국장에 발탁되었다. '한국병합' 직후에는 불과 40대 초반에 외무관료의 최고직인 외무차관이 되었다. 이 과정에서 구라치의 업무가 변경된 적도 없었고, 그의 실적은 일본의 한국 지배 강화였다. 이는 '한국병합'에 대해 일본정부 내에서 무관파와 문관파 사이에 특별한 대립이나 차이점이 없었다는 것 뿐만 아니라, '한국병합'이 어느 한순간에 결정된 것이 아니라는 것을 증명한다.

게다가 '헤이그 특사 사건'이나 '안중근의 이토 저격 사건'과 같이 한국에서 중대한 반일운동이 일어날 때마다 일본사회의 여론은 항상 일본정부에 '한국병합'을 강력하게 촉구했다. 이는 당시 일본사회가 일본정부의 '한국병합' 정책을 전폭적으로 지지했다는 것을 의미한다.

여전히 '한국병합'에 대해 일본에서는 '한일 양국 정부의 합의에 의한 조약 체결', 또는 '한국인의 자발적인 의사에 바탕을 둔 병합'이라고 하거나, '한국병합'에 부정적인 인식을 가지고 있던 이토를 사살한 '안중근 의거'가 계기가 되어 제국주의 열강들의 동의 아래 비로소 '한국병합'의 방침이 갑자기 결정된 것이라는 인식이 존재한다. 이러한 인식은 침략의 책임에 대한 자기합리화에 불과할 뿐이다.

지금까지 본 연구에서 검토한 바와 같이 일본인 실무관료들의 활동은 일본정부가 당시 일본사회의 동의와 지지를 바탕으로 국제관계에 대응하면서, '한국병합'을 조직적이고 치밀한 계획 아래 추진하였다는 사실을 명확히 입증한다.

참 고 문 헌

1. 資料

1-1) 한국 자료

『(舊韓國)官報』,『舊韓國外交文書』,『大韓每日申報』,『學部來去文』,『學部來去案』,『皇城新聞』,『高純宗實錄』

강만길 편,『식민통치 비교 자료집 - 인도, 필리핀, 조선 - 』, 선인, 2004.

국가보훈처 편,『亞洲第一義俠 安重根』1~3, 국가보훈처, 1995.

국사편찬위원회 편,『大韓帝國官員履歷書』, 1972.

_____,『韓國獨立運動史 資料』6~7, 1976.

_____,『駐韓日本公使館記錄』, 2000.

_____,『統監府文書』, 1998~2000.

_____,『間島·沿海州 關係(韓國近代史資料集成9)』1, 2004.

국회도서관 편,『舊韓末條約彙纂』, 1965,

大韓民國國會圖書館,『韓末近代法令資料集』Ⅸ, 1972.

_____,『統監府法令資料集』上·中·下, 1972.

독립기념관 한국독립운동사연구소 편,『안중근의사자료집』, 국학자료원, 1999.

김도형·방광석 공편,『大韓國人 安重根 자료집』, 선인, 2008.

독립운동사편찬위원회 편,『독립운동사자료집』13, 1977.

朴榮喆,『三千里』6 - 5, 1934.

박종효 편역,『러시아 國立文書保管所 所藏 韓國關聯文書 要約集』, 한국국제교류재단, 2002.

안중근,「東洋平和論」,『나라사랑』34, 외솔회, 1979.

_____,「安應七歷史」,『나라사랑』34, 외솔회, 1979.

이종학 편,『1910年 韓國强占資料集』, 사운연구소, 2000.

趙素昂,『東遊略抄(1904~1912)』(三均學會 편,『素昂先生文集』下, 횃불사, 1979 수록).

최 린,『자서전』(여암선생문집편찬위원회,『如菴文集』上, 1971 수록).

최홍규 역주,『安重根 事件 公判記』, 정음사, 1975.

太極學會,『太極學報』제1호~제3호, 1906.

한국사료연구소, 『朝鮮統治史料』 3·4 : 韓日合邦(1·2), 宗高書房, 1970.

헐버트박사 기념사업회 편역, 『헤이그 만국평화회의 관련 일본정부 기밀문서 자료집』, 선인, 2007.

A·M 풀리 엮음, 신복룡·나홍주 옮김, 『하야시 다다스(林董) 비밀회고록』, 건국대출판부, 2007.

1-2) 외국 자료

『京城新報』, 『讀賣新聞』, 『大阪每日新聞』, 『東京日日新聞』, 『東京朝日新聞』, 『滿洲日日新聞』, 『報知新聞』, 『日本外交文書』, 『朝鮮人事興信錄』

『公文類聚』 第二十九編 明治三十八年 第七卷 外事·國際·通商(日本國立公文書館 소장문서).

『公文雜錄』 明治四十年 12권(日本國立公文書館 소장문서).

『(日本國)官報』

『各國ヨリ本邦ヘノ留學生關係雜件』(韓國ノ部)(일본 외무성 외교사료관 소장).

『倉知政務局長統監府參事官兼任中ニ於ケル主管書類雜纂』 1·2(일본 외무성 외교사료관 소장문서).

『韓國倂合ニ關スル書類』(日本國立公文書館 소장문서, 『公文別錄』, 2A.1.<別>139).

日本 外務省 編, 『海牙萬國平和會議日本外交文書』, 財團法人 日本國際聯合協會, 1955.

廣瀨順皓 監修·編集·解題, 『近代外交回顧錄』 1~5, ゆまに書房, 2000.

琴秉洞 編集·解說, 『資料 雜誌にみる近代日本の朝鮮認識』 4(倂合條約期前後), 綠蔭書房, 1999.

金宇鍾 主編, 『安重根和哈爾賓』, 黑龍江省 朝鮮民族出版社, 2005.

金子範二, 「外務次官と局長」, 『太陽』 增刊號(17-9), 1911.

金正明 편, 『伊藤博文暗殺記錄』, 原書房, 1972.

_____, 『日韓外交資料集成』 제1권~제8권, 嚴南堂書店, 1964.

臺灣中央硏究院 近代史硏究所 편, 『淸季中日韓關係史料』, 1972.

大山梓, 『山縣有朋意見書』, 原書房, 1966.

德富蘇峰, 『公爵桂太郞傳』 坤卷, 故桂公爵記念事業會, 1917(原書房, 1967 재간).

東京大出版會 편, 『帝國議會衆議院委員會會議錄』 明治編.

鳴應會, 『鳴應會報告書』 2, 1891.

明治期外交資料研究會 編, 『條約改正關係調書集』, クレス出版, 1996.

寺內正毅, 「朝鮮總督報告韓國併合始末」, 1910(일본국립공문서관 소장).

山本四郎 편, 『寺內正毅關係文書』 首相以前, 京都女子大學, 1984.

_____, 『寺內正毅日記(1900~1918)』, 京都女子大學, 1980.

山川端夫, 「私の足趾」, 『山川端夫關係文書』, 1962(일본국립국회도서관 헌정자료실 소장자료).

小松綠, 「朝鮮併合事情」 (上)·(中)·(下), 『史林』 4-1~4-3호, 京都大學校 史學研究會, 1919.

_____, 『朝鮮併合之裏面』, 中外新論社, 1920.

野村調太郎 編著, 『朝鮮民刑事令』, 松山房, 1937.

有賀長雄, 『保護國論』, 早稻田大學出版部, 1906.

_____, 「保護國の研究」, 『外交時報』 99, 外交時報社, 1906.

伊藤隆·瀧澤誠 監修, 『明治人による近代朝鮮論影印叢書』 16 李王朝, ぺりかん社, 1997.

日本外務省 編, 『日本外交年表竝主要文書』 上, 原書房, 1965.

立作太郎, 『平時國際法論』, 日本評論社, 1930.

井上馨侯傳記編纂會, 『世外井上公傳』 5, 內外書籍株式會社, 1934.

朝鮮公論社 편, 『(在朝鮮內地人)紳士名鑑』, 朝鮮公論社, 1917.

朝鮮新聞社 편, 『朝鮮統治の回顧と批判』, 1936(龍溪書舍, 1995 復刻).

朝鮮駐箚憲兵司令部 編, 『日韓併合始末』, 1910(龍溪書舍, 2005 復刻).

朝鮮總督府, 『朝鮮ノ保護及併合』, 1917.

倉知鐵吉, 『國際公法』, 日本法律學校, 1899.

_____, 「韓國併合ノ經緯」(日本外務省 外交史料館 소장 자료).

春畝公追頌會, 『伊藤博文傳』 上·中·下, 統正社, 1940.

澤田章, 『都築馨六傳』, 馨光會, 1926.

秦郁彦一, 『日本近現代人物履歷辭典』, 東京大學出版會, 2002.

海野福壽, 『外交史料韓國併合』 上·下, 不二出版, 2003.

戶水寬人, 「朝鮮の處分」, 『國際法雜誌』 3-1, 國際法學會, 1904.

黑龍會, 『日韓合邦秘史』 上·下, 黑龍會出版部, 1930.

The New York Times

2. 연구서

2-1) 한국 연구서

강동진 저, 반민족문제연구소 엮음, 『한국을 장악하라:통감부의 조선침략사』, 아세아문화사, 1995.

강창일, 『근대 일본의 조선침략과 대아시아주의 - 우익낭인의 행동과 사상을 중심으로』, 역사비평사, 2003.

구대열, 『한국 국제관계사 연구 - 일제시기 한반도의 국제관계』 1, 역사비평사, 1995.

국가보훈처·광복회 편, 『21세기와 동양평화론』('95국외독립운동관련인사초청행사 결과보고②), 국가보훈처, 1996.

김기주, 『韓末在日韓國留學生의 民族運動』, 느티나무, 1993.

김영신, 『대만의 역사』, 지영사, 2001.

김용덕·미야지마 히로시 공편, 『근대교류사와 상호인식』 II, 아연출판부, 2007.

김종준, 『일진회의 문명화론과 친일활동』, 신구문화사, 2010.

로스뚜노프 외 전사연구소 편, 김종헌 옮김, 『러일전쟁사』, 건국대출판부, 2004.

김창수, 『관료제와 시민사회』, 한국학술정보(주), 2015.

남기정 역, 『일본의 사법부 침략 실화』, 육법사, 1978.

도면회, 『한국 근대 형사재판제도사』, 푸른역사, 2014.

동덕모, 『조선조의 국제관계』, 박영사, 1990.

柳子厚, 『李儁先生傳』, 동방문화사, 1947.

방광석, 『근대일본의 국가체제 확립과정 - 이토 히로부미와 '제국헌법체제'』, 혜안, 2008.

베버, 조기준 역, 『사회경제사』, 삼성출판사, 1990.

안중근기념사업회 편, 『안중근과 그 시대(안중근의거 100주년 기념논문집 1)』, 경인문화사, 2009.

_____, 『안중근 연구의 기초(안중근의거 100주년 기념논문집2)』, 경인문화사, 2009.

安重根義士崇慕會 편, 『大韓民國 安重根 學術硏究誌: 安重根義士의 偉業과 思想 再造明』 安重根義士崇慕會, 2005.

양상현, 『한국근대정치사연구』, 사계절, 1985.

오가와라 히로유키 지음, 최덕수·박한민 옮김, 『이토 히로부미의 한국병합 구상과 조선사회』, 열린책들, 2012.

吳斗煥, 『韓國近代貨幣史』, 韓國硏究院, 1991.

尹炳奭, 『近代 韓國民族運動의 思潮』, 集文堂, 1996.

_____, 『(증보)李相卨傳』, 일조각, 1998.

柳炳華, 『國際法』 I, 眞成社, 1996.

윤대원, 『데라우치 마사다케 통감의 강제병합 공작과 '한국병합'의 불법성』, 소명출판, 2011.

이계형, 『대한제국기 통감부의 식민교육정책 연구』, 국민대학교 박사학위 논문, 2007.

이노우에 유이치 지음, 석화정·박양신 옮김, 『동아시아 철도 국제관계사』, 지식산업사, 2005.

이성환, 이토 유키오 편, 『한국과 이토히로부미』, 선인, 2009.

이태진 외, 『백년 후 만나는 헤이그 특사』, 태학사, 2008.

이태진 편, 『일본의 대한제국 강점』, 까치, 1995.

_____, 『한국병합 성립하지 않았다』, 태학사, 2001.

이태진, 『한국병합의 불법성 연구』, 서울대출판부, 2003.

이태진·사사카와 노리가츠 공편, 『한국병합과 현대』, 태학사, 2009.

日本外務省 편, 『小村外交史』, 紅谷書店, 1953.

林鍾國, 『日本軍의 朝鮮侵略史』 1, 日月書閣, 1988.

재일한국유학생연합회, 『日本留學100年史』, 在日韓國流學生連合會, 1988.

정성화 외, 『러일전쟁과 동북아의 변화』, 선인, 2005.

정재정, 『일제침략과 한국철도(1892~1945)』, 서울대학교 출판부, 1999.

조항래 편, 『日帝의 大韓侵略政策史연구 – 일제 侵略要人을 중심으로 – 』, 현음사, 1996.

김호섭·이면우·한상일·이원덕, 『일본 우익 연구』, 중심, 2000.

최문형, 『국제관계로 본 러일전쟁과 일본의 한국병합』, 지식산업사, 2004.

최덕수, 『대한제국과 국제환경』, 선인, 2005.

한명근, 『한말 한일합방론 연구』, 국학자료원, 2002.

한상일, 『아시아연대와 일본제국주의』, 오름, 2002.

한일관계사연구논집편찬위원회, 『일본의 한국침략과 주권침탈』, 경인문화사, 2005.

현광호, 『대한제국과 러시아 그리고 일본』, 선인, 2007.

2-2) 외국 연구서

姜東鎭, 『日本の朝鮮支配政策史研究』, 東京大學出版會, 1979.

姜東鎭 著, 高崎宗司 譯, 『韓國から見た日本近代史』 上, 靑木書店, 1987.

康成銀, 『1905年韓國保護條約と植民支配責任』, 倉史社, 2005(강성은 지음·한
　　철호 옮김, 『1905년 한국보호조약과 식민지 지배책임』, 선인, 2008 번역).

慶應義塾大學, 『慶應義塾百年史』, 慶應通信, 1960.

德富蘇峰, 『公爵桂太郞傳』, 故桂公爵記念事業會, 1917(原書房, 1967 재간).

鹿島守之助, 『日本外交史』 8, 鹿島平和硏究所出版會, 1970.

鹿嶋海馬, 『伊藤博文はなぜ殺されたか』, 三一書房, 1995.

明治大正史刊行會, 『明治大正史』 14(인물), 1929.

武井一, 『皇室特派留學生－大韓帝國からの50人』, 白帝社, 2005.

山辺健太郞, 『日韓倂合小史』, 岩波書店, 1966.

森山茂德, 『近代日韓關係史研究』, 東京大學出版會, 1987(모리야마 시게노리,
　　김세민 옮김, 『근대한일관계사연구』, 현음사, 1994년 번역).

上垣外憲一, 『日本留學と革命運動』, 東京大學出版會, 1982.

石林文吉, 『石川百年史』, 石川縣公民館連合會, 1972.

釋尾春芿(釋尾東方), 『朝鮮倂合史』, 朝鮮及滿洲社, 1926.

石田雄, 『近代日本政治構造の研究』, 未來社, 1979.

小森德治, 『明石元二郎』 上·下, 原書房, 1968.

小松綠, 『明治外交秘話』, 中外商業新報社, 1927(原書房, 1966년 재간).

小川原宏幸, 『伊藤博文の韓國倂合構想と朝鮮社會』, 岩波書店, 2010.

松田利彦, 『日本の朝鮮植民地支配と警察-1905~1945』, 校倉書房, 2009.

手島益雄, 『廣島縣百人物評論』, 日本電報通信社名古屋支局, 1915.

市川正明, 『安重根と日韓關係史』, 1979.

信夫淸三郎, 『近代日本外交史』, 硏進社, 1948.

信夫淸三郎 編, 『日本外交史(1853-1972)』 1, 每日新聞社, 1974.

我妻榮 外, 『日本政治裁判史錄』 明治·後, 第一法規出版株式會社, 1969.

李升熙, 『韓國倂合と日本軍憲兵隊－韓國植民地化過程における役割』, 新泉
　　社, 2008.

日本國際政治學會 編, 『日本外交史の諸問題』 Ⅱ, 有斐閣, 1965.

日本外務省 編, 『小村外交史』 上·下, 紅谷書店, 1953.

外務省百年史編纂委員會, 『外務省の百年』 上, 原書房, 1969.

伊藤隆·瀧澤誠 감수, 『明治人による近代朝鮮論影印叢書』16 李王朝, ぺり
かん社, 1997.

長田彰文, 『日本の朝鮮統治と國際關係』, 平凡社, 2005.

濟藤充功, 『伊藤博文を擊った男 革命義士 安重根の原象』, 時事通信社, 1994.

田保橋潔, 『朝鮮統治史論稿』, 成進文化社, 1972.

井上淸, 『日本帝國主義の形成』, 岩波書店, 1968.

鵜崎鷺城, 『明治大正人傑伝』, 成輝堂書店, 1927.

朝鮮功勞者銘鑑刊行會, 『朝鮮功勞者銘鑑』, 民衆時論社, 1935.

中村菊男, 『伊藤博文』, 時事通信社, 1958.

千葉功, 『舊外交の形成』, 勁草書房, 2008.

波多野勝, 『近代東アジアの政治變動と日本の外交』, 慶應通信, 1995.

片野次雄, 『李朝滅亡』, 新潮社, 1994.

海野福壽, 『韓國倂合史の硏究』, 岩波書店, 2001(운노 후쿠쥬 지음·정재정 옮
김, 『한국 병합사 연구』, 논형, 2008 변역).

海野福水, 『伊藤博文と韓國倂合』, 靑木書店, 2004.

金宇鍾 主編, 『安重根和哈爾賓』, 흑룡강조선민족출판사, 2005.

3. 연구논문

3-1) 한국 연구논문

강대민, 「한말 일본유학생들의 애국계몽사상」, 『논문집』 7, 부산산업대, 1986.

金圭定, 「日本官僚制에 관한 硏究 – 形成·發展過程을 중심으로 – 」, 『法學論
文集』 16, 중앙대 법학연구소, 1991.

국사편찬위원회·흑룡강성사회과학원, 『紀念安重根義士擧義100周年論文集』(抗
日戰爭歷史問題第九次國際學術硏討會), 2009.

김기승, 「趙素昂의 사상적 변천 과정 – 청년기 수학과정을 중심으로」, 『한국사학
보』 3·4, 고려사학회, 1998.

김기주, 「舊韓末 在日韓國留學生의 抗日運動」, 『역사학연구』 3, 호남사학회,
1989.

金範洙, 「近代在日朝鮮人留學生監督體制の性格に關する歷史的考察 – 留學
生運動との關聯を中心に」, 『한국일본학연합회 제3회 국제학술대회

PROCEEDINGS』 발표요지, 2005.

김종준, 「식민사학의 '한국근대사' 서술과 '한국병합' 인식」, 『역사학보』 217, 역사학회, 2013

김종헌, 「한국 주재 러시아 총영사 플란손의 착임과정에서 제기된 인가장 부여 문제에 관한 연구」, 『史叢』 72, 고려대 역사연구소, 2011.

김주용, 「安重根의 國權回復運動」, 『한국북방학회논집』 9, 한국북방학회, 2002.

김지영, 「헤이그 만국평화회의와 일본정부의 대책」, 이태진 외, 『백년 후 만나는 헤이그 특사』, 태학사, 2008.

도면회, 「일제의 침략정책(1905-1910)에 대한 연구성과와 과제」, 『한국사론』 25, 국사편찬위원회, 1995.

_____, 「1910년대 식민지 조선의 형사법과 조선인의 법적지위」, 서울대 한국문화연구소 편, 『한국 근대사회와 문화』 II, 서울대출판부, 2005.

박배근, 「국제법상 시제법의 이론과 실제」, 『國際法學會論叢』 53-1, 2008.

박찬승, 「1890년대 후반 도일유학생의 현실인식 - 유학생 친목회를 중심으로」, 『역사와 현실』 31, 한국역사연구회, 1999.

_____, 「1895년 官費 渡日留學生의 파견경위와 유학생활」 『근대 교류사와 상호인식』 1, 고려대 아세아문제연구소, 2000.

_____, 「1904년 황실 파견 도일유학생 연구」, 『한국근현대사연구』 51, 한국근현대사학회, 2009.

방광석, 「'이토 히로부미 저격사건'에 대한 각국 언론의 반응과 일본정부의 인식 - 일본외무성 외교사료관 소장자료를 중심으로 -」, 『동북아역사논총』 30, 동북아역사재단, 2010.

_____, 「일본의 한국침략정책과 伊藤博文 - 統監府 시기를 중심으로 -」, 『일본역사연구』 32, 일본사학회, 2010.

_____, 「한국병합 전후 서울의 '재한일본인' 사회와 식민권력」, 『역사와 담론』 56, 호서사학회, 2010.

_____, 「일본의 대한지배정책 전환과 안중근 사건」, 『한국 근대국가 수립과 한일관계』, 경인문화사, 2010.

서영희, 「고종황제의 외교전략과 제2차 만국평화회의 특사 파견」, 이태진 외, 『백년 후 만나는 헤이그 특사』, 태학사, 2008.

석화정, 「러일협약과 일본의 한국병합」, 『역사학보』 184, 역사학회, 2004.

_____, 「한국 보호를 둘러싼 러·일의 대립 - 헤이그 밀사사건을 중심으로」, 정성화 외, 『러일전쟁과 동북아의 변화』, 선인, 2005.

세르게이 콘스탄티노비치 레베데프, 「제2차 헤이그 평화회의의 정치적 배경 : 러시아의 입장」, 이태진 외, 『백년 후 만나는 헤이그 특사』, 태학사, 2008.

宋洛善, 「日本 行政官僚制의 形成過程에 관한 연구」, 『韓國行政史學誌』 4, 한국행정사학회, 1995.

松田利彦, 신주백 옮김, 「일본에서의 한국 '병합'과정을 둘러싼 연구 - 논점과 경향 - 」, 『한국근현대사연구』 56, 한국근현대사학회, 2011.

심비르체바, 「1907년 헤이그 평화회의의 개최과정과 성격」, 『한국독립운동사연구』 29, 한국독립운동사연구소, 2007.

안종철, 「'韓國併合' 전후 미일 간 미국의 한반도 治外法權 廢止交涉과 妥結」, 『법사학연구』 36, 법사학연구회, 2007.

_____, 「하와이원주민 문제의 역사적 쟁점과 미 연방대법원의 관련 판결분석」, 『法史學研究』 48, 한국법사학회, 2013.

오영섭, 「이상설의 보황적 민족운동」, 이태진 외, 『백년 후 만나는 헤이그 특사』, 태학사, 2008.

유재곤, 「일제통감 이등박문의 대한침략정책(1906~1909)」, 『청계사학』 10, 1993.

윤대원, 「일제의 한국병합 방법과 식민 통치 방침」, 『한국문화』 70, 서울대학교 규장각 한국학연구원, 2015.

尹炳奭, 「日本人의 荒蕪地開拓權 要求에 對하여-1904年 長森名儀의 委任契約企圖를 中心으로-」, 『歷史學報』 22, 역사학회, 1964.

_____, 「만국평화회의와 한국 특사의 역사적 의미」, 『한국독립운동사연구』 29, 한국독립운동사연구소, 2007.

윤병의, 「이범진·기종·위종 3부자의 가계 및 행적」, 『한국 최초의 주러시아 상주 공사 이범진의 생애와 항일독립운동』, 외교통상부, 2003.

윤해동, 「동아시아 식민주의의 근대적 성격 - '예'로부터 '피'로의 이행」, 『아시아문화연구』 22, 가천대학교 아시아문화연구소, 2011.

이계형, 「1904~1910년 대한제국 관비 일본유학생의 성격 변화」, 『한국독립운동사연구』 31, 독립기념관 한국독립운동사연구소, 2008.

이규수, 「안중근 의거에 대한 일본 언론계의 인식」, 독립기념관 한국독립운동사연구소 편, 『안중근 의거의 국제적 영향(광복64주년 및 개관 22주년 기념학술심포지엄)』, 2009.

이명화, 「헤이그특사가 국외 독립운동에 미친 영향」, 『한국독립운동사연구』 29, 한국독립운동사연구소, 2007.

이민원, 「광무황제와 헤이그 특사 - 고종의 헤이그 특사 파견 논리와 구상을 중심으로−」,『한국독립운동사연구』29, 한국독립운동사연구소, 2007.

이상일, 「안중근의거에 대한 각국의 동향과 신문논조」,『안중근과 한인민족운동』, 민족운동사학회, 2002.

李順義, 「日本官僚制의 近代化過程에 관한 硏究」,『東義法政』제4집, 1988.

이영학, 「개항 이후 일제의 어업 침투와 한국 어민의 대응」,『역사와 현실』18, 한국역사연구회, 1995.

鄭 灝, 「舊韓末 在日本 韓國留學生 團體運動」,『대구사학』25, 대구사학회, 1984.

_____, 「태극학회의 성립과 활동」,『논문집』4, 영진실업전문대학, 1982.

정숭교, 「이준의 행적 및 고종황제의 특사로 발탁된 배경」, 이태진 외,『백년 후 만나는 헤이그 특사』, 태학사, 2008.

정애영, 「'병합사안'을 통해본 한국병합 인식 −나카이 기타로(中井喜太郎)를 중심으로−」,『한일관계사연구』27, 한일관계사학회, 2007.

정태섭·한성민, 「乙巳條約 이후 韓·淸 간 治外法權 연구(1906~1910)」,『한국근현대사연구』46, 2008.

조 광, 「安重根 연구의 현황과 과제」,『한국근현대사연구』12, 한국근현대사학회, 2000.

조 웅, 「1898년 미국의 하와이 병합과 논쟁」,『미국사연구』5, 한국미국사학회, 1997.

최기영, 「안중근의『동양평화론』」,『안중근의사 의거 90주년 기념 학술발표회 논문집』, 한국독립운동사연구소, 1999.

최덕규, 「러일전쟁과 러일협상(1905~1910)−러일전쟁 이후 러시아의 동아시아정책을 중심으로−」,『아시아문화』21, 한림대 아시아문제연구소, 2004.

최덕규, 「이즈볼스키의 '외교혁명'과 러시아의 동아시아정책(1905~1910)−러일협약을 중심으로」,『동북아역사논총』9, 동북아역사재단, 2006.

_____, 「1907년 헤이그평화회의와 러시아의 대한정책」,『韓國史學報』30, 고려사학회, 2008.

_____, 「러시아의 동아시아정책과 고종(高宗)의 연해주 망명정부 구상(1909-1910)」,『서양사학연구』25, 2011.

崔德壽, 「韓末 日本留學生의 對外認識 硏究 1905~1910」,『論文集』22, 공주사범대학, 1984.

_____, 「구한말 일본유학과 친일세력의 형성」,『역사비평』17(1991년 겨울), 역사비평사, 1991.

_____, 「제2차 헤이그 평화회의(1907)와 대한제국 언론의 세계인식」,『韓國史學

報』 30, 고려사학회, 2008.

_____, 「'한국강제병합' 100년 일본역사학의 동향과 전망」, 『한국사학보』 42, 고려사학회, 2011.

최정수, 「제2차 헤이그 평화회의와 미국의 '세계평화전략' – '국제경찰'과 '약한 국가' 처리문제를 중심으로–」, 『韓國史學報』 30, 고려사학회, 2008.

한상권, 「안중근의 하얼빈거사와 공판투쟁(1) – 검찰관과의 논쟁을 중심으로」, 『역사와 현실』 54, 한국역사연구회, 2004.

_____, 「안중근의 하얼빈거사와 공판투쟁(2) – 외무성관리·통감부 파견원의 신문과 불공정한 재판 진행에 대한 투쟁을 중심으로」, 『덕성여대논문집』 33, 덕성여대, 2004.

_____, 「안중근 의거에 대한 미주 한인의 인식」, 『한국근현대사연구』 33, 한국근현대사학회, 2005.

한성민, 「이토 히로부미(伊藤博文)의 '韓國併合'政策(1905~1909)」, 『역사상의 공화정과 역사만들기(2008년 역사학대회 발표요지)』, 2008

_____, 「일본정부의 安重根 재판 개입과 그 불법성」, 『史學研究』 96, 한국사학회, 2009.

_____, 「구라치 데츠키치(倉知鐵吉)의 '韓國併合' 계획 입안과 활동」, 『한국근현대사연구』 54, 2010.

_____, 「황실특파유학생의 동맹퇴교운동에 대한 일본의 대응–구라치 데츠키치(倉知鐵吉)의 활동을 중심으로–」, 『역사와 현실』 93, 한국역사연구회, 2014.

_____, 「제2회 헤이그 만국평화회의 特使에 대한 일본의 대응」, 『韓日關係史研究』 51, 한일관계사학회, 2015.

한승훈, 「을사늑약을 전후한 영국의 대한정책」, 『韓國史學報』 30, 고려사학회, 2008.

한시준, 「한말 일본유학생에 관한 일고찰」, 『천관우선생환력기념 한국사학논총』, 정음문화사, 1985.

_____, 「國權回復運動期 日本留學生의 民族運動」, 『한국독립운동사연구』 2, 독립기념관 한국독립운동사연구소, 1988.

한철호, 「일본 자유민권론자 大石正巳(1855~1935)의 한국인식」, 『史學研究』 88, 한국사학회, 2007.

_____, 「헐버트의 만국평화회의 활동과 한미관계」, 『한국독립운동사연구』 29, 한국독립운동사연구소, 2007.

3-2) 외국 연구논문

金範洙,「舊韓末留學生監督に一考察－留學生監督申海永を中心に」,『朝鮮 學報』191, 朝鮮學會, 2004.

金昌祿,「1910年韓日條約に關する法史學的再檢討(特集 なぜ今、韓國併合 が問題となるのか)」,『戰爭責任研究』67, 日本の戰爭責任資料セン ター, 2010.

吉岡吉典,「遺稿 戰後日本と'韓國併合條約'－私の体驗を踏まえて」(上),『前 衛』848, 日本共産党中央委員會, 2009.

許世楷,「伊藤博文暗殺事件－韓國併合の過程における一悲劇」, 我妻榮 외, 『日本政治裁判史錄』明治・後, 第一法規出版株式會社, 1969.

南塚信吾,「世界史の中の'韓國併合'－1910年前後の國際關係の中で」,『歷史 學研究』867, 歷史學研究會, 2010.

內山正熊,「霞ケ關正統外交の成立」, 日本國際政治學會 편,『日本外交史の 諸問題』Ⅱ, 有斐閣, 1965.

藤田久一,「ハーグ・萬國平和會議'100周年に思うこと」,『學士會會報』 1999 年 3號, 1999.

藤村道生,「<資料紹介> 韓國侍從武官からみた日本の韓國併合－『魚潭少將 回顧錄』より'韓國末期の外交秘話'」,『九州工業大學研究報告 人文・ 社會科學』21, 1973.

木村幹,「李完用に見る韓國併合の一側面」(Ⅰ)・(Ⅱ),『政治經濟史學』, 日本 政治經濟史學研究所, 1995.

石野田,「近世後期の東アジア世界－韓國併合の再檢討のために－」,『創価 大學經濟學部30周年記念論文集』, 創価大學經濟學會, 2001.

小田川興,「日本における安重根に對する見方の変化」,『聖學院大學總合研 究所』14-3, 聖學院大學, 2004.

小川原宏幸,「伊藤博文の韓國併合構想と第3次日韓協約體制の形成」,『靑丘 學術論集』25, 2005.

_____,「一進會の日韓合邦請願運動と韓國併合－「政合邦」構想と天皇 制國家原理との相克」,『朝鮮史研究會論文集』43, 2005.

_____,「韓國併合と朝鮮への憲法施行問題－朝鮮における植民地法制 度の形成過程－」,『日本植民地研究』17, 2005.

_____,「伊藤博文の韓國統治と朝鮮社會－皇帝巡幸をめぐって」,『思想』

1029, 岩波書店, 2010.

松田利彦,「韓國倂合前夜のエジプト警察制度調査－韓國內部警察局長松井 茂の思想に關聯して」,『史林』83-1, 東京大, 2000.

新城道彦,「韓國倂合における韓國皇帝處遇問題」,『日本歷史』732, 吉川弘 文館, 2009.

新井佑美,「韓國倂合に關する『東京朝日新聞』の記事の內容分析」,『武藏野 大學大學院紀要』4, 2004.

阿部洋,「舊韓末の日本留學－資料的考察」(Ⅰ~Ⅲ),『韓』29~31(3권 제5~7호), 東京 韓國研究院, 1974.

岩波撒,「日本の韓國倂合－英國の外交文書に基づいて－」,『歷史敎育』17, 日本書院, 1969.

穎原善德,「國際法と國內法の關係をめぐる美濃部・立論爭－韓國倂合と領土 權・主權論爭－」,『ヒストリア』181, 大阪歷史學會, 2002.

原田敬一,「東アジアの近代と'韓國倂合'(特集 歷史の事實にどう向き合うの か)」,『前衛』861, 2010.

伊藤之雄,「韓國と伊藤博文」,『日本文化研究』17, 동아시아일본학회, 2006.

_____,「伊藤博文の韓國統治と韓國倂合－ハーグ密使事件以降－」,『法學 論叢』164, 京都大學法學會, 2009.

糟谷政和,「伊藤博文・安重根－韓國倂合と日本の朝鮮支配政策 (20世紀の歷 史のなかの人物)」,『歷史地理敎育』576, 歷史敎育者協議會, 1998.

田中愼一,「朝鮮における土地調査事業の世界史的位置」(1),『社會科學研究』 29-3, 東京大學社會科學研究所, 1977.

_____,「保護國の歷史的位置－古典的研究の檢討」,『東洋文化研究所紀 要』71, 東京大學 東洋文化研究所, 1977.

田中隆一,「韓國倂合と天皇恩赦大權」,『日本歷史』602, 吉川弘文館, 1998.

井口和起,「朝鮮倂合」,『(岩波講座)日本歷史』17, 岩波書店, 1976.

中野泰雄,「日本における安重根義士觀の變遷」,『亞細亞大學國際關係紀要』 3-2, 亞細亞大學, 1994.

千葉功,「滿韓不可分論=滿韓交換論の形成と多角的同盟・協商網の模索」,『史 學雜誌』105-7, 史學會, 1996.

村瀨信也,「一九〇七年ハーグ平和會義再訪－韓國皇帝の使節」上・下,『外 交フォラム』2007年 6~7月號, 都市出版株式會社, 2007.

최서면,「日本人からみた安重根義士」,『韓』94-5, 東京韓國研究院, 1980.

波多野善大,「日露戰爭後における國際關係の動因」, 日本國際政治學會 編,
    『日本外交史硏究』(明治時代), 1957.
戶塚悅郞,「安重根裁判の不法性と東洋平和」, 안중근하얼빈학회·동북아역사재
    단,『안중근의 동양평화론과 동북아평화공동체의 미래』(안중근 의거 100
    주년 기념 국제학술회의), 2009.

찾아보기

저자소개

지은이 _ 한성민

동국대학교 문과대학 사학에서 학사, 석사, 박사 학위를 받았다.

동국대학교, 대전대학교, 한국외국어대학교, 한국방송통신대학교 등에서 강의했으며, 노원과 도봉 시민학당 등 다양한 공간에서 우리 사회의 성숙한 역사의식의 형성을 위한 강연 활동을 하고 있다. 동국대학교 대외교류연구원 연구원, 대전대학교 강의전담교수, 한일관계사학회 정보이사를 역임했으며, 현재 세종대학교 국제학부 책임연구원으로 근무하고 있다.

근대 이후 극명하게 다른 길을 간 한국과 일본에 대한 문제의식에서 한일 간 역사문제의 기원으로서 근대 한일관계사 및 동아시아 국제관계사를 연구하고 있다. 대립의 한일관계, 갈등의 동아시아를 넘어, 평화의 동아시아 공동체를 지향한다. 이와 함께 최근에는 대중의 역사인식과 전문적인 역사연구 성과 사이의 거리를 좁히기 위한 시도로 공공역사학(Public History)에 큰 관심을 가지고 연구하고 있다.

주요 논문으로는 「을사조약 이후 일본의 '한국병합' 과정 연구」(박사논문, 2016), 「일본정부의 안중근 재판 개입과 그 불법성」(2009), 「제2회 헤이그 만국평화회의 특사(特使)에 대한 일본의 대응」(2015), 「망명자 김옥균(金玉均)에 대한 일본의 처우와 조선정책(1884~1890)」(2018)」, 「경기, 인천 지역 3·1운동 판결과 정치적 함의」(2019) 등이 있다.

주요 저서로는 『한국사, 한 걸음 더』(공저, 2018), 『20개의 주제로 본 한일 역사 쟁점』(공저, 2019), 『3·1운동과 경기, 인천 지역』(공저, 2019), 『쉽게 읽는 서울사』 개항기편(공저, 2020) 등이 있다.

일본의 '韓國併合' 과정 연구

2021년 12월 14일 초판 인쇄
2021년 12월 28일 초판 발행

지 은 이　　한성민
발 행 인　　한정희
발 행 처　　경인문화사
편 집 부　　김지선 유지혜 박지현 한주연 이다빈
마 케 팅　　전병관 하재일 유인순
출판신고　　제406-1973-000003호
주　　소　　파주시 회동길 445-1 경인빌딩 B동 4층
대표전화　　031-955-9300　팩 스　　031-955-9310
홈페이지　　http://www.kyunginp.co.kr
이 메 일　　kyungin@kyunginp.co.kr

ISBN 978-89-499-4998-7　93910
값 20,000원